# EL ARTE DE DESAPRENDER

ENRIC CORBERA

EL GRANO DE MOSTAZA

Título: El Arte de Desaprender, la esencia de la bioneuroemoción
Autor: Enric Corbera Sastre
Primera edición: marzo de 2015
Primera reimpresión: mayo de 2019

Diseño de portada: Rafael Soria

Impreso en España
ISBN: 978-84-943549-1-5
Depósito Legal: B 7572-2015

EDICIONES EL GRANO DE MOSTAZA S. L.
Carrer de Balmes, 394, ppal. 1.ª
08022 Barcelona
<www.elgranodemostaza.com>

---

# EL ARTE DE DESAPRENDER

ENRIC CORBERA

*Si quieres ser un alumno feliz tienes que entregarle al Espíritu Santo todo lo que has aprendido para así desaprenderlo.*

Un curso de milagros (T.14.II.6:1)

# ÍNDICE

# INTRODUCCIÓN

El mundo está en un proceso de cambio que abarca todos los ámbitos de la Ciencia y la religión, los baluartes de nuestra sociedad. Se cuestionan verdades hasta ahora dogmatizadas, hay una floreciente apertura mental que no está vinculada con el nivel cultural de la persona. Vivo esto en carne propia y es para mí una experiencia única. Tal vez es la primera vez en la historia que tantos están tan unidos en un único propósito: *Esto no puede seguir así, tiene que haber otra manera*. No se trata de quemarlo todo, ni de destruir nada, se trata de transformarse, de cambiar la forma de ver y entender la vida. Hay que cambiar nuestra forma de abordar el estudio de cualquier ciencia, y sobre todo la forma de entender la espiritualidad.

Nuestros corazones alimentan a nuestras mentes en esta unidad tan cacareada, pero tan poco aplicada. Vemos un mundo que se autodestruye, los valores se tambalean, la sociedad está en crisis. Esta es la gran oportunidad que todos tenemos para hacer que las cosas sean diferentes, que todo esté más en armonía, que nadie pierda y todos ganen.

En la película *Matrix* queda muy claramente expuesto que vivimos en un programa y que creemos que este es real. Al protagonista se le pone en el dilema de despertar o seguir durmiendo, y esto se representa en la toma de unas pastillas de distinto color. El protagonista escoge estar despierto y ahí empieza a desarrollarse el argumento.

Podemos trasladar esta analogía a nuestras vidas y empezar a comprender que en realidad somos mucho menos libres de lo que pensamos. Decimos cosas como: «¿Qué quieres que te diga si he nacido así». Para mí, esta es una frase premonitoria, e indica, en gran medida, que somos un programa y que en principio no podemos hacer nada para cambiarlo.

Mi experiencia de varios años de estudiar y desarrollar el árbol genealógico me ha hecho tomar conciencia de que vivimos una vida programada, y hoy sé que estos programas nos vienen impuestos por muchas vías, y todas estas vías forman una especie de *pack* o «gran programa». En este gran programa se relacionan los programas de todos aquellos con los que interacciono en mi vida.

En mi libro *La visión cuántica del transgeneracional*, que escribí junto a mi colaboradora Rosa Rubio, desarrollamos la manera de encontrar los programas, y cuánto más fácil es encontrarlos si tenemos una mente y un pensamiento cuánticos. En este libro desarrollo ambos conceptos, pero la premisa para tener un pensamiento y una mente cuánticos es decidir «cómo quieres observar el mundo que te rodea».

Puedes verlo desde una *mente dual*, una mente que busca afuera, en el exterior, las causas de los efectos que se manifiestan en su vida. Una mente que cree en la mala y en la buena fortuna, que cree en la casualidad, en el azar, una mente determinista, newtoniana, donde el observador no afecta lo observado.

O bien puedes verlo desde una *mente holística, integral, cuántica*. Desde una mente que comprende que las causas de los efectos que se manifiestan en la vida externa están en su interior, y que él o ella es responsable de las decisiones que toma y que provocarán esos efectos visibles. Una mente que cree que todo tiene una razón de ser, un para qué. Una mente que toma conciencia de que vive unos programas que se hallan en su inconsciente, que el mundo es la pantalla para que pueda verlos, y que además toma conciencia de que lo que ve muchas veces se muestra de una forma complementaria, lo que se denomina una imagen especular. Este concepto tiene que ver con el efecto espejo: como es sabido, cuando te miras en el espejo no te ves como te ven los demás. Esta mente comprende que su forma de ver y entender el mundo afectará a su mente emocional y le permitirá cambiar creencias y valores.

Por todo ello, este libro pretende hacernos conscientes de la *responsabilidad* que tenemos para con nuestras vidas y las de aquellos que nos rodean.

Lo diré una vez más: «Soy consciente de que vivimos una vida programada y hoy sé que estos programas nos vienen impuestos por muchas vías y que todas estas vías forman como una especie de *pack* o «gran programa». En este gran programa se relacionan programas de todos aquellos con los que interaccionamos en nuestras vidas.

Este gran programa está formado por los programas de nuestros ancestros, por los programas que heredamos de nuestra madre en el momento de la concepción y durante la gestación, por los programas de nuestro inconsciente familiar y los programas de nuestro inconsciente colectivo, como, por ejemplo, los del país donde nacemos.

Lo que nos hace diferentes son los programas de nuestra alma o espíritu. A este programa le voy a llamar el *programa original*, haciendo una similitud con el «pecado original». Si leemos las Escrituras, nos daremos cuenta de que todos nacemos con este pecado original, que vendría a ser como un programa.

Desde que nacemos, mejor dicho, desde el momento de nuestra concepción, estamos sujetos a un bombardeo constante de información —estímulos sensoriales— que hacen que nuestro cerebro se desarrolle mediante una serie de conexiones neuronales. Estas conexiones recrean un mapa neuronal que nos permite adaptarnos al entorno.

Preguntarme por qué esto es así me ha llevado a cuestionarme todos los acontecimientos de mi vida y ver que hay una sucesión de programas que se liberan de forma continua, y que estos deben manifestarse, complementarse, con los de otras personas.

A esto podríamos llamarle «destino», «karma», «la cruz que Dios me ha enviado», etcétera. Yo prefiero llamarle *información a procesar*. Es la información que procesamos en nuestra vida mediante las interacciones con todas las personas y los acontecimientos que vivimos.

El hecho de tener que procesar esta información no quiere decir que no podamos liberarnos de ella; es más, pienso y creo que esta es la finalidad: vivir el programa para poder liberarlo y así liberar también programas afines. Podemos llamar a esto «despertar», tomar conciencia de que en realidad nuestra vida ha estado condicionada por estos programas heredados no para sufrirlos, sino para liberarlos.

La pregunta que martillea nuestra mente es: ¿Lo que vemos es la realidad o son simplemente las proyecciones de nuestros mapas mentales? ¿Qué es lo que vemos, percibimos, sentimos y llamamos realidad?

Los neurólogos nos hablan de la plasticidad neuronal, la capacidad de las neuronas para crear constantemente nuevas conexiones, y de cómo, mediante estos cambios, nuestro cerebro se va adaptando a un nuevo conocimiento, a una nueva manera de ver y entender el mundo que nos rodea. Dicho de otra manera, mi capacidad de cambiar mis percepciones —mi realidad— me permite vivir de otra manera.

El aprendizaje es fundamental en el desarrollo del cerebro, pero no es menor la importancia del desaprendizaje. Sin este, nuestra capacidad de adaptación moriría con nosotros y la evolución misma no existiría.

Quiero resaltar la importancia de desaprender y hacer conscientes a las personas interesadas en cambiar sus vidas de que potenciar el desaprendizaje nos permitirá vivir mejor y, sobre todo, alcanzar un estado muy elevado de salud física y mental.

Una de las causas de mayor malestar y alimento de la enfermedad es la inflexibilidad, la rigidez que impide cambiar nuestras creencias y nuestros sistemas de valores. Es la poca flexibilidad a la hora de cuestionarnos a nosotros mismos, es creer que lo que percibimos es lo que percibimos y que esta percepción en sí misma es la verdad.

Nuestra jerarquía de valores no es cuestionable y, si estos se ven confrontados con otra jerarquía de valores, tengo que defenderlos atacando la posición del otro. Aquí, en esta lucha de valores, reside el caldo de cultivo de nuestros malestares, de nuestro victimismo, de nuestras sinrazones. Nuestras enfermedades se empiezan a crear a partir de las interpretaciones que damos al mundo que nos rodea.

Varios neurólogos eminentes ya han demostrado que el factor de cambio es el ambiente, y la interpretación que hacemos de él genera una serie de sustancias biológicas que influyen directamente en nuestras funciones corporales, produciendo modificaciones que muchas veces conllevan síntomas, y en el peor de los casos la tan temida enfermedad.

¿Cuál es el origen de las creencias? La respuesta a esta pregunta determinará mi percepción de la realidad en este mismo momento.

Una posible respuesta sería: nuestros padres, nuestra sociedad, etcétera. No le faltaría razón a la persona que diera esta respuesta.

Otra respuesta posible sería: heredo información de mis ancestros; esta información conforma mis creencias inconscientes y más tarde, a lo largo de mi vida, se expresará en circunstancias, en las relaciones interpersonales y, sobre todo, en las relaciones intrapersonales.

Como vemos, en ambas respuestas el libre albedrío queda severamente cuestionado. Mi vida es la expresión de unas creencias frente a un entorno que puede estimularlas o reprimirlas, produciendo un efecto fisiológico, alterando mi bienestar y mi calidad de vida.

La Ciencia ya ha demostrado que heredamos los programas de nuestros ancestros, sus sufrimientos, sus traumas, sus formas de entender la vida; dicho de otro modo, sus creencias. La Ciencia nos habla del radical metil (-CH3) como soporte biológico de esta información. Sea como fuere, lo importante es saber que de alguna manera nacemos programados, o quizás sería mejor decir preprogramados. Esto está perfectamente explicado en nuestro estudio sobre *epigenética conductual*.

Como decía, en mis conferencias hago mucho hincapié en la película *Matrix*. Por eso propongo al lector en particular, y a la sociedad en general, la misma elección que se retrata en esta película: «por un lado, podemos creer que somos como nos han engendrado, con unos genes inamovibles, que todo ya está predicho, que no se puede cambiar si no es a través de ajustes externos a nosotros, que somos como una máquina y que por mucho que queramos somos como somos». O bien podemos «creer que llevamos unos programas incorporados, sustentados en nuestros genes, y que nosotros somos capaces de modificar esa información tomando conciencia de nuestra realidad».

Podemos tomar conciencia de que nuestras percepciones nos permiten cambiar nuestras creencias o, mejor dicho, deshacerlas mediante un desaprendizaje. Lo primero que nos demuestra esta toma de conciencia es que vivimos la realidad que queremos vivir y que, cambiando solamente algunos de nuestros pensamientos —si cuestionamos lo que vemos, si somos capaces de reaprender—, entonces podremos cambiar nuestra realidad, y nuestro cuerpo lo reflejará como un estado de salud física y mental.

La *Bioneuroemoción* viene a proponer un cambio de paradigma basado en una visión holística, cuántica, de la realidad. La evolución del método de sanar el cuerpo sanando las emociones nos ha llevado a las puertas de la metafísica. Ya no nos es posible entender la sanación del cuerpo si no es a través de la sanación de la mente; ni sin entender que todo está unido, que la parte contiene al Todo y que este contiene a la parte. Ya no nos es posible entender la salud, la calidad de vida, el bienestar social sin la responsabilidad inherente que todos tenemos como individuos inmersos en un mar de consciencia, en un mar de información que nos retroalimenta en la misma medida que despertamos y tomamos consciencia de quiénes somos y adónde vamos.

La Bioneuroemoción trabaja un aspecto importante, al que podríamos llamar *psicología cuántica,* que nos propone adentrarnos en la metafísica de las emociones, en cómo estas pueden modificar nuestra realidad si dejamos que cambien nuestras percepciones, la manera de ver y entender los acontecimientos que nos rodean. Se trata de comprender que las relaciones que mantenemos con el entorno y con la gente son la proyección de estos programas inconscientes, y que al hacerlos conscientes podemos recuperar al menos una parte más o menos importante de nuestro libre albedrío.

Desaprender es el camino, desaprender programas inconscientes y heredados que proyectamos en el mundo como si este fuera una pantalla donde poder verlos e interpretarlos. Y darnos cuenta de que, si los cambiamos, cambiaremos nuestras percepciones y nuestra realidad. Esta es una magnífica manera de conocernos a nosotros mismos, es una magnífica manera de hacer consciente el inconsciente, es una magnífica manera de comunicarnos con nosotros mismos.

La otra manera de hacernos conscientes de nosotros mismos, de comunicarnos, de saber de nosotros es a través de nuestra corporalidad, de nuestro cuerpo. El cuerpo es una estupenda herramienta de comunicación con nosotros mismos. A través de sus síntomas, aprendiendo a interpretarlos gracias a la biología, podemos encontrar las emociones ocultas que alimentan las creencias que nos hacen sufrir. Los síntomas nos permiten descubrir las causas emocionales que producen nuestros males corporales y mentales.

Nuestro inconsciente, nuestros programas heredados, se manifiestan en nuestras relaciones interpersonales y en nuestras relaciones intrapersonales. Dicho de otra manera, en la comunicación que tenemos con los demás y con nosotros mismos. La Ciencia nos ha enseñado que cuando escogemos algo conscientemente, el inconsciente ya lo ha escogido antes. La Ciencia puede saber, desde unos milisegundos a unos segundos antes, qué elección vamos a realizar.

*El Arte de Desaprender* en BNE nos propone utilizar este conocimiento para cambiar nuestras vidas, lo que a su vez permitirá que otras personas puedan cambiar las suyas de una manera plenamente consciente. Se trata de salir del victimismo determinista, de la creencia de que el cambio de nuestra vida depende solamente de factores externos. Hemos de tomar conciencia de que, de alguna manera, somos los hacedores y no meros observadores de los acontecimientos externos.

El objetivo principal de este libro y del método que desarrollo en él es encontrar el camino que nos llevará a desaprender estos programas tan bien aprendidos y darnos la opción de crear un vacío en nuestro «campo cuántico», poner una nueva semilla llena de conciencia para reaprender lo que esta desarrolle. Esta semilla me permitirá vivir «una nueva vida», una línea espaciotemporal paralela a mi vida anterior, una línea plena de consciencia. En definitiva, una vida más despierta.

Aquí expongo las teorías científicas que sustentan este método, la visión cuántica de las mismas, la comprensión de que el tiempo es holográfico, y también la manera de detectar —por medio del estudio del árbol genealógico y sus implicaciones— esos programas que condicionan nuestra vida y hacen que vivamos como si fuéramos robots.

De todo ello se deriva que con el método de *El Arte de Desaprender* encontramos esa *comprensión* tan necesaria para poder alcanzar el estado de paz interior que nos permita liberarnos de aspectos y creencias tóxicas que contaminan nuestra mente y nuestra vida.

Con esta comprensión, que se podría comparar con la compasión, alcanzo un estado de salud emocional. Ya no juego al juego de la culpabilidad ni al victimismo; acepto, integro y suelto. Acepto lo que hay y lo que veo, integro el nuevo aprendizaje y suelto lo viejo, lo tóxico, mis antiguos valores, y me renuevo. En esta renovación está mi reaprendizaje, fruto del desaprendizaje previo.

Que lo disfrute, amigo lector,

*Enric Corbera*

# PRÓLOGO A *EL ARTE DE DESAPRENDER*

## EL SENTIDO DE ESTE LIBRO

Llevo varios años metido, mejor dicho, enfrascado, en el estudio de las emociones y de cómo afectan a nuestras vidas y a nuestra salud. Empecé con el desarrollo de la curación emocional y cómo afecta el cambio de emociones a mi corporalidad. Estudié al doctor Hamer, a Claude Sabbath, a los padres de la programación neurolingüística (PNL), a Jung y su psicoanálisis y a diversos autores que trabajan o trabajaban en la comprensión del árbol genealógico, también llamado transgeneracional. En estos últimos años, junto con varios de mis colaboradores, he desarrollado la Bioneuroemoción (BNE), que tiene amplitud de miras en lo que respecta a su aplicación.

Hemos desarrollado la BNE como un cambio de paradigma, una nueva forma de ver y entender la vida. Promueve el paso de una mente dualista a una mente no dualista, y también presta atención a la importancia que tiene la biología como punto de unión entre la física clásica y la física cuántica. Creo, al igual que muchos, que la biología es y será la ciencia que lo aúne todo.

Pero pretendo ir más allá, y con ello quiero decir que la BNE y el método de desaprender también vendría a ser la unión entre ciencia y espiritualidad. Sus fundamentos van más allá de la física; me adentro en la metafísica para explicar una inteligencia de la cual emanan todas las cosas, pero estoy muy lejos del concepto de un dios creador o de la teoría creacionista; también marco distancias con la teoría de la evolución bajo el prisma darwinista. Hay muchos autores renombrados, entre los cuales quiero destacar al doctor Máximo Sandín (autor de *Pensando la evolución, pensando la vida*) y al doctor Bruce H. Lipton (*La biología de la transformación*), que ponen en entredicho la teoría evolutiva de Darwin. De alguna forma, ambos autores proponen utilizar la palabra *transformación* más que la palabra *evolución*.

A lo largo de este libro, *El Arte de Desaprender*, trato algunos aspectos que vienen a resumir lo que he aprendido durante estos últimos veinte años de mi vida. Empiezo hablando de la BNE, bajo qué principios o fundamentos la he desarrollado, y explico también sus ámbitos de aplicación y la importancia de la biología como soporte de todas estas teorías. Para explicar lo que quiero decir os remito a este párrafo de Bruce H. Lipton que podéis encontrar en el prólogo de su libro *La biología de la transformación*:

> *De acuerdo con la teoría darwinista convencional, la evolución es un proceso lento y gradual que requiere millones y millones de años para mostrar las transformaciones evolutivas de las especies. Los nuevos enfoques científicos revelan que en realidad la evolución consiste en largos períodos de estancamiento interrumpidos por súbitos y dramáticos desordenes. Los desórdenes son puntos cruciales que cambian el curso de la evolución y conducen a formas completamente nuevas.*

Sigo adentrándome en el concepto de Consciencia como factor fundamental y muy olvidado de la construcción del universo. Hago referencia a diversos autores y sus teorías, siendo el último de ellos el doctor Robert Lanza con su libro *Biocentrismo*.

En esta obra explico los procesos de cambio y cómo consolidarlos. Hago una anatomía de las emociones para después adentrarme en el efecto observador, empezando por el arte de observar; continúo con una explicación de los fundamentos de la epigenética conductual, para terminar con una síntesis de todas las teorías y su posterior aplicación en el método. No me olvido de las características que considero necesarias para todo especialista en BNE y en el método que propongo.

El método de *El Arte de Desaprender* se basa en la experiencia cotidiana de haber visto centenares de casos en nuestras consultas y de observar cuáles son los que mejoran, qué aptitudes psicológicas les sirven para afrontar los cambios fundamentales en su vida. Vemos que hay personas que escogen seguir igual, al margen de sus dolencias, esperando que alguien las cure; y personas que siguen sus tratamientos médicos convencionales sin olvidar que son ellas las que tienen que hacer los cambios que las llevarán a la curación. La ayuda externa es una condición necesaria, pero muchas veces no suficiente. Esta suficiencia es la que debe aportar el sujeto, la persona que tiene el síntoma, la circunstancia o el problema. Es la persona misma la que tiene que tomar decisiones, no basta con decir «ya lo sé»; hay que actuar con plena conciencia de qué es lo que quiero y debo hacer. Aquí el especialista en BNE tiene un papel fundamental a la hora de acompañar a su cliente en la consecución de este logro.

La aplicación del método puede ayudar a encontrar los programas inconscientes que nos mantienen atados a ciertas vicisitudes y que se repiten una y otra vez en nuestras vidas. Enseño que lo que hay que buscar en nuestras circunstancias son los «excesos», las repeticiones que se producen una y otra vez como si no hubiera nada más. El método nos enseña a ser más libres, porque podemos cambiar estos programas, y por lo tanto nuestras vidas. Es aplicable a todos los ámbitos y a todas las ciencias.

La *visión cuántica* es muy importante para usar el método con eficiencia y rapidez. Nos enseña la importancia del observador y nos permite desarrollar aspectos psicológicos con relación a la vida.

Es importante desarrollar una nueva psicología, una psicología integral, holística, en la que uno comprende que siempre está interaccionando con su entorno y que sus emociones son fundamentales en la gestión de lo que uno vive diariamente. Llevar este cambio emocional a nuestro inconsciente nos permite cambiar las percepciones y darles un nuevo sentido para reducir las tensiones y el estrés de nuestro quehacer diario.

*El Arte de Desaprender* aúna todas las ciencias cuyos principios y teorías pueden explicar por qué funciona el método. Con ello no pretendo decir que la BNE es la panacea, la solución a todos nuestros males y problemas; pero sí quiero decir que es un método perfectamente válido para convertirnos en adultos emocionales, en personas más conscientes de lo que somos y del *poder* que tenemos para cambiar nuestras vidas. Muchos niegan o no quieren ver este poder. No pretendo cambiar las creencias de nadie, lo que propongo es que las cuestionemos, que no dogmaticemos y que se pongan en práctica de todo corazón estas nuevas ideas, que ya no lo son tanto, y se observen los resultados.

La Bioneuroemoción y *El Arte de Desaprender* son para todo el mundo, pero no todo el mundo es para la BNE, pues se requiere un cambio, una capacidad de cuestionarse la propia vida; y mi pregunta es: «¿Cuántos están dispuestos a hacerlo?».

> *Albert Einstein negó que todo lo que hacen los científicos sea observar y medir, y afirmó que lo que pensamos que*

*existe es casi tanto un producto de la teoría como de la observación. Cuando las teorías cambian, las observaciones se acomodan a ellas.*

Frans de Waal en *El bonobo y los diez mandamientos*

Querido observador, querido lector, sea consciente de la importancia que tiene su mente en todo lo que procesa a través de la observación.

Gracias,

*Enric Corbera*

# EPÍGRAFE

Todo pensador, voluntaria e involuntariamente, se mueve dentro de una concepción filosófica y una actitud metodológica que determina un criterio de aplicación que expresa su visión de la realidad.

La explicación del origen de la enfermedad conlleva una concepción de la realidad, y la manera de buscar las explicaciones conlleva una actitud metodológica. No obstante, la concepción guía y dirige el método, siendo ambos inseparables e interdependientes.

Una concepción materialista expondría: «La causa de nuestros pensamientos es el hecho de tener un cerebro constituido de materia».

Una concepción espiritualista diría: «El pensamiento, o el espíritu, es lo primario y determinante».

Si sigo la primera concepción, todo mi método se basará en demostrar mi premisa y procuraré negar la segunda concepción. Es más, excluiré de la ecuación un factor tan importante como el pensamiento espiritual, demostrando más o menos científicamente que las experiencias espirituales tienen un soporte biológico y que esto se puede probar activando tal o cual parte de nuestro cerebro.

Si sigo la segunda concepción, todo mi método se basará en demostrar que lo primero fue la inteligencia, y que esta se expresa a través de la materia. Esta segunda concepción no niega la materia, pero sí tiene en cuenta el factor que la primera concepción trata de obviar: la espiritualidad.

Desde Descartes, ciencia y espiritualidad están separadas. Su pensamiento filosófico materialista se oponía a las creencias dogmáticas de la Iglesia. Para evitar la confrontación, decidió que la Ciencia se ocupara del cuerpo y la Iglesia del espíritu.

Desde entonces, ambas han andado a la greña y han seguido caminos paralelos, encontrándose en ciertos momentos y llegando a aceptarse en ciertos puntos.

Un científico que se precie podría decir: «Yo no creo en Dios, yo soy científico». Pero, como pensador que soy —que no científico—, no puedo obviar una realidad de nuestro mundo, un factor psicológico que sostiene toda nuestra cultura y nuestras relaciones en todos los ámbitos de nuestra vida en sociedad: la religión en un sentido estricto o la espiritualidad en un sentido amplio.

¿Qué somos? ¿Mentes espirituales que hemos creado un cuerpo, o un cuerpo y un cerebro que han creado una mente?

Este libro, *El Arte de Desaprender*, es un método para unir lo que nunca ha estado separado, un método para unir ciencia y espiritualidad.

Actualmente la ciencia está llegando a unas fronteras donde lo físico, la materia, se difumina en un Todo nada material que responde a la mente del que observa.

Negar que vivimos en un universo en el que la Inteligencia está presente por doquier es negar que la energía solar alimenta y sustenta la vida.

Sabemos que, desde los albores de la vida, los humanos hemos dado nuestras explicaciones sobre lo que no comprendemos atribuyéndolo a un Poder Sobrenatural.

Hemos buscado fuera una explicación, la comprensión de por qué las cosas son como son y por qué ocurren. Actualmente, nuestras mentes han evolucionado de tal manera que se desligan de los dogmas que nos han tenido y nos tienen maniatados, los dogmas científicos y religiosos.

Una mente libre es una mente que sabe que existe, que sabe que todo tiene un sentido y un para qué. Es una mente que sabe que todo lo que la rodea forma parte de ella, una mente que siente que forma parte de una Unidad que se expresa en una diversidad Infinita. Es una mente que empieza a pensar que quizás el «quid» de la cuestión no está en el exterior, sino en el interior de cada uno, y que este *poder* está en nosotros; o, mejor dicho, lo envuelve y lo sustentado todo. Es la Vida, la Consciencia.

Nuestra mente sabe hoy una verdad incuestionable: que hay inteligencia, que esta se manifiesta en un universo y que tiene unas leyes precisas. Y aunque desconocemos muchas de ellas, nos hacen vislumbrar que aquello que pensábamos que estaba separado nunca ha dejado de estar unido.

Aquí aporto mis pensamientos, mis reflexiones, aunando mente (espíritu) y cuerpo (biología) en este mar infinito de Consciencia.

Gracias,

*Enric Corbera*

## Capítulo I

# LA BIONEUROEMOCIÓN (BNE) COMO INTEGRACIÓN DE LAS CIENCIAS

### Introducción

Cuando hablamos de la BNE, no queremos dar a entender que es un método más, una nueva terapia, no pretendemos sustituir nada ni a nadie. Nuestro principal objetivo es optimizar el trabajo de todas las personas que piensan que las cosas pueden ser de otra manera. Nos referimos a todos los ámbitos sociales en general, y a los que se dedican a la salud en particular.

Convendría especificar lo que entendemos por salud. La salud no es la ausencia de enfermedades ni de síntomas físicos o mentales, la salud es el resultado de un bienestar social como resultado de una calidad de vida. La responsabilidad de ello afecta a muchas entidades sociales y nosotros estamos en coherencia con la Declaración de Alma-Ata (1978) y la Carta de Otawa (1986).

La primera «Conferencia internacional sobre la promoción de la salud», reunida en Ottawa el 21 de noviembre de 1986, emitió una carta dirigida a la consecución del objetivo «salud para todos en el año 2000». Esta conferencia fue, ante todo, una respuesta a la creciente demanda de una nueva concepción de la salud pública en el mundo. Nos dice, entre otras cosas, las siguientes:

- «La salud es un estado completo de bienestar físico, mental y social, y no solamente la ausencia de afecciones o enfermedades».

- «Las necesidades fundamentales: afectivas, sanitarias, nutricionales, sociales y culturales deben estar cubiertas».

- «Las condiciones y requisitos para la salud son: paz, educación, vivienda, alimentación, renta, un ecosistema estable, justicia social y equidad».

En el subtítulo «Promocionar la salud» de esta Carta de Ottawa, se define la promoción de la salud:

> «... es el proceso de capacitar a las personas para que aumenten el control sobre su salud y para que la mejoren. Para alcanzar un estado adecuado de bienestar físico, mental y social el individuo o grupo debe ser capaz de identificar y llevar a cabo unas aspiraciones, satisfacer unas necesidades y cambiar el entorno o adaptarse a él. La salud se contempla, pues, como un recurso para la vida cotidiana, no como el objetivo de la vida. La salud es un concepto positivo que enfatiza recursos sociales y personales, junto con capacidades físicas. Por tanto, la promoción de la salud no es exclusivamente una responsabilidad del sector sanitario, sino que va más allá de los estilos de vida saludables para llegar al bienestar».

En cuanto al **desarrollo de las habilidades personales**, la Carta de Ottawa establece:

> «Es esencial capacitar a la población para que aprenda, a lo largo de su vida, a prepararse para todas y cada una de las etapas de la misma, y para afrontar las enfermedades y lesiones crónicas. Esto ha de hacerse posible en los ambientes escolares, hogareños, laborales y comunitarios. Son necesarias acciones mediante los cuerpos educativos, profesionales, comerciales y de voluntariado, y dentro de las propias instituciones».

Todas estas ideas nos han llevado a comprender que la BNE ha de ampliar su ámbito de acción, ampliación que en nuestro caso lleva a fortalecer a las personas, a educarlas socialmente, a darles herramientas para que, junto con la sociedad en general, tomen conciencia de qué se puede hacer para mejorar la salud de una población. La responsabilidad ha de quedar reequilibrada en todos los ámbitos sociales, comprendiendo que todos y cada uno de nosotros, seamos personas o entidades, podemos hacer algo para mejorarla.

La BNE es un método integrador porque aúna diversas técnicas, reconciliándolas de tal manera que acaba siendo un método altamente ecléctico.

**Definición**

La BNE es un método que estudia las correlaciones entre las emociones inconscientes, provocadas por situaciones que el individuo ha vivenciado como impactantes —con su expresión y localización en el sistema nervioso—, y las modificaciones que provocan en su biología, manifestadas a través de un síntoma, un malestar o un desajuste orgánico, mental o conductual.

Este método considera que la enfermedad es un mecanismo de adaptación biológica lleno de sentido que afecta al individuo, a su familia y al entorno social. La enfermedad aparece como resultado de una serie de programas, algunos de los cuales se transmiten de generación en generación o a partir de canales de socialización como la familia, la educación, los medios de comunicación, la religión, etcétera. Así, las actitudes, creencias y valores que contribuyen al modo de pensar, sentir y actuar de las personas se perpetúan de generación en generación.

Ahora bien, la propuesta que quiero hacer en este libro es la siguiente: «la Bioneuroemoción es el camino que conduce de nuestro pensamiento dual a un pensamiento no dual, a un pensamiento integrador, a un pensamiento holístico».

## Referentes históricos y fuentes de inspiración

Es fundamental dejar muy claro que si he llegado hasta aquí ha sido gracias a unos pioneros que estudiaban otro sentido en las enfermedades y síntomas físicos, un sentido lleno de coherencia biológica y de capacidad de adaptación al medio físico o psíquico. La enfermedad no es fruto del azar y, aunque sea multifactorial, he llegado a comprender y a tomar conciencia de que las cosas, en su sentido más amplio, tienen un para qué.

También quiero dejar muy claro que he interrelacionado toda una serie de referentes para dar pleno sentido al método final que lleva por nombre *El Arte de Desaprender* en Bioneuroemoción (BNE). La misma palabra BNE refleja nuestra evolución y comprensión del ámbito de la salud, que abarca no solo el estudio de la enfermedad propiamente dicha, sino todos los factores que la afectan.

La filosofía de *Un curso de milagros* ha sido el auténtico inspirador que sentó las bases del edificio que hasta ahora se ha construido. En este libro, hay pensamientos que se podrían equiparar al psicoanálisis de Freud, y sobre todo al de Carl G. Jung. Nos enseña que la enfermedad y la curación se encuentran en el mismo lugar, y que este siempre es la mente. Que la materia no tiene ninguna propiedad para ponerse enferma. Que para que un pensamiento se convierta en carne, se necesita una creencia. Que las creencias convergen en el cuerpo. Que la enfermedad es siempre una lucha de ilusiones.

También nos enseña que —para nuestra mente en el mundo dual— si damos, perdemos. Nos enseña a vivir en un mundo integrado, donde el cuerpo siempre expresa la desconexión entre la mente y el espíritu. Nos enseña que creemos en principios mágicos como recursos para curar la enfermedad, pero no los niega, pues dice que nos son útiles mientras la mente se prepara para la curación. Nos enseña que la mente dual siempre proyecta la causa de todo lo que nos ocurre en factores externos a nosotros. Asimismo, nos enseña que, al creer que vivimos separados, la mente también lo está; y nos introduce a tener una mente cuántica, aunque no lo nombre de esta manera. Sobre todo, nos enseña a obtener la paz interior mediante la compresión de lo que es el auténtico perdón: «simplemente tener paciencia, es decir, esperar, observar y no juzgar».

**El doctor Geer Hamer** es el descubridor de la nueva medicina germánica e hizo la gran aportación de comprender que las enfermedades tienen un sentido biológico de adaptación. Descubrió la biología de las enfermedades y su representación en el cerebro. Él explica y desarrolla su método a través de las cinco leyes biológicas.

**Claude Sabbah** es el fundador de lo que se conoce como la biología total y es el auténtico padre de lo que se empezó llamando desprogramación biológica. Después de tantos años de estudio de estos autores (Hamer y Sabbah) y otros similares, un servidor, junto con sus colaboradores, hemos publicado un nuevo tratado titulado *Tratado en Bioneuroemoción,* publicado a finales de 2014 por El Grano de Mostaza. En él se actualizan las enseñanzas y los avances que hemos venido haciendo en el Instituto Español de Bioneuroemoción (ieBNE).

**Marc Frechet** es el descubridor de los ciclos biológicos memorizados, que nos permiten descubrir los programas que se integran en nosotros cuando estamos en el vientre materno —lo que él llamó el Proyecto Sentido— y que se manifiestan durante nuestra vida.

**Francoise Dolto** fue una médica pediatra y psicoanalista francesa, famosa por sus descubrimientos en el ámbito del psicoanálisis infantil. Participó junto a Jaques Lacan en la creación de la Escuela Freudiana de París y estudió las programaciones que se implantan en nuestro inconsciente durante la infancia.

Analizó también las relaciones entre niños y padres, en particular el origen del complejo de Edipo y la importancia del papel del padre a partir de los primeros días. A través del padre, el niño comprende que él no lo es todo para su madre, lo que implica frustración y permite la individualización.

También proponemos el estudio de diversos autores que desarrollaron el análisis transgeneracional como **Anne Schützenberguer**, que lo popularizó. Ella propuso conceptos como el síndrome del aniversario, la fiesta-manía, la cripta, el fantasma, el hijo de sustitución, etcétera. El lector interesado encontrará todos los referentes en el libro *Fundamentación teórica de la Bioneuroemoción*, en el que coordiné la labor de diversos estudiosos e investigadores en busca de las auténticas fuentes del método.

**Milton H. Erickson** es el padre de la hipnosis que lleva su nombre, una hipnosis naturalista y no conductual. Innovador y pionero, cambió las técnicas del hipnotismo aplicado a la psicoterapia.

**El doctor John Grinder y Richard Bandler**: el primero es experto en lingüística y el segundo en informática. Estos innovadores son los creadores de la PNL, que actualmente es tan popular y que ya ha sido reconocida en las universidades, sobre todo en el ámbito de la psicología.

**El psicoanálisis de Freud y Carl G. Jung**. A ellos les debemos los fundamentos que nos han permitido desarrollar el método y ponerlo en práctica como un modo eficaz de entrar en el inconsciente y encontrar los programas tóxicos que envenenan nuestras vidas y nos esclavizan. No voy a hablar más de ellos porque ya ocupan un lugar destacado en la historia.

Otra importante contribución son los estudios científicos más recientes sobre **epigenética conductual**, que ofrecen una base científica para comprender cómo heredamos los programas de nuestros ancestros.

Y en esta obra también quiero mencionar todas las **teorías de la física cuántica,** que nos iluminan para poder pensar desde otro paradigma. Ellas dan sentido a mi pensamiento holístico y permiten explicar las leyes espirituales propugnadas por una infinidad de maestros, que ahora tienen un camino por explorar en el campo de la Ciencia. A lo largo de este libro hago referencia a gran cantidad de investigadores y a sus teorías más vanguardistas. A la aplicación de estos principios a la vida psicológica del individuo se le podría llamar psicología cuántica.

*Es más fácil desintegrar un átomo que un preconcepto.*

Albert Einstein

## Estudio genérico de la BNE

Hay algunos aspectos importantes que debemos considerar en la práctica clínica del método de la BNE. El método ha ido evolucionando hacia darle mucha importancia a *la Edad Cronológica* de la persona, es decir, desde el nacimiento hasta la edad actual. Actualmente, la clave de este método reside en la plena comprensión del *árbol genealógico*, el *Proyecto Sentido* y la *Edad Cronológica.* Resaltamos la importancia de la situación previa al síntoma físico o enfermedad, llamada situación desencadenante, tal como la desarrolló Albert Ellis.

El estudio del árbol genealógico siempre ha sido terreno del psicoanálisis, siendo pocos autores los que se adentraron en el estudio de estos programas dentro del inconsciente colectivo, y en este caso del inconsciente familiar.

Aplicamos la visión cuántica al estudio del árbol genealógico, apoyándonos para su comprensión en los actuales trabajos de la epigenética conductual.

Para entrar en la psique, sobre todo en la psique que gobierna el inconsciente —el familiar y el colectivo—, utilizamos técnicas como la hipnosis y la relajación profunda, además de las técnicas de la programación neurolingüística.

## ÁMBITOS DE APLICACIÓN DE LA BNE

El título de este apartado nos lleva a tomar conciencia de que todas las ciencias pueden hacer algo, cada una en su parcela, para mejorar la salud de todos y cada uno. Veamos de forma particular cómo se ha desarrollado, para llegar a una comprensión integral del método.

### La estructura del mundo

La física nos enseña cómo está estructurado el mundo, nos ofrece explicaciones y predicciones de cómo funciona todo lo que nos rodea. Son leyes que nos explican el mundo físico, nuestro universo particular y el universo en general.

La física se apoya en la química, la ciencia que explica los procesos intrínsecos que hacen que la materia cambie de forma y nos enseña cómo pueden interaccionar entre sí los diferentes componentes de nuestro mundo para dar nuevos productos. A su vez, la química da apoyo a la biología, que nos permite comprender las reacciones bioquímicas que suceden en nuestro cuerpo; cuando estos procesos se desequilibran se produce el daño físico o la pérdida de salud. Por su parte, la biología busca la comprensión de todo proceso biológico subyacente a los procesos mentales de la psicología, procesos llamados psicobiológicos o psicosomáticos.

Podríamos representar lo expuesto con una pirámide:

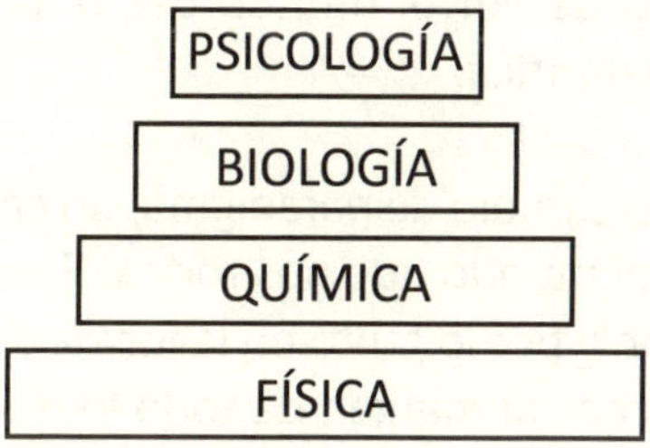


No obstante, para mí, esta pirámide está incompleta, pues faltaría la física o mecánica cuántica. Esta ciencia vendría a ser el soporte de todas las demás, la que entrelazaría y daría cohesión a este Todo que nos empeñamos en ver separado en partes inconexas, puesto que cada ciencia, o parte de ella, va a su aire. Cada una de las ciencias tiende a estudiar una parte de la manifestación del universo como si no tuvieran relación entre sí.

La BNE comprende que todas están interrelacionadas y que una no puede dar una explicación completa de algo sin la intervención de la otra. Por ejemplo, es absurdo pensar que los procesos biológicos están al margen de los procesos psicológicos, y que estos están al margen de los procesos físicos.

¡Alto! Ahora estoy llegando a un punto, a un cruce de caminos, donde es necesario hacer un *stop* y replantearnos la cuestión. He dicho que los procesos psicológicos no están al margen de los procesos físicos, los procesos de la física. Si pienso desde la física clásica —la física en la que el observador no afecta al mundo que ve, la física en la que el mundo sigue funcionando estemos en él o no, estemos observándolo o no—, entonces la psicología no afecta a la física, salvo que me vuelva loco y queme todo lo que hay a mi alrededor. Pero no me refiero a este tipo de interacción. La propuesta de la BNE es muy diferente, es una propuesta en la que el observador sí que afecta a la realidad física, y hemos de entender por realidad física todo, sí, absolutamente todo: el mundo que me rodea, mi biología, mi psicología, los acontecimientos cotidianos, mi realidad y, como diría Einstein, mí universo. Estoy hablando de ver el mundo desde la perspectiva de la física o mecánica cuántica.

Estamos frente a un cambio de paradigma, un cambio en la manera de ver y entender el mundo que nos rodea. Es un cambio en nuestra forma de pensar, y por lo tanto en la forma de interaccionar con el universo. O estamos al margen de todo lo que observamos, o el mundo que nos rodea y todo lo que contiene guarda relación con nosotros. La primera postura lleva implícito que debemos protegernos, que los acontecimientos son casuales y no causales; la segunda lleva implícito que, de alguna manera, nosotros atraemos todo lo que nos rodea a nuestras vidas, que las cosas no suceden por casualidad y sí por causalidad. Esto último hace que nos sintamos responsables de nuestros actos, de nuestros pensamientos y, diré más, también de nuestros sentimientos y emociones.

Actualmente, sabemos muy bien que nuestras emociones afectan a nuestra biología, aunque nos cuesta ver o entender de qué manera lo hacen y bajo qué leyes. Nosotros, los que estudiamos y enseñamos BNE, queremos aportar luz a este enfoque estudiando y comprendiendo que cualquier situación física de nuestra vida nos afecta emocionalmente, y que este conflicto activa programas biológicos que a su vez provocan desajustes en nuestra corporalidad, produciendo síntomas o enfermedades. Comprendemos y estudiamos que todo tiene un para qué. Que hay una inteligencia subyacente en cada situación física y en cada acontecimiento, y que nuestros programas biológicos se adaptan a ellos según la psique de cada individuo.

Daré soporte a este enfoque demostrando que la Ciencia ya aporta teorías y pruebas científicas no solo de que esto podría así, sino de que, de hecho, esto es así.

El que yo crea que mi vida está desconectada de todo y de todos —que mi vida es fruto de la casualidad y que la evolución es fruto del azar— no me hará daño, pero me mantendrá dormido con respecto a la auténtica realidad de las cosas y de los sucesos.

Por eso, la propuesta de cambio. En este cambio hay una transición que se realiza al ritmo de cada cual, y en ella uno va tomando conciencia de que las cosas pueden vivirse de otra manera, de que todo tiene un sentido y de que buena parte de esta información se halla en el inconsciente.

Una de las maneras óptimas de tomar conciencia de estos programas es prestar atención a las proyecciones. Interpretamos el mundo que vemos a través del filtro de nuestros programas inconscientes. La BNE es un camino de conocimiento para saber qué es lo que tenemos que desaprender, para entender que tenemos que liberarnos de los programas tóxicos que envenenan nuestras vidas y hacen que nos sintamos esclavizados, atados a una especie de destino o a algún mal karma, como dirían algunos. Otros dirían que esa es la cruz que Dios les ha enviado.

Las cosas son más simples, y me propongo demostrar que podemos liberarnos de estos programas que nos mantienen atados a ciertas relaciones, a ciertas vicisitudes. Lo haré a través de la comprensión de la mecánica cuántica y de cómo aplicar sus principios a todos los aspectos de la vida. Esto requiere que comprendamos una gran verdad científica: la información no se pierde; todo es información y, de alguna manera, toda ella está codificada. El camino que propongo es aprender a encontrar estos programas y desprogramarlos mediante un acto de conciencia. Aprender a encontrar estos programas en todo lo que me rodea, en mis proyecciones, en mis relaciones y en todas mis circunstancias. En cosas tan simples y normales como mi vocación, mi trabajo, mis deseos, mis anhelos, mis repeticiones y mis excesos. Una vez que somos conscientes de ellos, aplicamos técnicas de relax y de hipnosis para poder cambiarlos. A este proceso le llamo *El Arte de Desaprender*, y luego, mediante cambios emocionales fruto de esta nueva conciencia que me da una nueva percepción de la realidad, puedo reaprender o reprogramar, lo que dará como resultado otras vivencias, otras relaciones, otro tipo de salud, en definitiva: otra calidad de vida.

## De la física clásica a la física cuántica

Isaac Newton estableció las leyes de la mecánica clásica y el principio de la gravitación universal, entre otros, y James C. Maxwell descubrió las leyes del electromagnetismo; ambos, con sus ecuaciones, fundamentaron la física. Gracias a ella, todo podía ser predecible y todo estaba sujeto a unas leyes estables. La física parecía haber explicado ya todos los fenómenos: todo lo que se transmite lo hace en forma de ondas, como las ondas electromagnéticas. El observador, es decir, nosotros, no interactuamos con los acontecimientos que ocurren a nuestro alrededor. La Naturaleza tiene sus propias leyes y nosotros no podemos hacer nada para influir en ellas.

Nadie puede discutir esta verdad, pero esta no es la verdad absoluta, simplemente es una parte de ella. Es una verdad dualista, donde todos estamos separados. Le llamaremos el paradigma newtoniano, que es determinista porque todo parece estar predeterminado.

Hay otra verdad que es holística, porque nos enseña que todo está unido por medio de una Matriz que lo sustenta. Vayamos a Max Planck, el padre de la mecánica cuántica; sin proponérselo, él asentó las bases del holismo. Planck quería comprender por qué los cuerpos cambian de color cuando se calientan. Quiso aplicar las leyes de la mecánica clásica y no le funcionaron. Aplicó otras leyes muy diferentes y sí le funcionó, pero estas no se ajustaban a la mecánica clásica. En 1900 descubrió una constante fundamental, denominada constante de Planck, que se usa para calcular la energía de un fotón. Esta constante implica que la radiación no puede ser emitida ni absorbida de forma continua, sino solo en determinados momentos y en pequeñas cantidades denominadas cuantos o fotones. Planck descubrió la ley de la radiación electromagnética emitida por un cuerpo a una temperatura dada, ley que lleva su nombre y explica el espectro de emisión de un cuerpo negro. Esta ley se convirtió en una de las bases de la mecánica cuántica.[1]

Planck ya intuía que, de alguna manera, todo lo que vemos debe estar sustentado por una energía, una información que le da vida a todo. Por eso, cuando le entregaron el Premio Nobel de Física por sus descubrimientos sobre la mecánica cuántica, dijo:

> *Como hombre que ha dedicado su vida entera a la más clara y superior ciencia, el estudio de la materia, puedo decirles, como resultado de mi investigación acerca del átomo, lo siguiente: «no existe la materia como tal. Toda materia se origina y existe solo por virtud de una fuerza, la cual trae la partícula de un átomo a vibración y mantiene la más corta distancia del sistema solar del átomo junta. Debemos asumir que detrás de esta fuerza existe una mente consciente e inteligente. Esta mente es la matriz de toda materia».*[2]

MaxPlanck,padredelafísicacuántica.
Discurso de aceptación del Premio
Nobel de Física en 1910.

Fue un joven suizo que trabajaba en una oficina de patentes quien se tomó muy en serio los estudios de Planck; se llamaba Albert Einstein.

Einstein demostró que la luz actúa como si llegara en fragmentos llamados «cuantos». Cuantos de luz que Einstein llamó fotones, descubriendo que la luz tenía un doble comportamiento: como onda y como partícula.

Más adelante, Neils Bohr explicó las propiedades de los átomos y demostró que los electrones no orbitan alrededor del núcleo como se indica en el modelo planetario, sino a cuantos de distancia, llamadas órbitas cuantificadas, y que los electrones aumentan en número desde la capa inferior a la más externa.

La física se une a la química, y esta nos permite comprender la estructura íntima de la materia. El modelo Bohr-Rutherford intenta explicar la estabilidad de la materia: los electrones tienen órbitas estables, sin irradiar energía y se comportan como partículas. Neils Bohr descubrió que una vez que las partículas subatómicas, como los electrones o los fotones, están en contacto, siguen influenciándose mutuamente de manera instantánea a través de cualquier distancia y para siempre, aún en ausencia de cualquier medio que pueda permitir intercambios de fuerza y energía. A este hecho se le llamó la «no localidad».

Más adelante, Louis de Broglie recibió el Premio Nobel de Física (1929) por el descubrimiento del comportamiento ondulatorio del electrón.

Erwin Schrödinger expuso la paradoja famosa del gato encerrado en una caja. Según la teoría de la dualidad onda/partícula, el gato estaría muerto y vivo a la vez. Propuso este experimento mental después de mantener varias conversaciones con Einstein para demostrar las paradojas a las que nos aboca la mecánica cuántica. Desarrolló la llamada ecuación de Schrödinger, por la que recibió el Premio Nobel de Física (1933). Esta ecuación sentó las bases de la mecánica cuántica.

Veamos ahora lo que nos dice el principio de indeterminación de Heisenberg para poder entender un poco mejor el experimento sobre la dualidad onda/partícula:

> *Si, por ejemplo, pensamos en medir la posición y velocidad de un electrón, para realizar la medida (para poder «ver» de algún modo el electrón) es necesario que un fotón de luz choque con él, con lo cual ya está modificando su posición y velocidad. Es decir, por el mismo hecho de realizar la medición, el experimentador modifica los datos, introduciendo un error que es imposible de reducir a cero por muy perfectos que sean nuestros instrumentos. Cuanto mayor sea la exactitud con la que se conozca la posición, mayor será el error en la velocidad, y viceversa. Solamente es posible determinar la probabilidad de que el electrón se encuentre en una región determinada.*[3]

## La dualidad onda/partícula

Veamos qué nos dice la paradoja onda/partícula y veamos también la interpretación de Copenhague.

Se propone la siguiente metáfora: estamos en un cine y, delante de la pantalla, a cierta distancia, colocamos un panel con dos rendijas iguales y paralelas.

Proyectamos sobre la pantalla un haz de electrones y, para poder observar lo que ocurre, encendemos las luces de la sala. Vemos que en la pantalla queda un patrón normal, con dos acumulaciones de electrones que corresponden a las dos rendijas. Ahora apagamos las luces de la sala y volvemos a proyectar un haz de electrones. Cuando observamos la pantalla, vemos que hay un patrón de interferencias de ondas con unos máximos y unos mínimos.

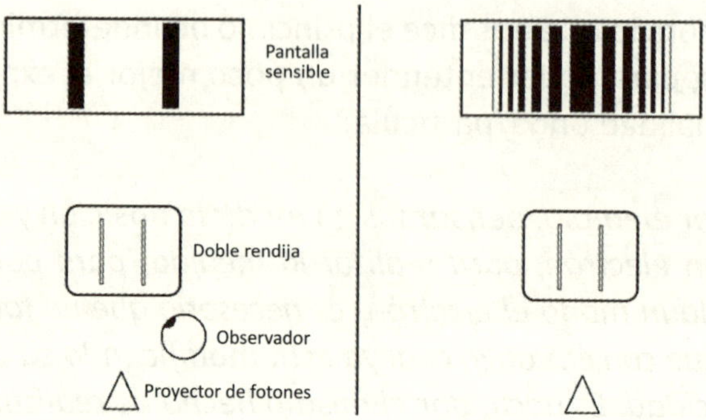


Dibujo tomado de *El observador en Bioneuroemoción*, del mismo autor.

La pantalla de la izquierda es la que aparece con las luces encendidas, es decir, cuando hay un observador.

La pantalla de la derecha es la que aparece con las luces apagadas, es decir, sin observador.

Cuando observo, proyecto fotones, proyecto información; entonces se produce un colapso de onda y la energía —la luz— se convierte en materia, es decir, en electrones. En mi libro *El observador en BNE* destaco la importancia de tomar conciencia de este hecho que se está manifestando constantemente y que tan alegremente obviamos, o bien sencillamente lo negamos, o no lo creemos posible.

Más adelante explicaré —es uno de los objetivos de este libro— que mi forma de observar y entender la vida está basada en mis creencias, y que estas determinarán el mundo que veo. Se trata de tomar conciencia, de ser consciente de que mi manera de ver y entender la vida está determinando cada instante.

Cambiar nuestras creencias —que controlan nuestras percepciones, y por lo tanto nuestras interpretaciones— es el objetivo fundamental de esta obra. Al revelar que el secreto de la vida no está en nuestros genes y sí en nuestros pensamientos, que se alimentan de nuestras creencias, estaremos entrando de lleno en el auténtico libre albedrío. Hasta ahora hemos sido unos meros autómatas, creyendo que la realidad que hay ahí afuera no tiene nada que ver con nosotros. ¡¡Despertemos!!, o mejor dicho: ¡¡Hay que desaprender!!

Después de estas observaciones y reflexiones, continúo con el experimento de la doble rendija. ¿Qué ha ocurrido?, ¿cuál es la explicación? Este resultado queda explicado por la famosa ecuación de Schrödinger, aunque no nos explica por dónde pasa la partícula cuántica (fotón). Según la ecuación, el fotón pasa por una o por la otra, o pasa por las dos rendijas a la vez, o sencillamente no pasa. Están presentes todas las posibilidades.

Cuando queremos mirar —es decir, observar—, debemos encender la luz y, al hacerlo, los fotones de la luz chocan con el haz de electrones, determinando una posición. Entonces la proyección de electrones se comporta como partículas y vemos un patrón normal, no de interferencias. Cuando queremos medir, pesar, situar algo, la luz se comporta como materia. Si aquello que pensamos medir no tiene una situación fija, se produce la superposición cuántica.

Todo esto puso en duda la noción clásica de la realidad. Pero es absurdo pensar que el gato está vivo y muerto a la vez. Schrödinger decía que si se entendía una teoría, entonces se debería poder explicarla y hacer predicciones.

## La interpretación de Copenhague

Fueron Bohr y Heisenberg los que dieron una explicación a esta paradoja. Según ellos, el universo es un campo infinito de posibilidades superpuestas. Estas posibilidades están todas allí como una especie de «sopa cuántica», sin una ubicación exacta y sin existencia definida hasta que sucede algo que ayude a materializar una de ellas.[4]

Este «algo» es la conciencia de una persona —el simple acto de observación— que materializa la posibilidad en la que centramos nuestra atención. La mayor crítica de esta interpretación es que parece sugerir que el universo solo existe o puede manifestarse si hay alguien observándolo. Querido lector, dejo a tu libre elección las connotaciones de esta crítica; para mí, lejos de ser una crítica, es la aseveración de una verdad profunda. Por otra parte, querido lector, como dijo Einstein: *«Me gustaría pensar que la Luna sigue allí cuando no la miro»*. Este es uno de los argumentos que utilizan los que no creen que el observador influye en lo observado. Lo que quiero decir, y estoy seguro de que muchos físicos cuánticos quieren decir, es que el mundo, el universo en el que vivimos, ha sido proyectado inicialmente por una mente consciente. El universo primero crea al observador, y luego este se proyecta en él. ¿De qué serviría tanta energía, tanta belleza, si nadie pudiera verla? Al final de este capítulo propongo una reflexión sobre ello.

Como decía en líneas anteriores, el observador está constantemente proyectándose a sí mismo en el Campo cuántico, que vendría a ser como un mar perfectamente en calma. Cuando lo observo, es como si lanzara —proyectara— sobre él una piedra, que creará unas ondas que alterarán en mayor o menor medida este mar en calma. Dicho de otro modo, si no hay observador, nada cambia, todo es potencial, todo es posible. Si una cantidad determinada de observadores proyectan sobre el Campo un tipo de información, esta se materializará —colapsara— en una realidad que llamaremos nuestra vida.

Tomémonos un momento de respiro para darnos cuenta de cuán importante es dominar el poder de la mente de una colectividad. Si consigo que muchos piensen de determinada manera, y si consigo que no sepan lo importante que es su manera de pensar, entonces tendré el control sobre cómo quiero que sean las cosas. Manipular a las masas —a las mentes, diría yo— siempre ha sido y será el gran objetivo de los manipuladores, de los dictadores, y por qué no, de las democracias. El objetivo de los que tienen el poder hoy en día no es informar, sino desinformar.

Hasta no hace mucho hemos creído, y todavía se sigue creyendo, que somos víctimas de nuestros genes, que no podemos hacer nada por nosotros mismos, que es necesario que algo externo nos manipule y haga cambios y más cambios. Por suerte, cada día hay más conciencia de que esto no es así. Hay una gran cantidad de investigadores y de pruebas científicas que lo avalan. Ha llegado el momento de que el observador sea autoconsciente, de que sepa de una vez por todas la responsabilidad que tiene para consigo mismo y los demás, de que sepa que sus pensamientos, sentimientos, emociones y salud física están estrechamente unidos.

No olvidemos nunca que el reprogramador del Campo es nuestra mente. Es nuestra propia responsabilidad la que debemos desarrollar en el paradigma holístico.

> *La medicina establecida será finalmente expulsada entre gritos y pataleos por la fuerza de la revolución cuántica.*
>
> Bruce H. Lipton, *La biología de la creencia*

Y yo añadiría que el bienestar social, con todas sus implicaciones, está en manos de todos y de cada uno de nosotros mediante la evolución de nuestra conciencia, a la que voy a llamar *Conciencia cuántica*.

## La paradoja de Einstein/Podolsky/Rose

Einstein/Podolsky/Rose (EPR) propusieron otro experimento mental, la paradoja EPR, basado en la teoría del entrelazamiento, concepto introducido por Schrödinger. Estos autores demuestran que «ciertas partículas pueden combinarse o superponerse de varias formas extrañas que no pueden ser explicadas por la mecánica clásica». Estos investigadores partieron de dos partículas estrechamente entrelazadas que se proyectaron a gran distancia una de la otra. Se vio que lo que se le haga a una, al instante le ocurre a la otra. A Einstein esta teoría le ponía muy nervioso, la llamaba «la espeluznante acción a distancia». Introdujeron esta paradoja con el ánimo de demostrar que las correlaciones predichas por la mecánica cuántica son inconsistentes con el principio del realismo local, que dice que cada partícula debe tener un estado bien definido, sin que sea necesario hacer referencia a otros sistemas distantes. Para Einstein, el estado de la partícula B —la partícula distante también afectada— existía con anterioridad, lo cual vendría a demostrar que la teoría de la mecánica cuántica estaba incompleta. Pero, como se demostró más tarde, Einstein no tenía razón.

Como nos diría el profesor Stephen Hawking: «La diferencia entre la física clásica y la física cuántica es que en la primera se pueden predecir las posiciones y las velocidades, y en la cuántica no».

También dijo: «Einstein no llegó a comprender finalmente esta diferencia, y por eso llegó a decir que no creía que Dios jugase a los dados con las leyes del universo».[5]

Más adelante apareció en escena John Bell para demostrar lo que para Einstein era imposible.

## La desigualdad de Bell

En 1964, en su artículo sobre la paradoja de EPR, Bell presentó un teorema que permitía diseñar experimentos para comprobar la existencia o no de estas variables ocultas. Este teorema, habitualmente llamado la desigualdad de Bell, es poco conocido y ha sido calificado como «el descubrimiento más profundo de la Ciencia».

¡No de la física, sino de la Ciencia! Los diseños experimentales basados en él apuntan a que el realismo local es violado por la mecánica cuántica.[6]

Las teorías de John Bell coincidieron en el tiempo con el descubrimiento del rayo láser, lo que permitió realizar los experimentos.

El experimento de Bell consiste en producir un par de fotones que viajan a cierta distancia uno del otro. La idea es medir cada fotón por separado en el mismo instante; de esta manera se intenta demostrar que las dos mediciones separadas y realizadas al mismo tiempo deben ser independientes del concepto de relatividad; es decir, que las mediciones que hago en un lado no deben influir en las del otro lado. Se midió la polarización de cada fotón. Los fotones pueden polarizarse verticalmente, horizontalmente y con un ángulo de 45°, pero los fotones entrelazados por *resonancia paramagnética electrónica*[7] están polarizados al mismo tiempo en horizontal y en vertical. Esto es tan raro como el gato de Schrödinger, que está muerto y vivo a la vez. El resultado fue el que había predicho la mecánica cuántica: cualquiera que sea la medición de la dirección que hagamos en uno u otro lado, descubrimos que los dos fotones se alienan en la misma dirección. Esto significa que los fotones están estrechamente correlacionados. Significa que los dos fotones, aún separados por la distancia, se comportan como un mismo objeto.

Más adelante Alain Aspect confirmó definitivamente que la velocidad de la luz no es un límite absoluto en el mundo subatómico. Demostró que si se disparan dos fotones, a partir de un átomo, en direcciones opuestas, la medición sobre uno afecta instantáneamente al otro. Así quedó patente que estos experimentos son reales, aunque no explican qué sucede realmente y qué hay detrás de esta evidencia.

Ya no sirve de nada consolarse pensando que esto solo ocurre en el mundo microcósmico; actualmente se ha demostrado que este efecto de la no localidad afecta a moléculas de cristales, es decir, al mundo macrocósmico. El lector puede consultar los experimentos de Sai-Rosembaum en el libro *El observador en Bioneroemoción,* de este autor; y también en el *Experimento de la intención,* de Lynne MacTaggart.

Querido lector, a partir de este punto nuestra mente se adentra en la metafísica. La idea de que todos formamos parte de un Todo y de que este nos mantiene entrelazados se hace más evidente; ya somos muchos los que hemos entrado en este paradigma. Las evidencias de la mecánica cuántica abren nuestra mente a otros campos de investigación al tomar conciencia de que estamos hechos de partículas subatómicas.

Voy a desarrollar más profundamente la teoría del entrelazamiento porque es la clave para entender por qué el método de desaprender, que un servidor ha rebautizado con el nombre de *El Arte de Desaprender*, funciona; y también aclararé el sentido que se le da y los aspectos de la física cuántica que utiliza.

Como punto de partida, nunca debemos olvidar que todo lo que hay en el universo es información, que nosotros mismos somos información y que somos portadores de información.

## El entrelazamiento cuántico

Un grupo de físicos de la Universidad Hebrea de Jerusalén ha logrado modificar desde el presente un evento que había sucedido con anterioridad. La hazaña, publicada en *Science Now,* se ha conseguido aprovechando una extraña capacidad de las partículas subatómicas que nunca hasta ahora había podido ser demostrada. Todo este estudio está basado en el entrelazamiento cuántico.[8]

Este grupo de físicos israelíes anunció en el año 2014 que había conseguido entrelazar dos fotones que nunca habían coincidido en el tiempo, es decir, que existieron en momentos diferentes. Primero generaron un fotón y midieron su polarización, un procedimiento que destruye la partícula que se quiere medir. Después generaron un segundo fotón y, a pesar de no haber existido al mismo tiempo que el primero, comprobaron que tenía exactamente la polarización opuesta, lo que demostró que ambos estaban entrelazados.[9]

Nicolás Gisin, el jefe del proyecto, dijo: «Lo fascinante es que los fotones entrelazados forman un mismo objeto. Incluso cuando estos fotones gemelos son separados geográficamente, si uno de ellos experimenta una modificación, el otro fotón experimenta automáticamente el mismo cambio».

Lo que han descubierto estos científicos es que el entrelazamiento se puede producir también a través del tiempo. Es decir, no es necesario que las partículas «coexistan» en el mismo momento para que se produzca el entrelazamiento.

Veamos el experimento:

1. Tenemos dos observadores Alice y Bob. Un rayo láser es dividido en dos fotones, A y B, con idéntico estado (polaridad). Un fotón se envía a Alice y el otro a Bob.

2. El mensaje a transmitir consiste en un cambio de estado causado por un tercer fotón, C.

3. El fotón C es enviado a Alice y llega junto al fotón A. Cuando los fotones alcanzan los detectores de Alice, se confirma el entrelazamiento entre A y C.

4. El entrelazamiento entre A y C tiene como consecuencia el cambio instantáneo de polaridad del fotón B. Bob puede medir el fotón B y darse cuenta del cambio de polaridad de 45°, por lo que el mensaje se considera trasmitido.

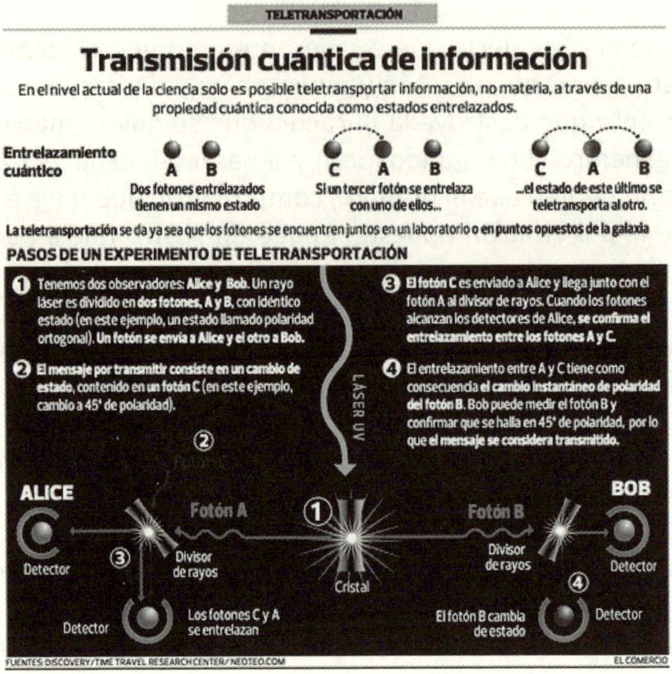


Veamos cómo se explica la no coincidencia en el tiempo. La partícula medida es una partícula destruida. Para poder medir la situación de una partícula hay que hacer chocar con ella un fotón, y esto la destruye. Sin embargo, al estar destruida, esa partícula adopta un estado que es el que queremos medir; y la otra, que está entrelazada, adopta de inmediato el estado opuesto para que haya un equilibrio de uno menos uno igual cero. La información queda guardada, y otra partícula es la que nos la muestra.

Tenemos la partícula 1 destruida y la 2 que tiene un estado determinado. Lo que hicieron los científicos fue generar otra pareja de partículas, a las que llamaremos la 3 y la 4, que también se entrelazan. Los científicos entrelazaron la partícula 3 con la superviviente de la primera pareja, la 2. Eso quiere decir que, si la 2 y la 3 están entrelazadas, como la 3 está entrelazada con la 4, entonces la 4, por lógica, tiene que estar entrelazada con la 1, que es la que desapareció al ser medida.[10] La partícula 4 nos muestra la información opuesta a la

1. El experimento queda demostrado, porque las partículas 1 y 4 no coexistieron en el mismo tiempo.

Retomaré este experimento más adelante cuando explique el método que propone *El Arte de Desaprender*. De momento, querido lector, quédese con las explicaciones de estas teorías cuánticas que han conmovido nuestro mundo y nos ponen a las puertas de un nuevo entendimiento. Es cierto que no hay consenso entre los científicos en general y los físicos en particular, pero no es menos cierto que estas teorías son irrefutables y que muy probablemente estén incompletas, porque para poder completarlas y entender su significado intrínseco, profundo, hay que cuestionarse muchas cosas. Cuestionarse hasta la propia realidad, o lo que nosotros creemos que es real.

MI Invitación es a adentrarse en el pensamiento de que nosotros estamos formados por partículas subatómicas, que estas a su vez conforman objetos sólidos o aparentemente sólidos y que parece haber dos tipos de leyes para cada aspecto de la realidad. Pero cada día hay más experimentos que nos demuestran que lo que afecta al microcosmos también afecta al macrocosmos.

## DE LA FÍSICA Y LA QUÍMICA A LA BIOLOGÍA

¿Cómo y cuándo surgió la vida en la Tierra?

El carbono es el mineral que sustenta toda la vida en la Tierra; sin él, la vida sería imposible: la estructura del ADN está formada en su inmensa mayoría por átomos de carbono. El noventa y cinco por ciento de los seres vivos están compuestos únicamente por cuatro elementos: carbono, oxígeno, hidrógeno y nitrógeno.

El carbono es un elemento muy abundante en el cosmos y tiene una gran facilidad para combinarse y formar compuestos y moléculas. En las debidas condiciones de calor y humedad, los átomos de carbono se combinan rápidamente con el hidrógeno, el nitrógeno, el oxígeno, el fósforo y el azufre para generar una enorme cantidad de sustancias. Estos seis elementos construyen la mayor parte de los aminoácidos y componentes genéticos. Esto permitió a la evolución la formación de los seres vivos.

Pero la pregunta sigue sin contestarse: ¿Cuándo nació la primera sustancia que formó el primer andamiaje para que surgiera la vida?

En 1953, una famosa serie de experimentos realizados en la Universidad de Chicago marcaron el inicio de un nuevo campo experimental llamado «química prebiótica», «modelos experimentales de la Tierra primitiva» o «evolución química experimental». Stanley L. Miller, un doctorando que trabajaba con Harold C. Urey, premio nobel de química, bombardeó a lo largo de una semana un modelo de la atmósfera primitiva (mezcla de amoníaco, vapor de agua, hidrógeno y metano) con una descarga eléctrica semejante a la del rayo. Obtuvo así dos aminoácidos (alanina y glicina) y otras muchas sustancias orgánicas que hasta entonces se creía que solo eran producidas por las células vivas.[11]

En 1924, un científico ruso, Alexander Oparin, empezó a desarrollar la hipótesis del caldo primordial como origen de la vida. Obtuvo también sustancias orgánicas. Según Oparin, si había moléculas sencillas del tipo de las nombradas y la energía necesaria para que se unieran entre sí, entonces las reacciones químicas adecuadas debieron haber ocurrido de forma espontánea. Como resultado de tales reacciones, muchas de las sustancias inorgánicas se transformaron en sustancias orgánicas más complejas que quedaron flotando sobre las aguas. Las aguas (de ríos y mares) comenzaron a llenarse de biomoléculas en suspensión y así se transformaron en un caldo enriquecido en el que se estaban dando los primeros pasos para la gestación de la vida. Por eso se le llama «caldo primordial» o «sopa primitiva». La ausencia de oxígeno fue positiva para las biomoléculas recién formadas, pues, al no poder oxidarse, conservaban mejor su estabilidad. Muchas de ellas establecieron atracciones hidrofílicas y puentes de hidrógeno que les permitieron unirse a otras. Posteriores reacciones químicas deben haber facilitado la creación de uniones covalentes entre pequeñas biomoléculas, dando origen así a otras biomoléculas mayores (como los lípidos, las proteínas o los ácidos nucleicos).[12]

¿Es posible que todo ello sea producto del azar? Partimos de que cada sustancia tiene unas propiedades físicas y químicas que hacen que se combine de ciertas maneras.

Se sabe muy bien que estas sustancias surgieron de una explosión inicial de inmensa energía, es decir, de información. Uno podría perfectamente preguntarse: «¿De dónde sale toda esta energía o información?». Porque toda esta información tiene un sentido y su combinación se debe a unas leyes. Además, si todo parte de una singularidad, de un estado común a toda la energía acumulada en ella, está claro, por el principio del entrelazamiento cuántico, que todo está unido, e intrínsecamente unido, añadiría yo.

Las leyes de la física y de la química nos enseñan que las partículas atómicas buscan estabilizarse en uniones que conforman estados de materia más o menos estables. Por ejemplo, el $Cl^-$ (cloro) es altamente tóxico en estado puro y se combina con el $Na^+$ (sodio), que es altamente inestable y explosivo, para formar algo tan natural y saludable para la vida como la sal común.

## ¿El azar?

Sea como fuere, todo está relacionado, intrínsecamente relacionado, podríamos decir que entrelazado. Todo está sustentado por esta Matriz inteligente, formada por una energía que no se ve pero que alimenta a todo el universo. Las sustancias orgánicas están formadas por partículas subatómicas, que a su vez forman la estructura atómica. Los átomos son los ladrillos fundamentales de todos los compuestos inorgánicos, que dieron paso a los orgánicos y estos formaron las biomoléculas, que a su vez formaron los organismos vivos. Estamos frente al nacimiento de la vida compleja tal como la conocemos. No olvidemos que nada ocurre por azar, que todo tiene un sentido y un para qué; este principio está desarrollado en mi libro *El observador en Bioneuroemoción*. Pretendo llevar al lector a lo largo de un hilo conductor para que pueda entender el potencial que hay en cada uno de nosotros y busque la manera de sacarle el mayor provecho en su propio bien, que es el bien de todos.

## DE LA BIOLOGÍA A LA PSICOLOGÍA

Albert Einstein dijo:

> *Un ser humano forma parte del todo que nosotros llamamos universo, una parte limitada temporal y espacialmente. Experimenta su existencia, sus pensamientos y sus sentimientos como algo separado del resto... algo así como una especie de ilusión óptica de su conciencia. Esta ilusión es una cárcel para nosotros, que limita nuestros deseos y nuestro afecto por las pocas personas más próximas a nosotros. Nuestra tarea debe ser la de liberarnos de esta cárcel, aumentando nuestro círculo de compasión para abarcar todos los organismos con vida y toda la hermosa naturaleza.*

### La psique

Un servidor es un enamorado de la psicología de Jung. He aprendido mucho de él sobre el inconsciente personal y el inconsciente colectivo, pero, sobre todo, sobre la proyección de la sombra. En mi época de estudiante, sus ideas alumbraron mi mente y empecé a comprender que hay una parte de la mente —el inconsciente— que esconde muchos programas regulados por ella (el noventa y cinco por ciento de la mente) y que gobierna nuestra vida.

Su definición de psique: «La psique se refiere a todos los procesos psicológicos: pensamientos, sentimientos, sensaciones, deseos, etcétera». Jung usó los términos psique y psíquico, en vez de mente y mental, para evitar la implicación de la conciencia en estos últimos y para enfatizar que la psique abarca tanto procesos conscientes como inconscientes.[13]

La psique tiene tres estratos: conciencia, inconsciente personal e inconsciente colectivo. El inconsciente lucha por mostrarse, pero es reprimido constantemente por el ego. No es que lo que hay en el inconsciente sea malo, aunque sí que lo consideramos malo y por ello lo reprimimos.

El concepto de arquetipos, que son disposiciones psíquicas innatas, permite comprender el comportamiento humano. Jung los relacionó con el inconsciente colectivo, lo que vendría a explicar el comportamiento de las sociedades. El inconsciente colectivo es un cúmulo de experiencias que heredamos de nuestras sociedades ancestrales. La creencia en la vida más allá de la muerte corporal podría muy bien ser un arquetipo, pues de todos es sabido que, desde la más remota antigüedad, la humanidad siempre ha mirado las estrellas y ha creído en la vida después de la muerte.

Los *complejos* también son un tema a estudiar, y hemos de relacionarlos con patologías desadaptativas. Es un concepto acuñado por Jung, vendrían a ser un cúmulo de ideas, deseos y pensamientos que se perciben como perturbadores, por lo que son desplazados o reprimidos y tienen tendencia a retornar al consciente de diversas formas. Cuando se produce este retorno, se tiende a reproducir la totalidad del complejo. En BNE estudiamos el complejo de Edipo (Freud) y el complejo de Electra (Jung), aunque en nuestro inconsciente hay muchos más. Cuando se manifiesta el complejo, la memoria falla y se cometen errores al hablar, se dicen cosas que no se quieren decir. El complejo se manifiesta en el momento más inoportuno, como explicaba Jung: «Estás en un entierro y al despedir al deudo le dices "felicidades"». Simplificando, vendrían a ser reacciones inconscientes, una especie de *lapsus línguae*.

## Las bacterias

Muy bien, empecemos por la bacteria, que se supone que fue uno de los primeros seres vivos —por no decir el primero— que era consciente de alguna forma.

Las primeras bacterias fueron las procariotas, que no tienen un núcleo diferenciado. Las bacterias están separadas de su ambiente por la membrana celular. Esta membrana tiene la capacidad de interactuar con el ambiente y de ir adaptándose a él. En cierto modo, esta célula tiene algún tipo de consciencia, porque da soluciones a problemas ambientales.

Mientras realizo esta exposición, me gustaría que no nos olvidásemos de la *inteligencia primordial*, este «caldo de cultivo cuántico» donde se hallan todas las probabilidades superpuestas. Este es el hilo conductor del desarrollo estructural de este libro, *El Arte de Desaprender en Bioneuroemoción*. Gracias amigo lector.

La división fundamental de los seres vivos es entre procariontes y eucariontes. En sus primeros dos mil millones de años, las bacterias transformaron la superficie de la Tierra y la atmósfera. Fueron las inventoras a escala reducida de todos los sistemas químicos esenciales para la vida: la fermentación, la fotosíntesis, la utilización del oxígeno en la respiración y la fijación del nitrógeno atmosférico. Todo esto sucedió por la interacción de al menos tres mecanismos distintos.

La capacidad de orquestación del ADN: la célula viva puede hacer una copia de sí misma. Esto es algo parecido a la ingeniería genética: las procariotas transfieren de manera rutinaria y muy deprisa distintos fragmentos de su material. Pueden utilizar genes accesorios procedentes de cepas muy distintas para realizar funciones que su propio ADN no puede realizar. Algunos de estos fragmentos pueden acabar instalándose en el aparato genético de las células eucariotas.

En los años sesenta, el biólogo Bruce Lipton tomó células madre que eran el producto de la división de una única célula madre, es decir, que compartían exactamente la misma información genética, y las dividió en tres grupos. Cada grupo fue puesto en un medio diferente, cambiando los componentes de su ambiente. El resultado fue que el primer grupo formó células óseas (osteocitos), el segundo células musculares (miocitos) y el tercero células grasas (adipocitos): hueso, músculo y tejido adiposo.[14] ¿Qué fue lo que controló el destino de cada célula si eran genéticamente idénticas? Lo único diferente era el medio en el que crecieron. Las propias células controlaron sus cambios, adaptándose al entorno. ¿Tenemos aquí una manifestación «primitiva» de conciencia?

Las células individuales analizan miles de estímulos procedentes del microambiente en el que habitan. También son capaces de aprender y crear una memoria que se transmite a la descendencia. La verdadera artífice de todo esto es la membrana, el auténtico cerebro de la célula. Ella es la que interacciona con el ambiente, envía la información al núcleo y este fabrica las proteínas que el entorno demanda. La inteligencia continúa manifestándose en forma de evolución, pero, sobre todo, de evolución inteligente.

Las bacterias, los organismos unicelulares, se agruparon formando órganos especializados, cada cual con sus funciones concretas; esto permitió que estos órganos se agruparan a su vez para formar organismos mucho más complejos. De esta manera nacieron el reino vegetal y el animal, y todo su despliegue hasta nuestros días. Todo este desarrollo no podría haberse realizado sin una inteligencia primordial, sin algún tipo de conciencia que guíe la adaptación al medio y que, de alguna forma, esté conectada a esta conciencia pluripotencial que da —a modo de inspiración— la capacidad de sobrevivir mediante la adaptación.

La evolución del sistema nervioso permite que se empiece a conservar cierta memoria, cuya función primordial reside en que se puedan evitar posibles peligros y pérdida de vidas. Este sistema nervioso se va especializando dando las diferentes partes del cerebro, empezando por el cerebro reptiliano, seguido por la evolución del sistema límbico, pasando por el mesodermo y terminando por el córtex, que vendría a ser la corona de la evolución o también la corona de la consciencia.

Nosotros, como seres evolucionados con la capacidad de ser conscientes, con la capacidad de analizar nuestros actos y de socializarnos, hemos tenido que ir adaptándonos psicológicamente al ambiente —en este caso social— y desarrollando estrategias para ser aceptados, porque en nuestra memoria evolutiva la socialización es una gran ventaja adaptativa.

Esta socialización nos permite estar seguros, y esta seguridad nos permite desarrollar el pensamiento y la capacidad de observación. Podemos decir que esta observación es un nivel de pensamiento abstracto que nos capacita para cambiar y modificar nuestro ambiente como nunca antes había sucedido. El problema, quizás, es que cambiamos nuestro ambiente sin ser conscientes de que pertenecemos a él, de que estamos conectados a él y de que no podemos hacer nada sin que nos afecte directa o indirectamente.

La psique se desarrolla desde el cerebro reptiliano, pasando por el sistema límbico —que es el que guarda las emociones básicas, el que fija el recuerdo—, e interactúa con el córtex, que es el que toma las decisiones. Sin embargo, muchas veces el que toma las decisiones es este cerebro primitivo, pero muy instintivo, porque su función primordial es preservar la vida.

## El inconsciente biológico — La mente biológica

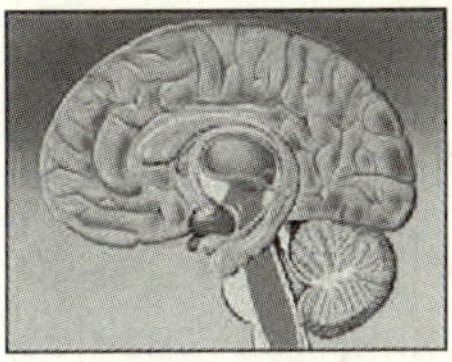

Para nuestros propósitos nos centraremos en el inconsciente biológico o *mente biológica,* que está sustentado por el cerebro reptiliano y el sistema límbico.

Con la idea de profundizar en los conceptos que ayudan a una mejor comprensión del funcionamiento de las emociones y del comportamiento de las personas, resulta interesante conocer el modelo clásico de la evolución del cerebro que postula Paul MacLean. Este autor expone que la estructura cerebral estaría formada por tres capas o zonas diferenciadas, con un origen evolutivo secuencial:

- un paleocerebro ofidio o reptil formado por el cerebelo y la médula espinal.
- un segundo paleocerebro, esta vez paleomamífero o límbico, y
- un único cerebro neomamífero, con un neocórtex mucho más desarrollado que en el cerebro paleomamífero.

Cada uno de los tres cerebros está conectado por nervios a los otros dos, y las capacidades de los tres son diferentes. No es cierto —según MacLean— que el neocórtex domine a los dos paleocerebros. El sistema límbico, regulador de las emociones, puede muchas veces dominar todas las funciones mentales superiores.

Por tanto, MacLean propone que en nuestro cráneo no anida un único cerebro, sino tres; y cada uno de ellos representa un estrato evolutivo distinto, estando la capa más antigua (sistema límbico) por debajo de las más nuevas (neocórtex).

Postula también que las conductas del cerebro más primitivo (ofidio) estarían programadas arcaicamente, como las de los reptiles. Conductas rígidas, obsesivas, compulsivas. Control muscular, respiratorio, cardíaco. Este cerebro se halla activo incluso durante el sueño profundo. No aprende de las equivocaciones.

La parte más primitiva de nuestro cerebro es el cerebro básico, instintivo y reptiliano. Está formada por los ganglios basales, el tallo cerebral y el sistema reticular. Es la parte que se ocupa de las actividades instintivas. Alojado en el tronco cerebral, es la parte más antigua del cerebro y se calcula que se desarrolló hace unos quinientos millones de años. Se encuentra presente primordialmente en los reptiles.

Según MacLean, los reptiles son las especies animales con un menor desarrollo cerebral. El cerebro reptil está diseñado para manejar la supervivencia desde un sistema binario: huir o pelear, con muy poco o ningún proceso sentimental. Tiene un papel muy importante en el control de la vida instintiva y se encarga de la autorregulación del organismo. Por lo tanto, este cerebro no está capacitado para pensar ni sentir. Su función es actuar cuando el estado del organismo lo demanda. En los seres humanos, el complejo reptiliano incluye conductas que se asemejan a los rituales animales, como el de aparearse. La conducta animal e instintiva está controlada en gran medida por esta área del cerebro.

Es el impulso hacia la supervivencia: comer, beber, mantener la temperatura corporal, sexo, territorialidad, necesidad de cobijo y de protección. Es un cerebro funcional, territorial, responsable de conservar la vida; también es el responsable de las mayores atrocidades. Nos sitúa en el presente, sin pasado ni futuro, y por tanto es incapaz de aprender o prever. No piensa ni siente emociones y es pura impulsividad. En el cerebro reptiliano se procesan las experiencias primarias, no verbales, de aceptación o rechazo.

Aquí se organizan las funciones que tienen que ver con el hacer y el actuar, incluyendo las rutinas, los hábitos, la territorialidad, el espacio vital, las adicciones, los rituales, los ritmos, las imitaciones, las inhibiciones y la seguridad. Este cerebro es el responsable de las conductas automáticas, como las que se refieren a la preservación de la especie y a los cambios fisiológicos necesarios para la supervivencia.

En síntesis: el cerebro básico o reptiliano se caracteriza por la acción. Controla la respiración, el ritmo cardíaco y la presión sanguínea; e incluso colabora en la continua expansión-contracción de nuestros músculos. Este primer cerebro es, sobre todo, como un guardián de la vida, pues en él están las mayores capacidades de supervivencia y lucha. Además, mantiene una interrelación con los poros de la piel, que son como una especie de interfase que poseemos con el mundo externo. Este primer cerebro es el agente que nos avisa de los peligros para el cuerpo. Permite la adaptación con rapidez por medio de respuestas elementales y poco complicadas emocional o intelectualmente. Esta conducta no se basa en consideraciones relacionadas con experiencias previas ni en los efectos a medio o largo plazo.[15]

Las conductas de las personas calificadas como psicópatas (que carecen de sentimientos de culpa) y paranoicas se ajustan a este patrón de conducta. En la psicopatía se desempeña el papel de depredador y en la paranoia el de presa. En este primer cerebro es donde las adicciones son muy poderosas, tanto a algo como a alguien, o a una forma de actuar. Por decirlo de forma rápida, este primer cerebro es una herencia de los periodos cavernarios, donde la supervivencia era lo esencial.

El cerebro reptil sustenta una parte de la mente inconsciente, o subconsciente, donde se graba, se aloja y se desarrolla el trauma psicológico, aquello que determina la mayoría de los miedos y las fobias que conforman la mente reactiva, que en algunas ocasiones lleva al ser humano a comportarse como un animal salvaje.

## El cerebro límbico

MacLean llama sistema límbico (1952) a la parte media del cerebro, también conocida como cerebro paleomamífero, sistema intermedio o centro de las emociones. Esta parte gestiona las emociones, los instintos, la ingesta, el enfrentamiento, la huida, la conducta sexual, todo lo que es «agradable o desagradable». Para este sistema, la supervivencia involucra evitar el dolor y repetir el placer.

La emoción implica a la totalidad del sistema nervioso.

Solo a partir de 1937 se relacionó el lóbulo límbico con las emociones, cuando J. Papez sugirió que las estructuras mencionadas formaban un circuito que sería el substrato de las emociones y que incluiría el hipotálamo, región fundamental en la expresión de las mismas. Sugirió, además, la existencia de conexiones entre la corteza cerebral y el hipotálamo a través del giro cingulado y del hipocampo. Surgió así el concepto de un circuito neuronal de las emociones, el circuito de Papez, que posteriormente fue ampliado al sistema límbico actualmente en uso (MacLean).

¿Qué es, entonces, el sistema límbico? El sistema límbico, también llamado cerebro medio, es la porción del cerebro situada inmediatamente debajo de la corteza cerebral; comprende centros importantes como el hipotálamo, el hipocampo y la amígdala cerebral, entre otros. Su función es regular las emociones, de ahí sus numerosas conexiones con estas estructuras nerviosas. El sistema límbico y el hipotálamo están íntimamente relacionados anatómica y funcionalmente.

En un principio, se atribuyeron al sistema límbico los vestigios primitivos de un primer comportamiento animal basado en la ira y el miedo, que posteriormente la corteza cerebral recubrió. Se le vincula con un comportamiento agresivo.

Las conductas emocionales activadas desde el sistema límbico tienen un claro correlato visceral que se explica por las conexiones entre el sistema límbico y el hipotálamo, región en la cual se ubican los centros que regulan las vísceras.

Algunas de las conductas generadas por el hipotálamo son: la regulación del hambre y la sed, la respuesta al dolor, los niveles de placer, la satisfacción sexual, la ira y el comportamiento agresivo, y algunos más. También regula el funcionamiento de los sistemas nerviosos simpático y parasimpático (sistema autónomo), lo cual significa que regula aspectos como el pulso, la presión sanguínea, la respiración y la activación fisiológica en respuesta a circunstancias emocionales.

En particular, el hipocampo y la amígdala han sido denominados los centros de la afectividad. Aquí es donde se procesan las distintas emociones y el hombre experimenta penas, angustias y alegrías intensas. El hipocampo fija en el espacio/tiempo el trauma o situación con alta carga emocional, y la amígdala fija la emoción básica, la que llamamos oculta o visceral, la reprimida por el superyó. Esto nos permite encontrar la programación y los aprendizajes sustentados por las creencias que se ocultan tras estas emociones básicas o primitivas. Es muy importante comprender esto, pues constituye el camino fisiológico para desarrollar *El Arte de Desaprender*.

Actualmente es incuestionable que el procesamiento de las emociones está situado en la amígdala cerebral. Para corroborarlo se han hecho muchas investigaciones y experimentaciones con monos. Los monos a los que se les extirpa la amígdala manifiestan un comportamiento social en extremo alterado: pierden la sensibilidad hacia las complejas reglas del comportamiento social de su manada. El comportamiento maternal y las reacciones afectivas hacia los otros animales se ven claramente perjudicados.

El sistema límbico está en constante interacción con la corteza cerebral. Una transmisión de señales de alta velocidad permite que el sistema límbico y el neocórtex —corteza o cerebro racional— trabajen juntos, y esto es lo que explica que podamos tener control sobre nuestras emociones.

De acuerdo con la teoría psicoanalítica, el ELLO obedecería al instinto primario y el SUPERYÓ a la figura paterna.

Como estamos hablando del inconsciente biológico, vemos que en la amígdala estaría la memoria emocional, que guarda recuerdos buenos y malos (apego/desapego). En la corteza se encontraría el aprendizaje y la memoria conscientes, es decir el YO. Cuando el YO «desea» realizar una conducta determinada, existe una figura interna, que es el SUPERYÓ, que culpa, castiga y limita su expresión. Ciertas investigaciones desarrolladas por la neurofisiología del cerebro, y más específicamente de la corteza cerebral, coinciden con los hallazgos del psicoanálisis en sostener que una de las funciones de los pensamientos es la de atemperar las emociones. Aquí reside la emoción social o políticamente correcta, la que oculta la emoción primaria. Es la emoción que se quiere razonar, justificar y explicar; pero, cuanto más dejamos que esto sea así, más nos alejamos del conflicto primario que es la clave del problema o de la disfunción biológica llamada enfermedad.

## El procesamiento de las emociones

En este apartado explicaré cómo viajan las emociones a través del cerebro límbico y de este al neocórtex; de qué maneras procesamos nuestras sensaciones corporales y cómo muchas veces las racionalizamos y les damos explicación, cuando la auténtica causa se asienta en el inconsciente a través de un proceso biológico conocido como *engrama*.

## Definición de engrama

«Engrama» proviene del griego "en": **'en',** y de "**gramma"**: 'letra', 'escritura'. El engrama es una marca orgánica sobre el tejido nervioso causada por un estímulo ocurrido en el pasado del individuo que será el soporte material de la memoria.

Un engrama es una estructura de interconexión neuronal estable. Las redes neuronales establecen sistemas aferentes/eferentes inconscientes y mecánicos. El engrama pertenece a la mente reactiva. Es la mente inconsciente donde se almacena todo el dolor, las sensaciones, las palabras, los hechos, los lugares, los ruidos, etcétera.

El engrama puede contener redes neuronales heredadas de nuestros ancestros. Esto haría que fuéramos muy sensibles a cierta información. Cualquier situación asociada a un engrama puede activar síntomas aparentemente superados.

Ejemplos de engramas:

- Cuando nos hallamos en el vientre materno, estamos en estado alfa. Todo cuanto oímos se graba en nuestro inconsciente: los estados emocionales de mamá, si somos deseados o no, si mamá quiere abortar, si somos una molestia, etcétera.

- Todo el dolor físico y emocional de nuestros padres son circuitos parásitos. Quedan grabados en nuestro inconsciente hasta el más mínimo detalle.

- Todo dolor físico y emocional de nuestros ancestros son circuitos que condicionan nuestra vida. Son todas las experiencias que tenemos día a día.

- Todo dolor físico y emocional que negamos u ocultamos refuerza los circuitos parásitos. Nos hace repetir las experiencias una y otra vez.

Cuando tenemos un «impacto» emocional, el inconsciente lo graba todo y nunca olvida. El engrama funciona aunque te quedes inconsciente. Por eso podemos ir a buscar las causas emocionales que envuelven este «impacto», las cuales nos permiten acceder al inconsciente para cambiarlas. Esto hará que en nuestra vida vuelvan a manifestarse aspectos y circunstancias que no habíamos experimentado después del impacto emocional. Cuando esto sucede, indica que las conexiones del engrama han cambiado, porque hemos cambiado nuestras emociones en relación al impacto emocional inicial.

Los engramas se estimulan de la misma forma que una orden hipnótica. Cuando se produce esta estimulación, puede transformar a la persona en una marioneta, dictándole conductas aberrantes.

*Todo engrama tiene sus palabras clave*. Son palabras que producen su activación e impiden salir de él. «No puedo»; «no sirvo»; «es imposible»; «esto no está bien»; «no quiero hacer daño a nadie»; «los hombres son imposibles»; «todas las mujeres son iguales»; «ya cambiará»; «no puedo marcharme»; «ya es demasiado tarde»; «no quiero»; «qué pensarán»; «qué dirán»; «no me entenderán»; «es mi familia»; «es mi padre»; «es mi madre»; «tengo que...», «... debo de...». Pon tú las siguientes palabras.

La activación de los engramas nos hacen vivir ciertas enfermedades y nos predispone a todo tipo de situaciones que nuestro razonamiento no alcanza a comprender.

## El cerebro emocional

Consta de diversos órganos; los que describimos a continuación son relevantes para nuestro estudio en BNE, aunque esto no quiere decir que los demás carezcan de importancia.

*El giro cingulado*: colabora con la memoria emocional y contiene reminiscencias muy primitivas, cercanas al olor, al llanto y al dolor. Es muy sensible a las patologías emocionales. Programa emociones, situaciones y motivaciones.

*El hipotálamo*: es el comandante de todo el sistema nervioso autónomo y neuroendocrino. Es el traductor de las señales fisiológicas en conductuales. Sed → beber.

*El tálamo*: regula la información que va al córtex. Recibe todos los estímulos sensoriales excepto el olfato.

*El hipocampo*: regula la memoria espaciotemporal.

*La amígdala*: es la sede de todas las emociones.

Antonio R. Damasio, en su libro titulado *El error de Descartes*, nos inspira sobre cuál es el circuito más que probable en el cual se mueven las emociones y, haciendo la correspondencia con la BNE, vemos que nuestras posturas se acercan, por no decir que se integran. Veámoslo por partes:

*Las emociones primarias* dependen de los circuitos del sistema límbico. Son un mecanismo básico y no describen toda la gama de comportamientos emocionales.

*Las emociones secundarias,* que no pueden ser sostenidas por el sistema límbico, requieren el concurso de las cortezas prefrontales y somatosensoriales. Estas emociones se experimentan cuando el individuo se ha hecho consciente de sus sentimientos y empieza a establecer conexiones entre categorías de objetos y situaciones, por un lado, y emociones primarias por el otro.[16]

La Naturaleza utiliza los mismos mecanismos para expresar las emociones primarias y las secundarias. Las estructuras del sistema límbico no son suficiente para soportar el proceso de las emociones secundarias.

Cuando recibimos un impacto emocional, el sistema límbico es el primero que registra todo el evento y pasa al instante a producir sensaciones corporales, sudor, alteración de la respiración, etcétera.

Del cuerpo se pasa a la región somatosensorial y a la zona prefrontal, donde se dan razonamientos y se expresan emociones secundarias. Estas son una defensa de la psique, que procesa ocultando ciertas emociones primarias y manifestando las secundarias. Lo que no se expresa se imprime en la red neural, pasa al inconsciente y puede producir síntomas físicos, mentales y las enfermedades en general. Nuestro cliente o consultante viene a que le ayudemos a encontrar estas emociones ocultas (primarias) que reprimen el auténtico trauma.

Enseñamos y desarrollamos este método en nuestra formación en Bioneuroemoción; el lector podrá consultar, si lo desea, el *Tratado en Bioneuroemoción*.

## Emociones y Sentimientos

- El sentimiento es un componente integral de la maquinaria de la razón.
- El sentimiento es el lenguaje específico del cuerpo.
- Las emociones pertenecen al cuerpo y los sentimientos a la mente, pero van totalmente ligados.

- Las emociones son biológicamente indispensables para tomar decisiones. La razón está sustentada por distintos niveles neuronales, desde la corteza prefrontal al hipotálamo y el tallo cerebral.

- Si uno está despierto y alerta, todas las emociones generan sentimientos, pero no todos los sentimientos tienen su origen en las emociones.

- Los sentimientos y las emociones son expresiones notables del desarrollo de la regulación biológica.

- Los niveles inferiores del edificio neuronal de la razón son los mismos que regulan el procesamiento de las emociones y de los sentimientos.

- Sentir nuestros estados emocionales, que es lo mismo que ser conscientes de las emociones y sentimientos, nos ofrece una flexibilidad de respuesta basada en la historia particular de nuestras interacciones con el ambiente.[17]

## La nueva propuesta del método

La Bioneuroemoción vendría a ser el camino que va desde la dualidad a la no dualidad. Es como un camino de regreso a casa. Partimos de un «caldo primordial cuántico» lleno de infinitas posibilidades, escogemos un camino dual —la evolución propiamente dicha—, encerramos nuestra consciencia en nuestra mente y crecemos y vivimos como si realmente estuviéramos separados los unos de los otros. Llegados a un punto en la evolución de la conciencia, uno se da cuenta de que todo está unido y de que hay una inteligencia que lo soporta y alimenta todo, dando sentido a la creación, que vendría a ser un laboratorio experimental de conocimiento del Ser.

No olvidemos que todo es información y que la energía se transforma, por lo que podemos deducir que no existe la muerte en el sentido absoluto de la palabra, sino una evolución de la Conciencia, que sería el vehículo donde se expresa toda la información vivida en este mundo, en este universo.

Este desarrollo de la Conciencia es una de las propuestas fundamentales de la Bioneuroemoción, su objetivo es darnos cuenta de que todos los acontecimientos externos tienen un significado que va más allá del determinismo newtoniano. Podemos cambiar nuestras vidas mediante pequeños actos de conciencia, comprendiendo cada vez más que, si seguimos por este camino, podemos conocernos a nosotros mismos. Este conocimiento debe estar presidido por la observación sin juicio, para que seamos capaces de ver los programas heredados de nuestros ancestros y así poder cambiarlos. Los cambios pueden venir de esta toma de conciencia, que conlleva una energía trasformadora cuando se vive y se siente en todo nuestro Ser.

Somos seres intrínsecamente emocionales: vivimos nuestras experiencias y las guardamos en nuestra memoria consciente o inconsciente gracias a la emoción que acompaña a todo acto y a toda vivencia. Al mirar dentro, podemos vislumbrar estos programas y darnos cuenta de hasta qué punto somos marionetas de una percepción dual de la vida. Así podremos vivir una existencia más integral que nos permita estar en paz con nosotros mismos y alcanzar esa felicidad anhelada que consiste, sencillamente, en saber que uno es cocreador de todo lo que ocurre. Llegará un día en el que seremos plenamente conscientes y habremos despertado de este sueño y del aparente sinsentido de vivir para luchar, para no morir y, al final, desparecer. ¡¡Cuánta energía desperdiciada para nada!!

No, esto no es así: ¡¡Cuanta energía desplegada para tomar Conciencia de quiénes somos!!

## La revelación. Hipótesis del para qué

En mi libro *Este no es el evangelio que quise ofrecerte*, lanzo una hipótesis que más tarde he visto expuesta por científicos de mecánica cuántica, en la que se propone que nuestro mundo es un holograma; es más, todo nuestro universo y los universos paralelos lo son. Soy plenamente consciente de que, al entrar en este mundo cuántico, entramos en un mar de opiniones, de acuerdos y desacuerdos. La física ha entrado en otro paradigma que llamaríamos metafísica, o más allá de la física, entendiendo que ir más allá no es alejarse de sus fundamentos, sino desarrollarlos desde otro paradigma donde lo aparentemente separado está intrínsecamente unido.

Muchos físicos cuánticos nos dicen que la expansión que ahora mismo está experimentado nuestro universo tiene un fin, la rasgadura del tejido espacio/tiempo. Esta idea alimenta a otras, y una de ellas es: entonces mi universo tiene un límite espacio-temporal; bien podría ser un holograma cuya frontera fuera ese límite. Además, este holograma tiene la propiedad de «hincharse», por así decirlo, pero dentro de unos límites.

Otra idea: si el holograma se extiende, ¿no será porque hay una fuerza mental que cree que está separada de todos y de Todo? Entonces, el fin no sería la rasgadura, sino la plena comprensión de que todos estamos interrelacionados con todos y con el Todo.

El famoso big bang podría ser una expansión de esta Conciencia que, según muchos, es la que forma nuestro universo. El big bang vendría a ser la salida de un agujero blanco que todavía no ha sido encontrado por los científicos, puesto que, si existen los agujeros negros, ¿por qué no deben existir sus homónimos blancos? Dicho de otra manera, nuestro universo sería un universo holográfico proyectado desde un mar de conciencia bidimensional perteneciente a un universo de materia y energía oscuras. En ese universo estaría el agujero que dio salida al agujero blanco que creó nuestro universo, y esto se podría extrapolar a la teoría de los multiuniversos.

En 1965, el científico soviético Igor Novikov y el físico israelí (y posterior ministro de la Ciencia) Yuval Neeman desarrollaron independientemente la primera teoría extensa sobre los agujeros blancos, a los cuales Novikov se refirió como «núcleos rezagados». La base de la obra teórica de estos científicos es la idea de que en la creación del universo pudo haber habido un proceso compuesto por varias etapas. De acuerdo con este punto de vista, la mayor parte del cosmos surgió de la explosión del big bang inicial; pero, con el tiempo, han continuado surgiendo fragmentos de considerable tamaño de energía y materia de las regiones rezagadas del estallido.[18]

Después de que John Wheeler acuñase el término agujero negro, se desterró del argot astrofísico la expresión «núcleo rezagado» y se sustituyó por el vocablo que se usa actualmente. Aunque suene a ironía, el término agujero blanco es una manera más imaginativa de designar estos surtidores.[19]

Actualmente, los agujeros blancos son más una abstracción matemática que una realidad demostrable. Pero no olvidemos que es el pensamiento libre, imaginativo el que encuentra las respuestas.

## Para la reflexión

Si todo parte de una singularidad de masa increíblemente densa, de la cual surge toda la energía que podemos ver en nuestro universo, yo puedo hacerme una pregunta totalmente lícita: «¿De dónde sale toda esa energía?, ¿cuál es el principio del principio?». Y también puedo especular que si todo es mente, tiene que haber una mente primordial que sustente todas las posibilidades habidas y por haber. Y si yo soy la proyección de esta mente primordial, debo tener las mismas características intrínsecas de esta fuente primigenia.

Este dibujo es un esquema de esta propuesta realizado por mi hijo David. En él se ve la singularidad o punto original —que se proyecta desde un universo bidimensional cuya esencia o sustancia es Conciencia— en un holograma. Esta conciencia se proyecta dentro del holograma hasta tal punto que nos olvidamos de dónde venimos y de dónde procede nuestra inteligencia. En este holograma nos experimentamos como seres separados hasta que comprendemos que esto no es así, y de esta manera evolucionamos a otro estado de consciencia más elevado.

El doctor Hameroff, junto con el eminente físico Roger Penrose, han formulado una notable teoría que considera que la conciencia es un fenómeno cuántico, y como tal es una propiedad fundamental de todo el universo.

*Nuestras almas están construidas de algo mucho más fundamental que las neuronas, están construidas por la misma tela del universo. Creo que la conciencia o su precursora, llamémosla protoconciencia, ha existido en el universo desde siempre, quizás desde el* big bang.[20] En el siguiente capítulo hablo más extensamente de la Conciencia.

# REFERENCIAS DEL CAPÍTULO I

1. <http://es.wikipedia.org/wiki/Max_Planck>.
2. CORBERA, Enric, *El observador en Bioneuroemoción*, Ed. Sincronía, Barcelona, 2013.
3. <http://enciclopedia.us.es/index.php/Principio_de_indeterminaci%C3% B3n_de_Heisenberg>.
4. BRADEN, Gregg, *La matriz divina*, Ed. Sirio, Málaga, 2010, p. 94.
5. *Los domadores de la física cuántica* [The Quantum Tamess], documental de Odisea, presentado por Perimeter Institute for Theorical Physics, explicado por Jacob Berkowitz y Joseph Emerson, dirigido y producido por Derek Diorio.
6. DR. TOBOSO, Mario, editor del blog *Tempus* de *Tendencias21* y miembro del consejo editorial de la revista, consulta hecha el 30.12.2013 en: <http://www.tendencias21.net/La-Teoría_Cuantica-cuestiona-la-naturaleza-de-la-realidad_a1001.html>.
7. La resonancia paramagnética electrónica o resonancia de espin electrónico —EPR o ESR— es una técnica de investigación que se aplica a cualquier sistema molecular que involucra algún fragmento con electrones no apareados y que, por lo tanto, presenta un momento magnético neto. Fuente en *Wikipedia:* <https://www.usc.es/gl/investigacion/riaidt/rm/epr/>.
8. «Científicos cambian desde el presente algo ocurrido en el pasado», publicado el 18.6.2013: <http://sophimania.lamula.pe/2013/06/18/cientificos-cambian-desde-el-presente-algo-ocurrido-en-el-pasado/sophimania/>, consultado el 31.12.2013.
9. «Unen partículas que existieron en distintos momentos», consulta realizada el 3.12.2013 en: <http://sophimania.pe/index.php?option=com_content&view=article&id=21167:%20las-9-investigaciones-mas-insolitas-de-la-fisica-en-2013&catid=167:%20naturaleza&Itemid=719 >.

10. «Científicos cambian desde el presente algo ocurrido en el pasado», publicado el 18.6.2013: <http://sophimania.lamula.pe/2013/06/18/cientificos-cambian-desde-el-presente-algo-ocurrido-en-el-pasado/sophimania/>, edición de Edson Salas para *Sophimanía,* fuente: ABC.es, consultado el 31.12.2013.
11. Margulis, Lynn y Sagan, Dorion, *Microcosmos, cuatro mil millones de años de evolución desde nuestros ancestros microbianos*, de Metatemas Tusquets, Barcelona, 1995, p. 67.
12. Benítez, Pedro, 28 de agosto de 2007, «Teoría de Oparin: el "caldo" primitivo», consulta realizada el 31.12.2013 en la web: <http://biologia2segundoterceracep46.blogspot.com.es/2007/08/teora-de-oparin-el-caldo-primitivo.html>.
13. Engler, Barbara, «Introducción a las teorías de la personalidad», México: McGraw-Hill, p. 76, consulta en el blog: <http://glosarios.servidor-alicante.com/psicologia/psique>.
14. Lipton, Bruce H., *La biología de la transformación,* La Esfera de los Libros, Madrid, 2010.
15. MacLean, Paul, neurofisiólogo del National Institute of Mental Health (NIMH).

16, 17. Damasio, Antonio R., *El error de Descartes*, Editorial Drakontos, Destino, Barcelona, 2011, cap. 7: «Emociones y sentimientos».

18, 19. <http://www.daemcopiapo.cl/Biblioteca/Archivos/1_1286.pdf>, consulta realizada el 30.12.2014.

20. «Entrelazamiento cuántico y conciencia holográfica sugieren vida después de la muerte», 3.7.2011, <http://djxhemary.wordpress.com/2011/07/03/entrelazamiento-cuantico-y-conciencia-holografica-sugieren-vida-despues-de-la-muerte/>.

## Capítulo II

# LA CONSCIENCIA ES LA MATERIA DEL UNIVERSO

### Conciencia versus Consciencia, ¿cuál es la diferencia?

Muchas veces son términos intercambiables, pero no siempre. Ambas formas se usan con el sentido general de 'percepción o conocimiento'.

Expondré la diferencia entre ambas palabras y el lector puede encontrar que en otros documentos lo que expongo se define al revés. Al final esto no importa, lo que sí importa es que son cosas esencialmente distintas.

Yo me identifico plenamente con aquellos investigadores que definen la "Consciencia" como 'un mar de información que lo conforma todo y del cual no somos plenamente *conscientes*'.

*Puedo poner un ejemplo muy personal y que muchos de mis lectores ya conocen. Algunos llegan a decirme:* «Enric veo que no eres consciente de lo que estás moviendo y hasta dónde estás llegando en las mentes y corazones de las personas».

La Consciencia es la información de la cual emana todo pensamiento y toda materia. Es la fuente y la base de la mente. La Consciencia es la fuerza que vemos que posee el universo, esta inteligencia que lo sustenta todo, la Matriz de todo lo que vemos y de lo que no vemos.

> *Toda materia se origina y existe solo como manifestación de una fuerza que hace que el átomo vibre.*
>
> Wayne Dyer

Creer que la «sustancia» de universo —término empleado por Aristóteles— es la materia, es caer en la dualidad, es quedarnos atrapados en el miedo, en la carencia y en la necesidad.

Creer que la «sustancia» del universo es la Consciencia, es tener la certeza de que detrás de todo lo aparentemente material hay una fuerza que, si la hacemos consciente, nos permitirá cambiar los acontecimientos y nuestras propias vidas.

La mentalidad dualista piensa que la mente ha sido creada por la materia, por el cerebro. Se investiga cómo el cerebro ha creado la mente y dónde se halla. Es una forma de pensar muy materialista. Es creer que la materia tiene alguna capacidad de decidir cómo deben ser las cosas.

Como alguien dijo: «Yo no soy un cuerpo que tiene un alma, yo soy una alma que está en un cuerpo». Sencillamente, no es lo mismo.

Georg Grodeck solía preguntar a algunos de sus pacientes cuál les parecía que era el propósito de su enfermedad. ¿Por qué planteaba a personas que estaban sufriendo una pregunta tan irritante? Es muy simple. Estaba cambiando de forma inmediata el enfoque mental del enfermo del efecto a la causa. Él sabía que el «Ello», como él lo llamaba —que es aproximadamente el equivalente de lo que *Un curso de milagros* describe con el término «ego»—, había hecho el cuerpo y que lo estaba usando para sus propios propósitos. La pregunta que planteaba a sus pacientes estaba destinada a hacerles renunciar a su idea de que eran víctimas y a llevarlos a reconsiderar su decisión —tomada a un nivel superior, aunque él no les decía esto— de ponerse enfermos.

Groddeck era respetado por Freud y fue un auténtico revolucionario. Aparentemente, había llegado a la conclusión de que en realidad los cerebros y los cuerpos son fabricados por la mente, en lugar de ser al revés, y que la mente —descrita por Groddeck como una fuerza llamada el Ello— los fabricaba para sus propios fines.[1]

## Pero, ¿qué es la conciencia?

Va quedando claro qué es la Consciencia, y voy a puntualizar lo que es ser consciente o tener conciencia. Para ello me dirigiré a lo que el gran físico y amigo de Krishnamurti, David Bohm, decía al respecto:

> *La conciencia, en definitiva, es la capacidad de la mente para percibir directamente. Es donde se produce la experiencia cumbre que alguna vez describí. Es la dimensión psíquica que nos abre a lo nuevo y, por lo tanto, es la fuente de toda la creatividad. La originalidad propia del modo consciente del psiquismo permite romper con la superficialidad del pensamiento y sumergirse en las propiedades ontológicas de la realidad. Gracias a la conciencia, el hombre puede religarse a la realidad en su conjunto. Más allá del pensamiento funcional, la conciencia permite contactar directamente con el fundamento dinámico del Ser (la Consciencia).*[2]

La conexión entre la mente cósmica y la mente individual produce, según Bohm, la experiencia de la percepción directa consciente: la experiencia cumbre. El hombre se hace consciente de su dimensión psíquica superior y alcanza una visión más íntegra y ajustada de la realidad global.[3]

Para Bohm, la conformación de un estado cerebral cuántico tras la acción de fuerzas no locales permitiría explicar la experiencia mística: se trata de la acción directa de la mente cósmica sobre una mente individual.[4]

Recuerdo al amigo lector que la no localidad es un postulado de la mecánica cuántica que nos dice: «Cuando dos partículas contactan entre sí, permanecen conectadas y cualquier cosa que se le haga a una de ellas, la otra la experimenta al instante. La no localidad estaría fuera del espacio/tiempo». Nosotros estamos unidos a la mente primordial o mente cósmica, como diría David Bohm. Tomar plena conciencia de ello nos puede llevar a expresar parte de la Consciencia universal y, a mi entender, no podríamos existir en este universo dual: nuestra mente se habría hecho consciente y tendría que vivir en otro plano más elevado de esta Consciencia.

Para mí, amigo lector, la Consciencia es todo lo que es y Conciencia es conocer que lo que soy y vivo está en mi Consciencia. Por eso, si quiero cambiar mi vida, debo tomar Conciencia de los programas activados en mi Consciencia.

Cuando uno es consciente de algo, hace que una parte de este ser consciente se manifieste en su realidad. Nuestro trabajo en Bioneuroemoción es hacer que las personas que nos consultan tomen conciencia de que sus vidas y sus problemas se hallan en el inconsciente, al que se le podría llamar Consciencia individual, Consciencia familiar, Consciencia colectiva, Consciencia universal. Desde esta perspectiva, el Inconsciente vendría a ser una proyección de la Consciencia.

## Vamos a profundizar más en el concepto de Consciencia

Recomiendo a todo el mundo que lea el libro del doctor Robert Lanza titulado *Biocentrismo*. En él se expone la premisa de que la vida y la conciencia son las claves para comprender la naturaleza del universo.

El doctor Lanza cuestiona nuestra actual forma de ver y entender el universo y se adentra en la precisión, por así decirlo, de un fenómeno que nadie cuestiona, el *big bang*. Se plantea la siguiente pregunta: ¿por qué el *big bang* estuvo tan exquisitamente sintonizado para sustentar la vida?

Con su libro, el doctor Lanza viene a decirnos que las teorías actuales no funcionan si no tomamos en consideración la vida y la Conciencia. Lo que el doctor Lanza entiende por Conciencia es lo que otros, como yo mismo, llamamos Consciencia. En su libro predice: «El siglo XXI será el siglo de la biología, lo cual supone un giro con respecto al siglo anterior, dominado por la física».[5]

Para mí y para todo mi equipo de docentes esto es una gran noticia, pues el método de la BNE se basa primordialmente en la manifestación biológica de todos los conflictos y programas que se encuentran en nuestro inconsciente. Desde nuestra perspectiva holística, su declaración nos ayuda a comprender que todo tiene un sentido, en este caso un sentido biológico, y que nada sucede por azar. Pienso que el gran reto de la humanidad en los próximos siglos es estudiar la biología como proyección de la Consciencia.

Estas son algunas frases para la reflexión contenidas en el libro del doctor Robert Lanza:

- «No hay nada en la física moderna que explique cómo un grupo de moléculas crean la conciencia dentro del cerebro».[6]

- «Si el *big bang* hubiera sido, por ejemplo, una millonésima parte más potente, se hubiera precipitado a demasiada velocidad como para que las galaxias y la vida pudieran desarrollarse».[7]

- «Si la inmensa fuerza nuclear decreciera un dos por ciento, el núcleo atómico no se mantendría unido y el hidrógeno sería el único átomo del universo».[8]

- «Si la fuerza gravitatoria disminuyera solo un ápice, las estrellas (el Sol incluido) no tendrían combustión».[9]

Parafraseando al doctor Lanza podemos decir que la Ciencia ha obviado un factor fundamental en la construcción del universo: la Consciencia.

Y ahora viene la siguiente reflexión, que para mí es muy importante: «¿De qué sirve una manifestación de cualquier cosa sin un observador?».

El doctor Lanza nos «lanza» una verdad que derrumba todos los fundamentos de la física clásica: «¡Las leyes del mundo crearon, antes que nada, al observador! El observador crea la realidad, y no a la inversa».[10]

Esto me permite decir que la vida que vivimos es la expresión de un acto consciente del observador. Es la manifestación que la conciencia observa de una parte de la Consciencia que da vida a Todo.

¿Qué sentido tendría todo si no hubiera un observador? Por eso la BNE propone un cambio de conciencia que permite acceder a otras realidades que se expresarán en la vida de la persona que haga dicho cambio.

En la medida que el observador amplíe, por así decirlo, su conciencia, manifestará en su vida otras posibilidades que se encuentran en este campo infinito que se llama Consciencia, también conocido como el Campo. En el capítulo «El arte de observar» desarrollo esta teoría con más profundidad.

En mi libro *El observador en Bioneuroemoción* hablo de los microtúbulos como elementos que permiten que la información circule de manera instantánea por todo nuestro cuerpo. Hamerooff y Penrose especulan con la idea de que nuestro cerebro es un cerebro cuántico, y Hameroff dice lo siguiente:

> *En condiciones normales, la conciencia ocurre en el nivel fundamental de la geometría del tiempo/espacio confinado al cerebro. Pero cuando el metabolismo que conduce a la coherencia cuántica (en microtúbulos) se pierde, la información cuántica se filtra hacia la geometría del tiempo/espacio en el universo como totalidad. Siendo holográfica y entrelazada, no se disipa. De aquí que la conciencia (o la subconsciencia, como la de un sueño) pueda persistir.*[11]

## El árbol genealógico como holograma

El árbol genealógico vendría a ser un campo de Consciencia que pretende la toma de conciencia a través de programas heredados de generación en generación para que, de esta forma, sus miembros puedan ser liberados. Cada miembro de este árbol posee toda la información contenida en él, lo que hace que cada uno lo experimente de una forma u otra, y esto estaría relacionado con el espíritu de cada ser del clan familiar. Dicho de otra manera, nosotros encarnaríamos en este plano de conciencia con unos programas predeterminados, mediatizados, a su vez, por los programas del árbol y por las experiencias maternas cuando nos hallamos en su útero.

Siempre parto de que el primer factor de cada uno de nosotros es *el espíritu*, el segundo *la mente* y el tercero *el cuerpo* o materia. El espíritu vendría a ser la esencia de esta inteligencia universal llamada vida.

Cuando estudiamos el árbol genealógico, procuramos que nuestro cliente vea en él —es decir, tome conciencia— de que su vida está determinada por unos programas inconscientes, y que si quiere adquirir la tan anhelada libertad tiene que hacerse consciente de ellos para poder cambiarlos por otros. Este cambio solo se puede hacer cuando uno es plenamente consciente, lo que le permite estar preparado para acceder al consciente y cambiar emociones y sentimientos. Se trata de que este nos escuche y actúe proporcionándonos otras experiencias de las cuales vamos a ser plenamente conscientes, porque sabemos que nosotros las hemos activado.

Para entender mejor el razonamiento, hay que considerar que el árbol genealógico contiene cierta información a la que llamaremos la Consciencia del árbol. Cada miembro tiene conciencia de una parte más o menos pequeña de esta Consciencia. Por ejemplo, yo no soy consciente de por qué no me quedo embarazada, y cuando estudio el árbol tomo conciencia del porqué, y de esta manera puedo cambiar la información si lo deseo.

Leí un día:

**La Consciencia se tiene, la conciencia se gana.**

Sea quien sea quien lo dijo, ¡felicidades! Esta frase de ocho palabras resume perfectamente la diferencia entre ambas, así como lo que quiero expresar y explicar.

Cuando alguien despierta a otra realidad, está tomando conciencia; y muchas veces dice: «¿Cómo he podido vivir antes de esta manera? ¡¡Estaba dormido!! Ahora soy plenamente consciente de que hay muchas cosas que no veo, que no sé, pero están ahí para que alguna vez las haga conscientes».

Les digo a mis clientes, a mis alumnos: «Sean ustedes conscientes, manténganse alerta a sus pensamientos y a sus sentimientos porque ellos crean forma en el consciente (Inconsciente). Corten de raíz cualquier pensamiento o juicio que altere su paz mental porque, de no hacerlo así, esta fuerza generada entraría de lleno en el mar de Consciencia, dando como resultado la materialización en sus vidas de sucesos y acontecimientos desagradables, cuando no de enfermedades físicas».

*Debemos aprender a ser conscientes de las situaciones para poder hacer actos conscientes* (Enric Corbera).

## Conclusión

Vivimos en un océano de Consciencia, que es toda la información que contiene el Todo. El Todo se manifiesta mediante actos de conciencia.

La Consciencia se proyecta primero en el Inconsciente universal, luego en el inconsciente colectivo, para pasar por el inconsciente familiar y llegar al inconsciente personal. Mi inconsciente, que se alimenta de la Consciencia, está reflejado en mi vida consciente, que vivo en la dualidad. Por acción del ego reprimo ciertos pensamientos, sentimientos y acciones que van al inconsciente personal, creando una especie de sombra que se proyecta en nuestra vida para que tomemos conciencia de los cambios que tenemos que realizar en ella.

Veamos, por ejemplo, el caso de un señor cuya verdad es solamente lo que ve fuera; no es consciente de que sus percepciones de esta realidad están alimentadas por programas inconscientes en todos sus niveles. Este señor no para de juzgar lo que ve fuera; no es consciente de lo que sus juicios causan en su fisiología y en su vida en general. Para poder vivir la vida que él quiere, las cosas externas tienen que cambiar. No es consciente de que lo que ve y lo que vive está sujeto a la interpretación de programas que realiza su inconsciente. No tiene conciencia de que sus juicios son proyectados hacia el inconsciente y desde este hasta el consciente. No tiene conciencia de que su propia necesidad de que las cosas sean diferentes hace que sigan igual. No libera el inconsciente para que este pueda mostrarle otras situaciones. Cuando alguien está despierto, su conciencia está conectada con su Consciencia.

Un ejemplo mucho más simple para entender lo que es tomar conciencia: tengo una amiga cuya hija se está doctorando en Biología. Ella sabe que su hija está trabajando en un laboratorio de la universidad y que lleva varios años allí realizando diversas tareas. Un día, la hija pide a su madre que revise su currículo escrito en inglés —mi amiga vivió quince años en Estados Unidos—; cuando ve el currículo de su hija, toma plena conciencia de lo que ha estado haciendo todos estos años y exclama: ¡Tú has hecho todo esto, pero si es un trabajo magnífico! Simplemente tomó conciencia. La información siempre había estado allí, siempre había estado en forma de Consciencia para mi amiga, pero ahora esta información ya es plena conciencia.

Cuando tengo conciencia de algo, sé que lo que veo y siento, que todas mis percepciones son manifestaciones de mi Consciencia o de la CONSCIENCIA.

Yo puedo tener conciencia de algo, pero ser totalmente inconsciente de que este algo tiene que ver conmigo, de los programas que se hallan en los distintos niveles de mi inconsciente. Cuando el inconsciente se va abriendo paso a través de mi conciencia, la Consciencia sigue alimentando que esto sea así, hasta llegar al nivel de ser plenamente consciente. Al ser plenamente consciente, es decir, al tener plena conciencia de que puedo cambiar mi vida si cambio estos programas inconscientes, entonces mi conciencia conecta con la Consciencia. Despierto a otra realidad, ahora mi percepción de las cosas es otra; por eso, las cosas me afectan de otra manera y puedo liberarme de los efectos perniciosos de mis antiguos juicios, que me enfermaban. Este es uno de los objetivos principales de la Bioneuroemoción: la toma de conciencia.

# REFERENCIAS DEL CAPÍTULO II

1. RENARD, Gary, *La desaparición del universo,* El Grano de Mostaza, Barcelona, 2010.
2, 3, 4. BOHM, David, <http://humanismoyconectividad.wordpress.com/2008 /09/02/bohm-conciencia/>, consulta realizada el 1.1.2014.
5. LANZA, Robert, *Biocentrismo, un camino hacia el conocimiento interior*, Ed. Sirio, Málaga, 2012, p. 12.
6, 7, 8, 9, 10. Ibíd pp. 14, 17 y 25.
11. <https://djxhemary.wordpress.com/2011/07/03/entrelazamiento-cuantico-y-conciencia-holografica-sugieren-vida-despues-de-la-muerte/>.

# Capítulo III

# LA TRANSICIÓN

## Introducción

Llamo *la transición* a un proceso de cambio, un cambio en la forma de ver y entender el mundo.

Se parte del estado actual, que es un estado donde uno se encuentra sin orientación, donde la vida no tiene sentido, un estado en el que observas el exterior creyendo que las circunstancias en las que vives están en relación directa con lo que ocurre a tu alrededor; un estado dual de conciencia en el que crees fervientemente que hay que protegerse de los males que te rodean, como las infecciones por virus o bacterias. Este es un estado en el que hay problemas que surgen cuando menos te lo esperas y, sobre todo, piensas que tú no tienes que ver con nada de lo que dichos problemas te muestran. Es un estado en que crees que tu cuerpo se puede poner enfermo al margen de tu voluntad, en el que crees que hay injusticias en el mundo… como si todo lo que ocurre de malo ahí fuera no tuviera nada que ver contigo. En resumen, un estado de conciencia donde se piensa que lo que hago, lo que pienso y lo que siento no influyen para nada en el mundo que vivo. Es un estado de conciencia en el que me siento desconectado de todo y que se alimenta de la creencia en la soledad, de la creencia en la escasez, de la creencia en que si tú tienes, yo no tengo.

En este estado de conciencia, se cree en unos valores, en una jerarquía de valores, que se proyectan sobre las creencias y los valores de los demás. Es un estado de comparación constante que me permite justificar el ataque, que justifica mis defensas, que me permite proyectar mi odio, mi repugnancia, mi desaprobación, que me permite justificar la subyugación de los demás bajo mis valores y mis creencias. Un estado, en fin, donde el más débil debe obedecer, porque yo soy el más fuerte y donde la tan anhelada libertad brilla por su ausencia.

Este estado de conciencia, lo podemos encontrar en:

**Nosotros mismos:** cuando nos desvalorizamos, cuando creemos que no somos capaces, cuando pensamos y creemos que no podemos alcanzar ciertas cotas de éxito y dejamos que los demás arruinen nuestras vidas con sus limitaciones, con sus miedos. Estamos atrapados en la socialización, en el miedo de que si no hago lo que se espera de mí, puedo ser rechazado y vivir en soledad el resto de mis días.

**En los demás**: cuando ellos piensan que tienen derecho a inmiscuirse en la vida de otros, por ejemplo, en la vida de otro miembro de la familia. Se permiten opinar, se permiten juzgar sin tener conocimiento de los sentimientos de las personas a las que se juzga. Creen que pueden actuar así porque piensan que ellos saben lo que es mejor para ti; según dicen, lo hacen por tu bien. No son conscientes de que lo hacen por el suyo. Tienen miedo de que tus acciones, tus opiniones, les rompan los esquemas. Tienen miedo de otras formas de pensar diferentes a las suyas. Sobre todo, tienen miedo de que les demuestres que sí se puede cambiar, entonces ya no tendran justificación para no hacerlo.

**En los estados nacionales:** que por el simple hecho de ser poderosos se creen con derecho a inmiscuirse en la vida de otras sociedades; que no respetan la libertad de sociedades que viven y piensan diferente de como ellos piensan. Se permiten el lujo de ahogarlos económicamente, justificando sus actos en no sé qué leyes internacionales. Este ahogo económico afecta directamente al más débil, permitiendo el sufrimiento, la carencia y la escasez de recursos básicos como medicinas y alimentos. Se emplean métodos dictatoriales en nombre de la libertad y de la democracia.

**En las religiones:** vivimos en un mundo de dolor, de sufrimiento, de pérdida, de escasez. Vivimos en un mundo que cree en los problemas, en las injusticias, en la separación, en la enfermedad y en la muerte. Algunos se refugian en la creencia en un dios salvador, un dios del que se espera que haga algo para solucionar nuestras penas y nuestros sufrimientos. Curiosamente, proyectamos a este supuesto dios como un ente separado de nosotros, muy distante; y entonces hay que rezarle, hay que pedirle, hay que suplicarle, hay que hacer sacrificios. Antiguamente se elevaban ofrendas en las que se mataba el mejor cordero para ablandarle y darle pena. Un dios tiránico, con un ego descomunal —me atrevería a decir que sadomasoquista— que se mantiene frío y distante ante los sufrimientos de sus hijos. Un dios castigador: «¡Pobre de ti si no haces lo que se te dice!». Tienes que obedecer unos mandatos dictados por gente que se cree con derecho a dirigir tu vida, como si no tuvieras criterio, por gente que se cree con derecho a juzgarte y condenarte. Si no veneras a este dios, si no lo visitas, si no haces sus dictados te condena a no se qué tipo de penas que, según estos iluminados, son terroríficas.

Este es el estado de conciencia al que yo llamo «vivir en las garras del faraón». El faraón que nos esclaviza y nos hace creer que nos protege nos tiene maniatados en el miedo y en la creencia de que él nos salvará de todo mal. Actúa, según él mismo dice, por el bien de todos, y todos sabemos que el único beneficiado es él. Nosotros nos empobrecemos y él es cada día más rico. Es inmune a las leyes que propugna, «pero pobre de ti sino las cumples», recibirás fuertes castigos por el bien general. Dilapida nuestras riquezas, nuestros esfuerzos, recoge las gotas de sudor de nuestras frentes y las utiliza en su propio interés. Gestiona las riquezas a su libre albedrío, construyendo caminos que no se utilizan, vías de comunicación en las que apenas hay gente, construye edificios monumentales para demostrar el poder que tiene. El faraón escucha a sus súbditos, pero él hace lo que se le antoja; presume de demócrata y actúa como un dictador. Tiene sus acólitos que le alaban, que le dan beneplácito, que le susurran al oído diciéndole lo bueno que es y lo bien que lo hace.

Este es un estado de conciencia dual. Es un estado determinista, newtoniano, donde el observador no interviene en lo observado.

**El estado deseado:** es un estado que todos conocemos, que llevamos dentro, que sentimos de alguna manera; y cuando nos lo explican decimos: «Esto lo he sabido siempre». El faraón ya se encarga de desprestigiar este estado, de catalogarlo de locura, de decir que es demoníaco, que es una blasfemia, de decirte que eres arrogante por creer que eres Hijo de Dios. Te catalogan de egoísta porque haces aquello que sientes que tienes que hacer y no aquello que esperan que hagas.

Y haces oídos sordos a todos estos argumentos, a todos los que intentan hacerte sentir culpable con sus argumentos. A los sentimientos de victimismo, a los sentimientos de: «¡Ay, pobre de mí!».

Estas tomando conciencia de que tú eres tu propio hacedor, de que tus ideas pueden hacerte libre o esclavizarte. Empiezas a tomar conciencia del poder de tu mente, del poder de tus pensamientos, del poder de la atención.

Estas tomando conciencia de que, quizás, lo que te ocurre, las circunstancias por las que pasas, tengan que ver contigo, con tus programas inconscientes y las programaciones de tus ancestros.

Tomas conciencia de que todo es información y de que esta no se destruye sino que simplemente se transforma, y de que su transformación depende de ti, de tu toma de conciencia.

Te das cuenta de que puedes liberarte y de que es imprescindible que pases a la acción. Acción consciente por la toma de conciencia. Te sientes conectado a algo superior, a una Matriz de información que está siempre disponible para que hagas uso de ella. Esta Matriz, la madre de todas las posibilidades, siempre está ahí, alimentado tus pensamientos, tus creencias, tu forma de ver y entender el mundo.

Cuando tomas conciencia de esta nueva realidad, despiertas a un conocimiento superior, conocimiento que el faraón teme porque sabe que lo va a deshacer.

Cuando orientas tu vida siguiendo esta conciencia, ya nada es igual. La causa y el efecto cambian de espacio/tiempo. Vives en el mismo mundo, pero las causas y los efectos son diferentes. Ahora sabes que tú eres la causa de lo que te sucede, mientras que antes pensabas que tu vida era el efecto de una causa que no sabías dónde colocar, y eso te daba miedo.

Esta toma de conciencia te libera del miedo porque, cuando sabes dónde está la fuente que alimenta la vida que vives, entonces, y solamente entonces, te haces responsable de ella y empiezas a cambiar tus creencias, tus percepciones, tus valores, tus pensamientos, tus sentimientos. Y, sobre todo, te liberas de una de las emociones más negativas que existen: la culpabilidad. Ya no buscas culpables, ni fuera ni dentro. Asumes la responsabilidad de tu vida, te liberas del victimismo, te conviertes en un adulto emocional. Ya no buscas excusas, porque sabes que tú eres el que tiene que cambiar, porque tú eres la causa.

En este estado de conciencia buscas en ti mismo las causas que alimentan el estado de tu vida actual. Este es un camino más o menos largo, un camino de transformación, un camino de conocimiento, de sabiduría, de saber dónde estás y quién eres.

En este camino, cada uno va a la velocidad espacio/tiempo que su inconsciente le dicta; no hay prisas, no hay nada que temer, no hay carencia. Todo se te muestra a su debido tiempo. El camino es claro y está bien indicado. Recibirás el maná que alimentará tu espíritu y hará que te sientas seguro en tu caminar. Te asaltarán dudas, viejos miedos, te sentirás perdido, quizás lamentes tener este estado de conciencia... podrías hasta recriminarte por haber tomado esta decisión de buscar otro estado mental.

Estás rompiendo viejas cadenas, estás liberándote de creencias que te dominaban y te envilecían, que te convertían en adicto emocional, en un ser desvalido que solo dependía de la aprobación de los demás. El aislamiento es más que recomendable, la soledad física y mental es un trance necesario para que tus nuevas ideas, tus nuevas creencias, tus nuevas percepciones de la realidad se asienten y se refuercen. Estás realizando nuevos aprendizajes. Ya eres consciente de que tienes que desaprender para poder vivir tu vida en paz, libre de cualquier condicionamiento exterior o, mejor dicho, que creías exterior a ti.

A este proceso de ir desde el estado actual a otro estado deseado le llamo «camino de transición», camino de transformación. Este camino necesita su espacio/tiempo para asentarse neurológicamente y así poder transformarse en un estado conductual muy diferente al anterior.

En las líneas siguientes de este capítulo mostraré los aspectos psicológicos y biológicos necesarios para realizar esta transformación. Es una transformación fundamental para todas aquellas personas que viven una enfermedad, sea del tipo que sea, aunque, por mi experiencia profesional, la enfocaré en las personas que tienen cáncer.

Aquí empieza la toma de conciencia en *El Arte de Desaprender*, porque, si queremos vivir de otra manera, primero debemos liberarnos de viejos aprendizajes, muchos de los cuales hemos heredado de nuestros ancestros, de viejas creencias seculares, de programas evolutivos. Todos ellos viven y residen en nuestra biología y en nuestra psique.

Ahora es el momento, querido lector, de cortar estas cadenas que nos mantienen atados a unas formas de vida que no queremos. Somos como aquel elefante al que se le ata con pesadas cadenas para que no pueda escapar y, cuando ya lo tiene asumido, se le ata con una simple cuerda. Está tan condicionado por sus creencias que no es consciente de que tiene toda la fuerza para liberase y vivir su vida.

Ahora es el momento de tomar plena conciencia de que las cadenas que nos atan están en nuestra mente. Este no es un camino de rosas, es un camino que requiere entereza y valentía. Un camino de propósitos, de voluntad, de confianza en una inteligencia que nos alimenta constantemente, que nos inspira y que nos dirige hacia nuestro mayor bien.

Dejemos el camino del dolor, del sacrificio, del sufrimiento, de la separación, de la creencia en la separación. Tomemos el camino holístico en el que todo está unido y todo es información que está a nuestra disposición para que la utilicemos libremente.

¡¡Adelante!! Te invito a seguir, querido lector, este nuevo camino que no requiere señalización porque está inscrito en tu CONSCIENCIA. La quietud mental es el mejor estado para encontrarlo y vivirlo. El no juicio y el perdón son dos recursos que lo aligeran y hacen que los obstáculos palidezcan frente a ellos.

## La cuarentena

La cuarentena es un periodo de aislamiento necesario para recuperar la salud, para recuperar el contacto con uno mismo. También le llamo periodo de convalecencia. Es un tiempo necesario para que los tejidos corporales se recuperen, para que los pensamientos y los sentimientos se ordenen.

La cuarentena siempre es necesaria cuando una persona está dispuesta a cambiar su vida, a tomar decisiones postergadas, a colmar anhelos insatisfechos y, sobre todo, cuando la persona tiene que recuperarse de algún tipo de enfermedad.

¿De dónde viene la cuarentena? ¿Por qué hacer una cuarentena?

La cuarentena, el aislamiento de los enfermos o de los sospechosos de estarlo, es una práctica de salud tan antigua como la humanidad. La palabra viene del italiano *(veneciano)* "quaranta", 'cuarenta', para referirse a lo que se suponía que era un periodo de aislamiento apropiado, basado tal vez en relatos bíblicos.

En nuestro inconsciente colectivo la cuarentena tiene una importancia capital. Vendría a ser como un arquetipo —según la psicología de Jung, vivencias ancestrales—, un conocimiento profundo de nuestra psique relacionado con problemas muy importantes que heredamos a través del inconsciente colectivo y que pasan de este al inconsciente familiar.

Si buscamos referencias sobre la cuarentena en la Biblia y en el Antiguo Testamento, veremos que las hay y que son muy importantes:

- Los cuarenta años que Moisés deambuló por el desierto para llegar a la tierra prometida. Y los exploradores que fueron a ver la tierra prometida también tardaron cuarenta días en volver.

- Los cuarenta días que Jesús estuvo en el desierto. Durante este periodo de tiempo estuvo sometido a las tentaciones del demonio.

- Los cuarenta días que estuvo Jesús aquí en la Tierra después de la resurrección, hasta la ascensión a los cielos.

- Los cuarenta días que duró el diluvio universal.

- La Cuaresma previa a la Pascua.

- Los cuarenta días de Moisés y de Elías en la montaña.

- Los cuatrocientos años que estuvo el pueblo de Israel sometido al faraón.

- En las escrituras del Antiguo Testamento había reglas para aislar a los leprosos.

Si buscamos otros aspectos más biológicos, tenemos un ejemplo maravilloso: los cuarenta días que la mujer necesita estar en reposo para cuidar de sí misma y de su bebé después del parto. Es el tiempo necesario para que su útero se recupere y los tejidos vuelvan a su lugar. También es un periodo en el que no se tienen relaciones sexuales, puesto que las posibilidades de volver a quedarse embarazada son muy elevadas. Se necesitan cuarenta días para curarse de una fractura. La gestación humana dura entre treinta y ocho y cuarenta y dos semanas. Cuando se produce una epidemia como la del ébola, se considera que un país está libre de ella cuando no hay nuevos casos de infección en cuarenta días.

Si buscamos ejemplos históricos los encontramos fácilmente:[1]

- En el año 549 d. de C., a raíz de una de las epidemias más devastadoras de la historia, la peste bubónica, el emperador bizantino Justiniano promulgó una ley para aislar a las personas que llegaran de las regiones afectadas por la plaga.

- En el 583 d. de C., el Consejo de Lyon prohibió a los leprosos convivir libremente con las personas sanas; se crearon las leproserías.

- En el 600 d. de C., China estableció una política bien estructurada para detener a los marineros afectados por la plaga y a los viajeros extranjeros que llegaran a puertos chinos.

- Venecia estableció la primera estación de cuarentena marítima que se conoce en el mundo en Santa María di Nazaret, una isla situada dentro de sus aguas.

- En 1521 se abrió la primera estación de cuarentena marítima de Francia en el puerto de Marsella. Un siglo más tarde, funcionarios de la ciudad promulgaron una ley que prohibía a los viajeros entrar en la ciudad sin un examen médico preliminar.

Si examinamos los aspectos psicológicos, tenemos que decir que es fundamental que una persona entre en su cuarentena particular. Este es un tiempo necesario para reflexionar y tomar conciencia de ciertos aspectos de su vida que de alguna forma se mantenían ocultos a su conciencia. Sin ir más lejos, mi esposa, antes de divorciarse de su anterior marido, estuvo un tiempo reflexionando, tomando decisiones, preparando su cambio de vida, el nuevo rumbo que iba a tomar. Cuando me comentaba todo esto, nos dimos cuenta de que este proceso duró unas seis semanas, prácticamente cuarenta días.

También hay que saber que el número cuatro tiene un gran significado esotérico, y en numerología representa la materia, una nueva estructura, la plena consolidación de un nuevo proyecto de vida.

Hay otras formas de cuarentena que se hacen sin tener mucha conciencia de lo que se está haciendo, como cuando se siguen esas rutas espirituales o peregrinaciones a lugares santos que existen en todas las culturas, como el famoso Camino de Santiago en España. En el camino o peregrinación, uno lleva encima lo mínimo. En su andar —cada uno debe ir a su ritmo— se produce una especie de meditación, un encuentro con uno mismo. Surgen miedos, recuerdos, traumas, hay momentos en los que te duele todo, en los que no puedes dar un paso más y, de repente, todo tu cuerpo se energiza. Hay una transformación, se van liberando estados mentales enquistados en creencias y en rutinas automáticas. El cansancio, la soledad que experimentas en tu andadura, los encuentros, los descansos, todo te lleva a tu interior, a una transformación. No es el camino en sí, no es la peregrinación, ni tan siquiera el santo en cuestión. Es un periodo de tiempo en el que te permites alejarte de tu traqueteo diario, de tus rutinas, de tus responsabilidades, de tus obligaciones, de tu creencia de que eres necesario. Tomas conciencia de que el mundo sigue. Si haces esta peregrinación como hay que hacerla, con tu proceso interior, cuando la terminas eres otra persona.

Entre los estudiosos de la cuarentena encontramos a Robert Newman y su libro *Calm Healing*, donde se exponen ciertas formas especiales de meditación tibetana practicadas en una oscuridad absoluta, conocidas como «el retiro del bardo». La palabra tibetana "bardo" significa literalmente 'estado intermedio', también traducido como 'estado de transición'. Este retiro dura siete semanas (cuarentena y nueve días) en una habitación oscura especialmente preparada donde la persona experimenta toda una serie de vivencias y procesos.

La idea es bastante simple y el para qué parece obvio si nos dejamos de misticismos. La oscuridad, la privación de luz, produce una alteración en la mente. Uno está desorientado porque se desconecta de las referencias externas, lo que facilita que el foco de atención se lleve al mundo interior, al lado oscuro, como me gusta llamarlo.

En la cultura occidental, el término *bardo* puede referirse a una suspensión de nuestra vida ordinaria, debida, por ejemplo, a la realización de un retiro espiritual. Estas oportunidades proveen de un fructífero avance espiritual debido a que se reducen las distracciones externas; sin embargo, también son un desafío porque pueden surgir nuestros torpes impulsos y provocar un estado parecido al de las personas que se desintoxican de las drogas.

También podemos recordar los «retiros médicos occidentales». Hasta hace un par de décadas, algunos médicos recomendaban que para mejorar de las dolencias, o incluso para sanarlas, debías viajar a ciertos lugares. A veces eran lugares físicos, donde el aire era más limpio, hacía buen tiempo o lucía el sol. Otras veces eran lugares psicológicos: debías alejarte del ambiente donde vives e ir a otro totalmente diferente, que no te recuerde en absoluto el ambiente tóxico donde experimentas anclajes negativos con sus respectivas emociones. En estos nuevos ambientes se deben hacer cosas totalmente diferentes, como leer, pasear, tomar el sol, ver películas de risa...

Mi amigo el doctor Jon Jaureguizar Núñez me inspiró con uno de sus escritos sobre la cuarentena que colgó en su blog al oírme hablar de ella en seminarios y consultas grupales. El doctor Jon escribe:

> *Una forma simple de cuarentena surge cuando, ante una situación conflictiva, encuentro alguna forma de evitarla, y eso posibilita que mi ser se recupere y vuelva a desarrollarse (a veces yo solo, otras veces con ayuda). Por ejemplo, si tengo alergia a las gambas, no tomo gambas. O, si alguna persona me «cae mal», la evito. No me sano completamente, pero consigo volver a una situación de salud, y mantenerme sano si «evito lo que me enferma», bien por casualidad, bien por tomar consciencia de la situación. Aquí la cuarentena puede ser cuarenta días, trescientos kilómetros*

*de distancia, toda la vida sin verse, etcétera. Aunque parezca algo simple, en la práctica real la persona puede vivirlo como algo muy difícil, o incluso imposible de realizar.*

*Una forma más compleja de cuarentena surge cuando vivo una situación conflictiva y no puedo evitarla, bien por imposibilidad física, bien por un bloqueo mental. Aquí la cuarentena implica un cambio de actitud interno, pudiendo manifestar una variedad inmensa de aproximaciones. Podemos recordar la experiencia de vida y muerte en campos de concentración nazi que Victor Frankl experimentó y narra en el libro* El hombre en busca de sentido. *El camino de esta cuarentena queda resumido en la siguiente frase del libro:*

***A un hombre le pueden robar todo, menos una cosa, la última de las libertades del ser humano, la elección de su propia actitud ante cualquier tipo de circunstancia, la elección del propio camino.***

*Cuando este camino de cuarentena es llevado al contexto de la vida actual (en la inmensa mayoría de los casos con muchísimo menos dramatismo que la situación descrita en el libro), resulta que la elección de la propia actitud contiene multitud de posibilidades de desarrollo y solución. Quizás sea aceptar incondicionalmente una situación, quizás sea el perdón completo, quizás sea cerrar una relación desde la compasión (budista) absoluta, quizás sea la comprensión y toma de conciencia no dual de la realidad. Aquí el camino ya no parece tan simple, aunque la persona también puede vivirlo como algo muy difícil o incluso imposible de realizar.*

*Un ejemplo específico de este tipo de retiros lo podemos recordar en la serie de animación* Heidi. *En ella, hay una niña paralítica, Clara, que vive en la ciudad de Fráncfort. Ella está acostumbrada a estar siempre muy bien cuidada.*

> *El médico de la familia aconseja a su padre que la envíe una temporada a las montañas para mejorar su estado de salud. Cuando va a las montañas y tiene que desenvolverse en un ambiente completamente distinto del que ha vivido toda su vida, aprende a valerse por sí misma y se produce el «milagro» de empezar a caminar.*

Aquí puedo añadir la experiencia mediática del famoso jugador de futbol Leo Messi: llevaba un año en su club con una lesión tras otra. Un médico argentino dijo que, si realmente querían recuperar a Messi, era imprescindible aislarlo en su ciudad natal, rodeado de sus familiares, en la cuna de su nacimiento, tal como ya se había hecho con anterioridad cuando el entrenador era Josep Guardiola. Un periodista del prestigioso diario deportivo *Sport* dijo:

> «Los dos meses que Leo ha estado apartado de la alta competición no han sido un castigo ni un calvario; todo lo contrario, han sido una bendición divina, ya que le han servido para hacer un punto y aparte en su ajetreada carrera. Ha sido un tiempo de meditación, descanso y recuperación». El artículo se titulaba: «Y a los 60 días resucitó».

> *Es posible que recordemos algún médico de antaño, o que conozcamos algún médico actual, que además de los roles técnicos y especializados que últimamente han adquirido, dedique su tiempo a escucharnos como personas globales, a conocer nuestras vidas y circunstancias y a conversar sobre diferentes perspectivas a la hora de enfocar nuestros problemas. Y es posible que algunos de ellos hayan ido más allá y nos ofrezcan, o aconsejen, sobre algún retiro que pueda sernos realmente valioso y estén dispuestos a comprometerse a realizar un seguimiento de nuestros avances hasta que sanemos y nos desarrollemos a nuevos niveles.*

> *En el ámbito del mundo médico están surgiendo programas de medicina complementaria. Un ejemplo muy conocido es*

*el programa* Spectrum *del doctor Dean Ornish. En este programa (que cuenta con varios estudios científicos validados que lo apoyan), los participantes y sus familias aprenden a adaptar comportamientos en su estilo de vida para disminuir el riesgo de desarrollar problemas crónicos y gestionar (y en muchos casos eliminar) otros ya existentes (diabetes, hipertensión, enfermedades cardiacas, obesidad, cáncer o cambio de la expresión genética). Este programa tiene distintas duraciones que van desde doce semanas hasta un año.*

*Otra perspectiva de la cuarentena en sentido amplio la encontramos en la película* Samsara *(2001). En ella, un joven lama finaliza un retiro de tres años de meditación aislado en una gruta oscura. Al regresar al monasterio se siente nervioso. Durante este tiempo, se enamora de una chica y se cuestiona los valores de su vida célibe en el monasterio. Abandona la vida monacal, se casa, se hace granjero y tiene un hijo. Posteriormente se cuestiona su sexualidad y finalmente regresa al monasterio. En la película se pueden intuir varias cuarentenas (vida monacal en comunidad, vida de retiro en una gruta, vida de pareja, vida de granjero, vida de padre, vida de sexualidad, vida de toma de decisiones), cada una de varios años de duración, algunas superpuestas, con cambios de contexto importantes y tomas de conciencia crecientes. Hay un trasfondo de desdramatizar lo que son las cuarentenas, pues durante toda la vida estamos cambiando, tomando decisiones, comenzando, recorriendo y terminando viajes. Podemos hacer esto llevados por las circunstancias externas o bien por las circunstancias internas (nuestros condicionamientos inconscientes), o eligiendo con nuestra consciencia desde una perspectiva no dual.*

*Y para finalizar explicaré una historia personal, la cuarentena de uno de mis maestros. Él era un director comercial de una importante empresa española. Sus tres mejores amigos, también directores, comenzaron a morir de cán-*

*cer de estómago, de pulmón y de intestino grueso. En todo este proceso, él comenzó a pensar que no tardaría en morir de algo similar. Su mente comenzó a imaginarse que el problema tenía que ver con su forma de vivir. Finalmente dejó arreglados diversos temas, se despidió del trabajo, de sus hijos y de su mujer, y se marchó a Colombia. Allí iba a empezar una nueva vida. Sin embargo, al cabo de un año, había creado una empresa manufacturera de éxito y sentía que volvía a repetir los mismos patrones de antaño. Se decía: «Vaya, he ido a parar a un sitio similar». Así las cosas, decidió hacer un cambio radical. Había oído que en la selva amazónica hay tribus de indígenas con culturas prehistóricas, mínimo contacto con nuestra civilización y formas de vida muy dispares de la nuestra. Habiendo realizado ya un corte con su mundo original, realizó el segundo con suma facilidad. Se adentró en la selva y después de una semana y media los víveres se le agotaron e intentó regresar. Sin embargo, por más vueltas que dio, no lo consiguió. Estaba completamente perdido. Tras varios días desorientado y debilitado, fue encontrado por unos indios. Le llevaron a su poblado, recuperó las fuerzas y se quedó a vivir con ellos. Tras varios meses conviviendo con los indígenas, aprendió su idioma y entonces les pudo informar de su búsqueda. Los habitantes del poblado le aconsejaron que visitase al brujo.*

*Este era una persona enigmática y solitaria que vivía en todos los lugares de la selva y en ninguno. Al poco lo encontró en un claro de la selva, encima de una enorme roca de muy difícil acceso. Subió trabajosamente, se sentó y le explicó para qué había venido a la selva. El brujo le escuchaba con atención absoluta. El exdirector a veces se quedaba callado durante un buen rato. El brujo, sin decir nada, seguía observándole con todos los sentidos puestos en él. Tras cada pausa, el exdirector pensaba que tenía que explicar algo más, quizás algo nuevo, quizás algo más profundo, quizás algo de lo que no se había percatado todavía. Y volvía a contar algo. Y así, con los pensamientos y las palabras de uno, y con los sentidos e instintos del otro, pasaron cuatro días. Cuando el exdirector no tuvo nada que decir, ambos se quedaron mirándose tres días más. Finalmente el brujo se levantó, le dijo que le siguiese y que le ayudase en su labor. Luego se adentró en la selva. El exdirector, le siguió. Transcurrieron varios meses siguiendo al brujo por la selva. Recolectaba plantas, preparaba encantamientos, asistía a ceremonias, celebraba fiestas, sentía la selva, sentía una llama de sentido en su interior, revivía su vida pasada y le daba el sentido de la vida de la selva y a veces, pocas, conversaba del flujo de la vida con el brujo. Una noche estrellada, el brujo le puso su mano en la espalda y, mirando hacia arriba, le dijo que había sabido alinear sus estrellas internas con las estrellas del firmamento. Luego alzó la otra mano al cielo, le miró a los ojos y le dijo que con el sol del nuevo día se iniciaba su vuelta a un mundo nuevo. A la mañana siguiente, el curandero se había ido. Lo buscó varios días pero no lo pudo encontrar. Y así, el maestro abandonó la selva y regresó a un mundo que no era el mundo del que se fue; era el mundo que él estaba creando.*

## La ciencia más vanguardista

En mi labor como terapeuta y especialista en Bioneuroemoción me he dado cuenta, no sin antes pasar por situaciones dolorosas, que las personas que mejoran y se curan de su enfermedad se reservan un tiempo de aislamiento. Tomé conciencia de que este aislamiento es vital para personas con enfermedades graves como el cáncer, las enfermedades degenerativas, autoinmunes, etcétera.

Desde hace poco tiempo recomiendo encarecidamente a clientes míos con diversos síntomas que hagan su cuarentena. Que se aíslen de su entorno. Les hago sentir y saber que para hacer un cambio fundamental en la vida, como es recuperar la salud, hay que realizar cambios emocionales profundos que llevarán a profundos cambios conductuales.

Según el doctor Lewis Mehl-Madrona, autor de *Medicina del coyote*, la remisión espontánea a menudo viene acompañada por un «cambio de historia». Muchas personas se convencerán por sí mismas de que (a pesar de tener todas las posibilidades en su contra) serán capaces de seguir un destino diferente.[2]

Hasta ahora el determinismo genético nos ha encadenado. La creencia de que todo está en nuestros genes nos convierte en víctimas de una herencia ancestral sin que podamos hacer nada para cambiarla. El proyecto genoma humano fracasó porque se pensaba que para poder explicar la complejidad del ser humano tenía que haber un gran número de genes. Los resultados obtenidos fueron desalentadores para las mentes deterministas porque nos dejaron unos datos aplastantes y definitivos: los humanos tenemos casi el mismo número de genes que los animales inferiores.

La ciencia más vanguardista nos enseña que el poder de cambiar y controlar nuestras vidas proviene de nuestras mentes. También nos enseña que para ello es necesario cambiar nuestras mentes cambiando nuestras creencias. Si queremos sanarnos, el cambio de percepción se vuelve un proceso fundamental en nuestras vidas.

La psiconeuroinmunología reconoce el poder de nuestros pensamientos y cómo afectan a nuestra neurología mediante el importantísimo factor de un cambio en nuestra mente. La BNE intenta ir más allá y buscar los programas inconscientes, las creencias heredadas de nuestros ancestros, para enseñar a cambiar nuestras percepciones, no como un acto de fe o de voluntad, sino por la compresión que nos da el entender cómo los heredamos. Enseña que todo síntoma o enfermedad tiene un trasfondo emocional que activa ciertos interruptores biológicos destinados a la adaptación a una determinada percepción del entorno, como bien diría el doctor Lipton, para adaptarse al ambiente. En el caso de los seres humanos, esta percepción tiene ciertas singularidades, pues es bien sabido por todos que nuestro inconsciente es incapaz de distinguir entre lo real y lo virtual. Nuestras experiencias siempre vendrán determinadas por nuestra forma de ver y entender la vida, es decir, por nuestras creencias y programas ancestrales. Aquí reside la clave de la sanación: darle otro giro emocional, una nueva interpretación, a lo acontecido. Por eso le llamo *El Arte de Desaprender*.

Otra rama de la ciencia más vanguardista es la epigenética, que ha hecho tambalear las bases de la biología y de la medicina. La epigenética nos muestra que podemos aprender a sanarnos cambiando el medioambiente. Esto implica aprender a percibir de otra manera; así utilizamos el potencial de nuestra mente inconsciente para cambiar nuestro mundo o universo, como diría Albert Einstein. Este es el gran objetivo de la BNE.

La palabra "epigenética" quiere decir 'por encima de los genes', y esta disciplina nos lleva a pensar que los cambios genéticos pueden, de alguna manera, ser controlados. Debemos aprender a desprogramarnos para así poder reprogramarnos o, lo que es lo mismo, desaprender para reaprender.

Nosotros siempre decimos: «Si tomas conciencia, debes pasar a la acción».

De lo primero que se debe separar nuestro cliente siempre es de la familia, real o simbólica. La familia es tóxica por definición, porque de ella se derivan los programas tóxicos que envenenan la mente de sus miembros.

Los vínculos familiares, en las familias de la actual humanidad, son vínculos egóticos, vínculos de intereses egoístas. La familia se cree con derecho a inmiscuirse en la vida de los demás, con el derecho de opinar, de juzgar, de hacer sentirse culpable al miembro que desea un cambio en su vida.

No estoy hablando de culpabilidad, estoy hablando de programas heredados de los padres, programas que nosotros buscamos y descubrimos en el árbol genealógico. Los comportamientos de nuestros padres están condicionados por los comportamientos de los suyos, y así sucesivamente. Cuando un miembro del clan cae enfermo, lo primero que hay que buscar es: ¿cuáles son los programas tóxicos que hay en el árbol que condicionan la recuperación de la salud de nuestro cliente?

El porqué de la cuarentena no se comprende cuando una persona enferma de gravedad, porque es sabido que, cuando un miembro del clan se pone gravemente enfermo, se activan emociones y empatías de personas que estaban ausentes o que no se mostraban. De repente un familiar que no veías hace años aparece por tu casa para verte. Miembros de la familia que no te hablaban se acercan a ti. Se producen cambios conductuales a tu alrededor; ahora parece que todos tienen algún derecho sobre ti: derecho a decirte lo que debes hacer, a quién ir, a quién no ir; se toman la libertad de opinar, de cuidarte. Resulta que ese miembro que siempre has aborrecido ahora no te lo quitas de encima ni para comer, y puede ser tu madre, tu padre, un hermano o hermana...

Sí, es un método rompedor. Llevo años meditándolo y comprobando que los hechos me dan la razón, que este método funciona; no es el Santo Grial, pero funciona. Veo que, cuando alguien hace la cuarentena, sus posibilidades de sanarse aumentan enormemente. No se trata de hacer una cuarentena conductual, se trata de tomar conciencia de que debes liberarte de todos los programas tóxicos. Esta nueva conciencia nace de un cambio de percepción sobre el conflicto emocional que te permite cambiar emociones y sentimientos. En el presente libro expondré casos concretos para que el lector entienda a qué me refiero y pueda comprender este enfoque. También puede leer *La visión cuántica del transgeneracional. Estudio de casos*. En este libro hay transcritos unos cuarenta casos, ¡no te parece curioso? Tenía previsto incluir cincuenta para que el lector se imbuyera de los casos consultados, adquiriera este nuevo conocimiento y se inspirara para ponerlo en práctica.

Como vengo diciendo, este método no es nuevo. Se basa en la observación y en la investigación. Se trata de ver que es algo impreso en el inconsciente colectivo y que son muchos los que consciente o inconscientemente recomiendan este tipo de aislamiento, llámese cuarentena, retiro, aislamiento o peregrinación.

Por eso el doctor Jon colaboró conmigo en esta investigación de la cuarentena y me ayudó a darle una fundamentación científica. Veamos una serie de documentos que él aporta en su blog:

> *Estoy a finales del 2013 y me halló en una consulta grupal de Bioneuroemoción con Enric Corbera. Enric está facilitando que personas con enfermedades muy variopintas (simples, complejas, leves, crónicas y muy graves) tomen consciencia de los programas emocionales que están operando en ellas y que hacen que sus cuerpos manifiesten lo que hemos llamado enfermedades. Le escucho hablar de la cuarentena como camino para asentar una toma de conciencia que facilite la sanación de ciertas personas. Como un viaje para llevar la recién adquirida consciencia a ser Consciencia en su ser. Y esa idea de la cuarentena me conectó de manera inmediata con multitud de experiencias relacionadas con retiros de sanación.*
>
> *En primer lugar, me llevó a conversaciones mantenidas con maestros de* chi-kung *sobre las causas emocionales de lo que llamamos enfermedades y al aislamiento que requerían ciertas personas con enfermeda-*

*des graves. Recuerdo especialmente la conversación con un discípulo del profesor Jerry Alan Johnson (experto en sanación con* chi-kung*), que me explicaba algo similar a lo que un libro del profesor narra:*

*«Oncología social en los hospitales»*

*En varios hospitales de* chi-kung *médico en China, cuando los pacientes ingresan, se les asigna un grupo de apoyo. El grupo de apoyo está formado por pacientes anteriores y actuales que han sobrevivido o están sobreviviendo al mismo tipo de cáncer que los pacientes que ingresan.*

*Para ayudar a los pacientes en su sanación y darles todas las ventajas emocionales durante la recuperación, los visitantes, las llamadas telefónicas, las cartas, la televisión y los periódicos están prohibidos durante seis semanas. La razón por la que se implementan este tipo de límites es porque se necesitan aproximadamente seis semanas para cambiar un patrón energético. La separación del paciente del medio ambiente emocional anterior asegura un entorno saludable y controlado en el que ni la familia ni los amigos pueden afectar negativamente al proceso de sanación (a través de comentarios, actitudes críticas, etcétera). Los pacientes están inmersos en un grupo de apoyo lleno de individuos cuidadosos y motivados, todos trabajando hacia el mismo objetivo. Además, los pacientes que han estado allí más tiempo comparten sus historias de éxito, lo que aumenta la moral.*[3]

*Aquí estaban seis semanas retirados, cuarenta y dos días. Una versión oriental de la cuarentena que Enric nos estaba explicando.*

*En segundo lugar, me traslado al verano del 2003 o 2004, cuando estudiaba* chi-kung *con el maestro Mantak Chia en*

*Tailandia. Allí tuve la oportunidad de conversar con algunas personas que habían finalizado retiros en la oscuridad. Esta es una técnica proveniente de la tradición taoísta, que fue actualizada por Mantak Chía y reiniciada en el año 2002* (Darkroom Enlightenment).

*Sabía de otras tradiciones espirituales que habían utilizado la herramienta de la oscuridad y el aislamiento en su búsqueda de la iluminación. Para este fin (entre otros) se habían utilizado las cuevas —como la de Wu San en China, las de los esenios en Oriente Próximo o las de muchos chamanes en todas las culturas del mundo—, las construcciones subterráneas —como las catacumbas romanas—, o las edificaciones especiales —como las pirámides de Egipto—. Pero no tenía información precisa sobre tiempos y técnicas concretas. Y aquí comencé a conocer.*

*La oscuridad completa [en referencia a todo el proceso de aislamiento que tiene lugar en el entorno rediseñado por Mantak Chía] cambia profundamente las sensibilidades sensoriales del cerebro. El cuerpo queda privado de toda referencia visual. Los sonidos comienzan a desvanecerse a medida que perdemos contacto con el mundo externo y dirigimos los sentidos hacia nuestro interior. El efecto de la oscuridad es apagar los centros principales del cerebro, disminuyendo las funciones mentales y cognitivas en los centros cerebrales superiores. Las emociones y sentimientos quedan potenciados, especialmente el sentido del olfato y los sentidos más nítidos de percepción psíquica. Los sueños se vuelven más lúcidos y el estado de sueño se manifiesta mientras estamos conscientes. Finalmente despierta en nuestro interior la consciencia de la fuente, del espíritu, del alma. Descendemos al vacío en la oscuridad del espacio profundo e interior. La luz aparece.*

*El contexto de oscuridad altera drásticamente la química cerebral manifestándose especialmente en el sistema neuroendocrino que gobierna la consciencia y regula las funciones corporales. Un importante neurotransmisor involucrado en el estado de vigilia (la serotonina) se convierte en una hormona reguladora (la melatonina) que apaga el sistema de los órganos, calmando el cuerpo en preparación para las realidades más nítidas y sutiles de la consciencia superior. La glándula pineal inicia una cascada de reacciones inhibitorias, permitiendo que las visiones y los estados oníricos emerjan en nuestra consciencia. Finalmente, el cerebro sintetiza las «moléculas del espíritu», 5-Metoxi-DiMetilTriptamina (5-MeO-DMT) y Dimetiltriptamina (DMT), facilitando las experiencias transcendentales de amor y compasión universal.*[4]

*Las personas con las que dialogué me explicaron que habían pasado una, dos o tres semanas en absoluta oscuridad, poniendo su atención en sí mismas, observándose y meditando.*

*Este retiro en oscuridad les había llevado a experimentar una serie de visiones especiales que les habían permitido tomar conciencia de diversos aspectos de sus vidas: asociarse intensamente con escenas de su pasado y reinterpretarlas, enfocar temas de su vida futura, tener perspectivas únicas sobre diversos aspectos de su existencia o acceder a información vital personal o transpersonal que siempre había estado ahí, pero de la que no eran conscientes. A algunas de estas personas los retiros les habían producido un cambio drástico en su vida para otras ,había sido una constatación de su camino, y para las terceras, fue una experiencia interesante aunque extraña.*

*Me resultaba interesante la adaptación del cuerpo para adecuarse a la «nueva» realidad y cómo estas personas aprovechaban este viaje con diversas técnicas de meditación y toma de consciencia para facilitar el contacto íntimo con su interior y su posterior expansión.*

*En el libro* Darkness Technology *se explica que, en una primera etapa, el aislamiento completo de la luz externa hace que la glándula pineal inunde el cerebro con el neurotransmisor melatonina. Esto produce una necesidad de descansar y dormir. En esta etapa, el cuerpo se recupera de la sobreestimulación del mundo visual soltando el control mental de las preocupaciones, los planes y las obligaciones, y permitiendo que las energías se estabilicen en la calma. En una segunda y tercera etapas, con nuevas sustancias de la glándula pineal, se observa un aumento de la fluidez de los pensamientos, favoreciéndose procesos de sanación e induciendo la replicación celular. Con anterioridad, se había comprobado que estas etapas solo se activan normalmente cuando el feto se halla en el útero materno, cuando la persona tiene sueños lúcidos y cuando tiene experiencias próximas a la muerte. En estas dos etapas, la mente puede enfocarse hacia la Unidad del Yo, hacia la mente no dual, aumentando la consciencia de las rutas con las cuales filtramos nuestra realidad. Así, el sistema nervioso se vuelve consciente de sí mismo, y nosotros nos hacemos conscientes del holograma del «mundo externo» que creamos constantemente en nuestra cabeza. En esta fase podemos ver luces y visiones, escuchar sonidos especiales y música, y tener acceso a inspiraciones increíbles. Lo que se experimenta en esta fase coincide con lo que en muchas tradiciones místicas definen como la reunión con el Yo verdadero y la Divinidad que habita en cada uno de nosotros. Finalmente, a los nueve/doce días de retiro, cuando la pineal ha generado una cantidad superior a veinticinco miligramos de Dimetiltriptamina, el cuerpo entra en un estado intensamente energético en el que solo necesita dormir unas tres horas al día. Esta fase facilita de manera especial el viaje visual por el tiempo y el espacio, y uno tiene la percepción de moverse por una realidad virtual. A partir de ese momento es mucho más fácil realizar un trabajo de integración del Yo desde el estado de compasión (amor incondicional por uno mismo y por los demás) y desde el de excitación orgásmica.*

*Me sentí fascinado por la fusión de algo tan básico como la energía de la fuerza de vida, la excitación orgásmica, la llamada a la procreación —el ser yo— con la energía del amor incondicional —el ser todos—. Tierra y Aire. Yang y yin. Lo animal y lo divino. Y me hizo sentir que ser humano es algo muy distinto de lo que me habían enseñado en la «realidad» donde yo vivía. Y lloré.*

*Más allá de las múltiples anécdotas fenomenológicas, lo que capté de estas personas era que habían realizado un exquisito trabajo de integración y unificación de su mente. Habían tomado conciencia de diversos aspectos de ellas mismas que estaban desconectados, o habían sido rechazados, y los habían amado con su cuerpo, su mente y su espíritu. En diversos momentos llegaban a ser Consciencia.*

*Los retiros más potentes eran los de tres semanas o veintiún días. La mitad de una cuarentena. ¿Quizás el retiro en la oscuridad, junto con otras técnicas, pueda acelerar el proceso de la cuarentena?*

## Bases neurológicas que reclaman la cuarentena

Cuando un cliente viene a nuestra consulta particular o grupal, lo que siempre buscamos son los programas tóxicos de su árbol genealógico que guardan relación con el motivo de su consulta. La comprensión de dichos programas permite a nuestro cliente liberarse de ellos gracias a un cambio de conciencia, a la comprensión de que el comportamiento de mamá o de papá se debe a una serie de causas y programas que ellos han heredado y que nuestro cliente repite de alguna forma. Buscamos el cambio de percepción: que el cliente tome conciencia de que las cosas son como las vivimos y no son como pensamos que son. Les ayudamos a encontrar esa historia oculta que se esconde detrás de las explicaciones y justificaciones, en comportamientos que nos perjudican y generan enfermedades. Comprenden, por ejemplo, por qué no se quedan embarazadas, por qué no tienen relaciones estables, por qué encuentran siempre el mismo tipo de relaciones, etcétera.

Después de la toma de conciencia, observamos cambios fisiológicos en la cara y en la expresión de nuestros clientes, salvo en las personas mentales; más adelante hablaremos de ellas. Les sugerimos que, en la medida de lo posible y en función de la gravedad del síntoma, se hace necesario que entren en cuarentena, que mueran de forma simbólica y entren en este espacio interior de silencio y quietud. Después de este periodo de tiempo sabrán lo que deben hacer en sus vidas.

Cuando uno tiene una percepción concreta de una situación, esto se refleja en su neurología y en sus conexiones neuronales. Su forma de ver y entender su vida está perfectamente expresada en su neurología. Son aprendizajes anclados por experiencias de vida basadas en unas creencias que se esconden en nuestro inconsciente y en programas heredados; constructos mentales y arquetipos de nuestros ancestros que condicionan nuestra vida.

Cuando uno toma Conciencia de algo, este cambio también tiene que expresarse en su neurología. Las neuronas rompen sus conexiones y empiezan a crear otras para formar redes que asienten este nuevo conocimiento o percepción. Para que esto pueda realizarse sin problemas es de vital importancia que la persona se aísle de los «ruidos» externos, de opiniones, de personas que tengan que ver con el conflicto emocional, con el problema. Esto debe ser así para que las neuronas vayan consolidando sus nuevas conexiones. Cualquier intromisión, cualquier exposición a situaciones o a personas relacionadas con el conflicto puede detener el proceso y dejar al cliente expuesto. Su reaprendizaje no está consolidado y esta interrupción puede hacer que el cliente vuelva a conductas antiguas, nocivas, a su enfermedad y que, lejos de mejorar, empeore.

Cuando una persona toma plena conciencia de su situación, de que su enfermedad tiene ciertos factores vinculados con programas inconscientes, esto produce un cambio neurológico, un impacto que rompe esquemas y creencias antiguas. Es un relámpago en medio de una noche oscura, es como una revelación. Ahora todo se entiende. Se produce un estado convulso que antecede a un estado de quietud mental en el que la persona se siente libre, con necesidad de descanso, de recuperación, de reorganización. El cliente o consultante necesita este aislamiento para que su neurología se reorganice, se reprograme. En este estado de convalecencia no debe ser molestado; tiene que estar consigo mismo para que salga esta nueva personalidad más auténtica, más coherente, más alineada que le permita hacer una nueva vida llena de salud, de paz y, sobre todo, de puesta en práctica. Es vital que la persona actúe bajo la dirección de su nueva conciencia para que así su inconsciente se calme y deje de dar soluciones biológicas al recibir una coherencia plena de la mente, que a su vez influye plenamente en la psique de la persona. Por fin el consciente, el inconsciente individual y el inconsciente colectivo están alineados. Aquí Jung —por quien siempre siento admiración— nos diría que *la enfermedad es un proceso creativo y de transformación psíquica*. Jung nos diría que el inconsciente personal, a diferencia de los procesos conscientes, solo puede ser inferido a través de algunas actividades humanas como los síntomas, los complejos y los símbolos.

**Los síntomas y los complejos:** para nosotros, los síntomas son una de las puertas que permiten acceder al inconsciente biológico. Mi forma de entender lo que este gran maestro nos enseña es que la enfermedad tiene un sentido, que nosotros llamamos biológico, para que reorganicemos nuestra psique y la pongamos en coherencia. Jung también nos enseña que todo evento cargado emocionalmente constituye un *complejo*. Esta sería la segunda puerta de entrada al inconsciente, cuyo significado vendría a ser como un acontecimiento cargado de sentido que el consciente no controla. Por eso, en nuestro trabajo en BNE, los síntomas y los acontecimientos constituyen los dos factores principales para poder acceder al inconsciente y desprogramar el significado que el consciente les da. El ego interpreta los acontecimientos, les otorga su significado, da sus explicaciones y luego cuenta su historia. El ego no puede acceder al inconsciente salvo cuando es capaz de atravesar «el guardián del umbral».[5] Para ello tiene que cuestionar su verdad y permitirse dar otro significado a su interpretación de los acontecimientos.

El ego toma varias actitudes frente a los síntomas y a los complejos: ignorarlos, identificarse, proyectarlos o confrontarse con ellos. Aquí residen las claves de la sanación, hacer tomar conciencia a nuestro cliente o consultante de que su historia es una proyección, una identificación o una confrontación consigo mismo.

**Los símbolos:** también tienen su relevancia en el estudio y en la búsqueda de los interrogantes que hay en la mente consciente. Trabajamos profundamente con la *sombra*, esa parte de la psique que se halla en nuestro inconsciente, la que oculta todo aquello que uno no desea ser, el lado oscuro, nuestros más oscuros deseos, nuestros impulsos primitivos, nuestra amoralidad, el instinto de supervivencia... La sombra siempre se expresa de una manera excesiva en los acontecimientos diarios, viendo los defectos de los demás, en lo que nosotros llamamos efecto espejo, cuando nos sentimos humillados por lo que dicen o hacen otras personas, en los enfados desproporcionados. Todo lo que sea excesivo es una muestra y una proyección de la sombra.

La sombra se muestra en nuestros sueños en símbolos como el perro, la serpiente, el dragón; hemos de tener en cuenta la mitología y los arquetipos.

Enseñamos a nuestros clientes y consultantes a darse cuenta de cómo proyectan su sombra en el espejo de la persona o situación que tienen enfrente. Toman conciencia de que lo que más les gusta o les disgusta son proyecciones de su propio inconsciente, y concretamente de su sombra. La terapia del espejo es muy útil para desentrañar estos procesos mentales que las personas que vienen a nuestras consultas viven de una forma exagerada.

## El lóbulo frontal como instrumento para el cambio neurológico

El lóbulo frontal permite que nos aferremos a ideas, a conceptos; nos permite tener una visión, un sueño, independientemente de las circunstancias.

Para el lóbulo frontal, los pensamientos son más importantes que el entorno. Si nos mantenemos firmes en un pensamiento y creamos la visualización de una nueva conducta, en poco tiempo podemos estar viviéndola.

Una de las características sobresalientes del lóbulo frontal es que, en la medida que nos centremos en una visualización, en una nueva idea, perdemos la noción de espacio/tiempo y entramos en otro estado de cosas.

Es muy importante que prestemos atención a la nueva idea, a la nueva visión, que aprendamos a ser observadores de una nueva realidad. En la medida que aprendemos a concentrar nuestra mente en esta nueva idea, el lóbulo frontal nos muestra otra característica relevante, nos aísla de los estímulos externos. De esta manera, se asegura de que las nuevas conexiones necesarias para crear las redes neurológicas se refuercen y produzcan el cambio de percepción tan deseado; y este, a su vez, el cambio conductual y los cambios fisiológicos que nos llevan a la salud.

Si trasladamos esta explicación neurológica al tratamiento de una persona que tiene cáncer, no hace mucha falta añadir que necesita estar aislada, estar incomunicada de sus allegados, para que la nueva percepción adquirida en la consulta —la nueva toma de conciencia— se refuerce y le permita tomar libremente las decisiones pertinentes. El pensamiento toma forma y moldea el cerebro; para ello hay que reforzar el nuevo aprendizaje. Hemos llevado a nuestro cliente a una zona de desaprendizaje, le hemos mostrado otras maneras de ver y entender las situaciones problemáticas, y esto le ha permitido cambiar sus percepciones porque ha conseguido cambiar sus creencias. Pero hay que reforzar lo nuevo, y para ello es imprescindible el aislamiento y, en algunos casos, el aislamiento debe ser casi definitivo.

El doctor Joe Dispenza, en su video *Una mente inmortal*, expone:[6]

*«... lo único que deben hacer es separarse de las personas, de las cosas, de las distracciones cotidianas... en este proceso de ser una persona nueva».*

Las personas con curaciones espontáneas producen grandes cambios neurológicos en sus cerebros, y para ello es imprescindible que sean impactadas por una nueva toma de conciencia. Son personas que quedan «iluminadas», como san Pablo en el camino de Damasco. Se producen grandes desconexiones en el cerebro y nuevas conexiones que quedan consolidadas por este gran cambio de percepción. Son personas que se reinventan a sí mismas, ya nunca volverán atrás, hay una plena desconexión con el pasado.

En su libro *La biología de la transformación,* esto es lo que Bruce H. Lipton nos dice con relación a las remisiones espontáneas:

«Otros abandonan sin más su antiguo modo de vida y todo el estrés que les causaba, para aprovechar la existencia al máximo y disfrutar del tiempo que les queda. Y, en algún momento, mientras disfrutan al máximo sus vidas, sus enfermedades se desvanecen».[7]

Un servidor habló de la «muerte simbólica» en el método *El Arte de Desaprender* en BNE. Más adelante desarrollaré este concepto.

## Conectarse con la Matriz — La Consciencia

En este espacio/tiempo llamado cuarentena, la persona puede entrar en un estado de quietud mental que le permita adentrarse en su inconsciente y conectarse con este mar de consciencia. Me estoy refiriendo a la Consciencia cuántica que alberga la sustancia del universo, los programas de la evolución, los programas del Ser, los programas manifestados y los que se han de manifestar. La Consciencia emana a través de nosotros: nosotros somos los creadores, nosotros somos los que transmitimos nuestra realidad.

Por ello es tan importante la cuarentena, para que nuestro cliente se conecte con la Consciencia suprema, la única que sabe qué es lo que debe hacer.

¿Cómo conectarse?

Cuando se es alguien nuevo, cuando se tienen las cosas claras, cuando sientes profundamente en tu corazón cuál es tu nuevo rumbo en la vida, en ese preciso momento has conectado con el Campo cuántico, con el Campo de la Consciencia universal.

Para consolidar este proceso, es muy importante hacer este silencio exterior para adentrarse en el interior. Hay un hecho litúrgico extraordinario que explicita lo que estoy exponiendo, me refiero a la Cuaresma.

## La Cuaresma

La Cuaresma es un tiempo de reflexión, de meditación, de ayuno, de oración, de conexión con uno mismo. Es un tiempo de aislamiento, de silencio, de aquietar la mente, de dejar que los pensamientos alboreen mientras tú te limitas a observarlos sin juicio. Dejar que la mente se calme para poder oír los dictados del corazón, que es el centro que está conectado con la Consciencia universal. Recordemos que alguien dijo: «El corazón tiene unos dictados que la mente no alcanza comprender».

La Cuaresma es el periodo necesario para llegar a la Pascua. La Pascua celebra la resurrección de Jesús. En nuestro caso, la persona sale renovada, es una persona nueva, ha resucitado de sus cenizas. Para ello ha tenido que cambiar creencias, valores, conductas, relaciones, se ha desprendido de los condicionamientos del pasado. Renace con una nueva mente porque se ha permitido estar aislada, en silencio consigo misma. Es el triunfo sobre la enfermedad (la muerte simbólica) que con tanto énfasis les pido que hagan a mis clientes y consultantes. Hago aún más énfasis a todos aquellos que tienen cáncer, personas que vienen a mi consulta con los días contados, sin esperanza, sabedores de que los tratamientos que reciben ya no dan más de sí. Los propios médicos les dicen que ya solo les queda esperar a que terminen sus días. Entonces les pido: «Muere simbólicamente un tiempo antes de tu muerte física, verás que divertido». Verás cómo actúan los familiares, los llamados amigos, la gente. Verás la verdad, cada uno se pondrá en su sitio y comprobarás de una vez por todas quiénes son las personas que verdaderamente te quieren. Estas te respetarán, estarán contigo, te dirán que están a expensas de lo que tú desees. Las personas que no te quieren te harán sentir culpable, se harán las víctimas, intentarán manipularte. En este caso, a mis clientes siempre les recomiendo la película *Ahora o nunca* de Jack Nicholson y Morgan Freeman, donde queda bien representado lo que quiero decir.

## Resumen

Dejemos claro antes que nada la importancia de la «muerte simbólica». Cuando un cliente viene a consulta y me dice que tiene un pronóstico de unas semanas o pocos meses de vida, lo primero que le digo es que tendrá que experimentar una muerte simbólica. La cara de sorpresa que ponen algunos es digna de ser plasmada en una fotografía. Les sigo diciendo: «¡Bien!, ya que tienes que morir dentro de poco tiempo, ¿qué te parece morir antes y así poder observar lo que pasará cuando mueras realmente? Te aseguro que muchas percepciones cambiarán, ni te lo podrás creer». Les explico el caso de una cliente mía que se desvivía por todo el mundo y esto hacía que estuviera enferma. Un día, abusó tanto de sí misma que tuvo que ser ingresada y allí tuvo una cuarentena forzada. Esto le hizo tomar conciencia de todo lo que estoy explicando y le llevó a cambiar toda su vida con relación a los demás.

Les tengo que recordar que cuando uno se muere no envía mensajes ni hace llamadas, ni tan siquiera señales de humo. Se retira en un lugar ajeno a todo cuanto ha vivido hasta ahora, se encierra en sí mismo y empieza a vivir una conexión interior tal como hasta ahora vengo explicando.

Este cambio radical para muchos es un problema. Piensan en lo que pensarán los demás y me dicen: «Y si no lo entienden, ¿qué hago?». Esta reflexión me indica lo necesitados que están de desconectarse de los demás, pues las personas con cáncer son personas desconectadas de sí mismas que viven la vida de los demás casi en un cien por cien. Entonces les repito: «Te recuerdo que, según tus médicos, te quedan unas semanas de vida. Te invito a que te mueras antes —de forma simbólica— y a que observes lo que acontece a tu alrededor», y sigo diciéndoles que es algo divertido, por inesperado.

Les recomiendo la famosa cuarentena: que busquen un lugar aislado de todo lo que representa su vida anterior, para que sea como un renacer. Si necesitan cuidados, que busquen una persona neutra emocionalmente que les haga la comida, les limpie el lugar donde residen y también haga de puente de comunicación para cualquier cosa que pueda acontecer. También les recuerdo que pueden entrar en fase curativa y ponerse enfermos; entonces, por supuesto, hay que ir urgentemente al hospital, pero siempre acompañados por esta persona que les asiste. Solo en casos extremos se ha de dar por terminada la cuarentena.

Si es totalmente imposible hacerla físicamente, entonces se requiere una profunda actitud interna de cambio de percepción. Tal como nos decía el doctor Jon: «Cuando hay una situación conflictiva que uno no puede evitar, bien sea por imposibilidad física o por bloqueos mentales, hay que hacer un cambio de actitud interno. Y pone el ejemplo de Victor Frankl cuando estuvo en un campo de concentración nazi».

Esto requiere una gran vigilancia y un estado mental de alerta, pues es bien sabido que el inconsciente guarda todo lo vivido a través de los sentidos corporales, y también es sabido que un olor nos puede llevar a un recuerdo de nuestra infancia, agradable o desagradable. Nuestro inconsciente biológico lo guarda todo, siendo su sentido, su para qué, el privarnos de todo aquello que nos puede dañar, pues nuestra supervivencia es su máxima prioridad. El inconsciente biológico no juzga, no es racional, es totalmente visceral y actúa con la máxima celeridad en función del impacto emocional. Por esta misma razón, cuando me aíslo de algo nocivo, mi inconsciente biológico se relaja y puede llegar a desactivar el programa o dejarlo inoperativo.

Tal como vengo explicando, la cuarentena no pretende ser un despertar al estilo de los místicos, sino un despertar a otro estado de percepción y de consciencia. Ahora la persona en cuestión es una persona nueva, ya sabe lo que tiene que hacer. A este estado yo le llamo Pascua de Resurrección. Ha nacido un hombre nuevo, una mujer nueva. Ahora empieza lo que vengo a llamar cincuentena, otro periodo de tiempo que se prolonga hasta la Pascua de Pentecostés. En este periodo, la persona lo lleva a la práctica su nueva percepción de vida, de cómo hacer las cosas, de cómo estar y adónde ir. Durante este periodo de cincuenta días, la persona pone en práctica, actúa según su revelación de cómo tiene que vivir. Recuerdo el caso de Mónica, una joven de poco más de treinta años que tenía un derrame cerebral y se había quedado afásica. Durante noventa días, se dedicó únicamente a ver mis videos y se curó. Los lectores pueden visionar este ejemplo en mi página <www.enriccorbera.com>.

Es el periodo que nuestra biología necesita para reorganizarse, para reprogramarse. Es un estado de no lucha, un estado de rendición, que no de resignación. Es un estado de cambio total de vivencias, pues ya nada volverá a ser como era antes. Es un estado de no mirar atrás ni intentar recomponer antiguas relaciones; es un estado de presente limpio y redimido, donde uno ya sabe qué hacer y adónde ir. No hago esto pensando en cómo les va a ir a los demás, sino en cómo me va ir a mí mismo, a mí misma, los demás ya se adaptarán si quieren.

Mi actitud será mantener en mente mis nuevos objetivos, mi nueva forma de vida, visualizándola y sintiéndola como si ya estuviera presente. He vuelto a nacer, soy un hombre nuevo, soy una mujer nueva. Es la resurrección en el sentido literal de la palabra: ahora, hoy, es el primer día del resto de mi vida.

## Ejemplos

Mi mujer está repasando su árbol genealógico; esto es algo que digo a mis clientes que hagan a menudo, porque el árbol es el reflejo de programas que se hallan en nuestro inconsciente. De esta manera, cuando necesitamos encontrar una explicación o prestar atención a una inquietud, observar el árbol es una buena manera de hallar respuesta.

Esto es lo que le sucedió a mi mujer: se levanta un día por la mañana y busca en su cajón unos papeles, se los mira, se queda quieta y toma conciencia. Me dice: «Estoy sintiendo calor en todo mi cuerpo, un estremecimiento, viendo lo atados que estamos a los programas de nuestros ancestros. He tomado conciencia de que mi hija nació cuando yo tenía veintisiete años, y de que ella enfermó gravemente. Mi hija es doble de mi primo, que murió a los veintisiete años, y la madre de mi primo también lo es. Por otro lado, un tío mío murió a los veintisiete años y también es doble de mi hija, que es su heredera universal —sigue contando mi mujer—. Además, me doy cuenta de que mi abuela materna también es doble de mi hija; era una mujer muy desvalorizada y perdió a su hijo (un tío de mi mujer) a los veintisiete años».

Entonces, mi mujer toma conciencia de lo siguiente: su abuela pierde un hijo cuando este tiene veintisiete años. La hija mayor de la abuela también pierde un hijo cuando este tiene veintisiete años; y mi mujer, que es la primera hija, tiene una hija a los veintisiete años, que también es la primera, que enferma gravemente y se salva gracias a la medicina; esta hija es la que recoge todos los programas anteriores . Además, nosotros tenemos un hijo que desde muy pequeño nos dice que quiere tener un hijo cuando tenga veintisiete años. En este caso, nuestro hijo, que actualmente tiene veintitrés años y tiene prisa por formar su nido, vendría a reparar las muertes dando vida. El clan necesita que un hombre de veintisiete años dé vida en nombre de estos hijos que murieron a los veintisiete años y no pudieron ser padres, pues dejaron cada uno un hijo de cinco meses. Sencillamente espectacular.

---

Viene a una consulta grupal una señora con síntomas musculares que le afectan sobre todo al brazo derecho. Le pregunto cuál es su trabajo, pues su dolor tiene que mucho que ver con el trabajo y el músculo siempre es impotencia o desvalorización en el gesto. Ella me dice que es la directora de un banco y que tiene un gran problema emocional con relación a los movimientos económicos que hace su entidad, que van en contra de sus valores. Actualmente está de baja laboral a la espera de obtener un diagnóstico preciso.

Antes de empezar, le digo que su trabajo es vocacional; mi experiencia clínica me ha enseñado que las personas que trabajan en un banco reparan problemas económicos familiares, como herencias, pérdidas económicas graves, etcétera. Le comento que, como en su caso el problema tiene relación con las inversiones, seguro que en su árbol hay alguien que hacía «chanchullos» legales. Ella me contesta que no sabe nada y que no es consciente de ello en absoluto.

Cuando estudiamos su árbol y vio que un abuelo suyo había sido ministro de un país caribeño, comprendió al instante, no hizo falta dar explicaciones. Se sintió inmediatamente aliviada y liberada, no paraba de reír; sencillamente tomó conciencia, comprendió. Muchas veces es así de fácil. Ahora ella ya sabe que no quiere reparar, se ha liberado del programa y decidirá libremente si quiere seguir en ese trabajo o no, pero ahora ya no juzgará.

---

Veamos otro caso. Se trata de una señora con un cáncer en la mama izquierda, un tumor de nueve centímetros. Los médicos le dicen que primero le harán un tratamiento para intentar reducirlo y así poder operarlo. También le dicen que es poco probable que lo consigan, pues es muy difícil reducir un tumor tan grande.

Esta mujer tiene un conflicto programado con su hijo. Él se va de casa a los veintiún años y vive en el extranjero; ella sufre constantemente porque él está fuera del hogar. Su hijo es doble de su madre (la abuela del hijo), a la que la mujer siempre ha cuidado. Esta mujer —la madre de la madre y abuela del hijo— se quedó viuda cuando mi clienta tenía once años, mi clienta siempre la ha considerado débil. Cuando el hijo se fue de casa, mi clienta tenía cincuenta y ocho años, actualmente tiene sesenta y seis, es decir, han pasado ocho/nueve años. No es casualidad; sabemos a ciencia cierta, por estudios realizados en Cuba, que cada centímetro de tumor equivale a un año. Digo a mi clienta que tiene que hacer una cuarentena de su hijo, que lo deje vivir, que deje de conectar con él, de llamarlo cada día, etcétera. Que tome conciencia de que ella ha vivido con su madre hasta que murió, y que esto está relacionado con la partida de su hijo (muerte simbólica), a quien ya no puede proteger.

Hace la cuarentena y, cuando vuelve otra vez a la consulta, me comunica que su tumor casi ha desaparecido; los médicos están sorprendidísimos por el efecto de este tratamiento. La mujer está muy contenta, pero le aviso que todavía no está todo terminado: hay que hacer la cincuentena. Ahora ya sabe cómo tratar este tema con su hijo, sabe hasta dónde puede llegar y hasta dónde no.

---

Una joven de treinta y seis años viene a visitarse por un cáncer de mama ductal infiltrante de siete centímetros con metástasis en los ganglios y en la columna. Todo empezó hace seis/siete años (el tumor mide siete centímetros) cuando tomó una decisión que no llevó a cabo: irse de casa a causa del gran resentimiento que siente hacia su madre. Tiene un pronóstico de seis meses de vida.

En ese momento, afronta el siguiente bloqueo: su enfermedad es ideal para mantener a su madre en casa a fin de que la cuide.

A los tres meses vuelve a mi consulta y está dada de alta, la remisión del cáncer y de las metástasis ha sido espectacular. Le recuerdo que tiene que alejarse de su madre, ella y su madre lo agradecerán. No vuelve a consulta.

Al cabo de un año me llama y me dice que el cáncer ha vuelto. Lo primero que hago es preguntarle por su madre. Ella me dice que no hizo lo que le propuse (la cuarentena) y que pensó que podría vivir con ella. No tiene en cuenta los anclajes del inconsciente y de sus programas. Sigue pensando que su madre la puede querer como a ella le gustaría (bloqueo emocional).

Lleva un programa de no tener hijos. Con su primera pareja ya abortó dos veces y con esta segunda él no quiere. Su abuela materna era muy sumisa y su abuelo maltratador y jugador. Odia a su abuela paterna, de la cual es doble, porque no cuidaba a sus hijos; el abuelo era muy sumiso.

Entonces toma plena conciencia de que su madre la abandonó cuando tenía dos años porque debía cuidar a su marido. No fue a buscarla hasta que mi clienta tenía doce años (gran exceso y prueba de desamor materno). Aquí está el programa que tiene con su madre: sigue esperando su reconocimiento y esto la mantiene atada emocionalmente. Cuando su madre la tiene que cuidar, se pone enferma. Conclusión: muerte simbólica; tiene que liberar a la madre de que la quiera, aceptar que es hija del desamor y vivir libremente su vida lejos de la influencia materna hasta que todo esté plenamente curado.

# REFERENCIAS DEL CAPÍTULO III


1. ISAZA, Pablo, <http://www.elnuevodia.com.co/nuevodia/opinion/columnistas /166992-algo-de-historia-de-la-medicina-la-cuarentena>.
2. LIPTON, Bruce H., *La biología de la transformación*, La Esfera de los Libros, Madrid, 2010, p. 40.
3. JOHNSON, Jerry Alan, *Chinese Medical Qigong Therapy, An Energetic Approach To Oncology*, vol. 5, Redwing Book Company, Taos, 2005.
4. MANTAK CHIA, *Darkness Technology, Darkness Techniques for Enlightenment*, Universal Tao Publications, Chiang Mai, Tailandia, 2003.
5. *El guardián del umbral* es el vigilante que nos impide entrar para conocer a nuestro auténtico yo. Hay que estar libre de juicio, tener una mente pura, una mentalidad inocente. El umbral está formado por cada sentimiento de temor y de vacilación ante la idea de tomar las riendas del propio destino y de asumir por completo las consecuencias de los propios actos y pensamientos. El morador de este umbral es quien se encarga de determinar si nuestro paso es seguro o albergamos dudas, si estamos preparados o no para traspasar el umbral y, por tanto, si nos dejará o no cruzar al otro lado.
6. DISPENZA, Joe, *Tu mente inmortal*, cap. 6, consultado en <www.fabidreams.wordpress.com>.
7. LIPTON, Bruce H., *La biología de la transformación*, La Esfera de los Libros, Madrid, 2010, p. 41.

## Capítulo IV

# LA BIOLOGÍA CUÁNTICA

*Espero que algún día la biología sea la ciencia que una el mundo subatómico que nos explica la física cuántica con el mundo macrocósmico que nos explica la física clásica.*

*(Enric Corbera)*

### Introducción

El título de este capítulo puede parecer muy atrevido, rompedor, y hay quien podría partirse de risa. Sea cual sea la impresión que produzca, tengo que decir que no es un título aleatorio, ni es consecuencia de una noche de fiebre. Estamos viviendo otro paradigma en el que las teorías aceptadas hasta ahora están poniéndose en entredicho. Se está demostrando que, aunque la teoría de la selección natural y de la evolución de las especies nos sirvieran para explicar el porqué de la vida, no explican cómo funcionan estos procesos, quedando por elucidar preguntas tan esenciales como: «¿cómo empezó la vida?», «¿cómo procesa la información el sistema nervioso central?» o «¿cómo se desarrolla una única célula fertilizada hasta convertirse en un organismo multicelular?».

¿De dónde procede esta inteligencia tan poderosa, tan increíble que hace que la vida sea posible? Y no solo que sea posible, sino que esté llena de sentido. El azar no puede ser la ley que lo explique todo, es impensable decir que todo se debe al azar.

Recomiendo al lector la obra de Máximo Sandín, *Pensando la evolución, pensando la vida,* que es doctor en Bioantropología por la Universidad de Madrid y en la actualidad profesor titular del departamento de Biología. En el capítulo titulado «Hacia una nueva biología», Sandín nos dice claramente cuál es la situación actual de esta ciencia al comentar la frase siguiente:

*La victoria del darwinismo ha sido tan completa que es un* shock *darse cuenta de cuán vacía es realmente la visión darwiniana de la vida.*[1]

«Esta rotunda frase no parece significar solamente la manifestación de una opinión personal. Pertenece a un editorial publicado en *Nature* y firmado por Henry Gee, uno de sus comentaristas sobre evolución... Las investigaciones más recientes (especialmente en el campo de la embriogénesis) han revelado unos fenómenos que han puesto de manifiesto su absoluta incompatibilidad con la teoría darwinista de la evolución. Las consecuencias de esto son obvias, y las precisa otro editorialista de *Nature,* Philip Ball, en un comentario sobre la secuenciación del genoma humano: "*Los biólogos van a tener que construir una nueva biología*". Tenemos por delante un duro y largo trabajo científico por realizar, pero también tenemos una tarea previa: "depurar la biología de la tan arraigada terminología darwinista, cargada de conceptos y prejuicios deformadores de los fenómenos biológicos"».[2]

Según Thomas Kuhn (1962), los criterios que definen una revolución científica son los siguientes:

1.º Una teoría consigue resolver la(s) anomalía(s) que ha creado la crisis del antiguo paradigma.

2.º Esta teoría preserva gran parte de la capacidad de resolver problemas concretos que tenía el antiguo paradigma.

Si estos dos criterios se cumplen, se producirá un progreso como resultado del salto cuántico de la Ciencia. Es decir, las diferencias serán cualitativas, no cuantitativas.

Cabe reseñar que Kuhn nos introduce al efecto observador cuando dice: «Incluso las observaciones cambian su naturaleza bajo diferentes paradigmas» (Kuhn 1962), ya que los paradigmas incluyen la ontología de lo que es su esencia, de la realidad.[3]

Aunque lo intuía, mi asombro fue notorio cuando leí un apartado del libro del doctor Sandín en el que habla del carácter cuántico de la vida. Antes de adentrarse en este apartado, aclara algo que a mí personalmente me parece más que relevante: «...para que este recurso no parezca anticientífico, hay que recordar que Francis Crick plantea un problema de este tipo en su libro titulado *Life itself* (1981): "los hechos fundamentales de la evolución son a primera vista tan extraños que solo podrán ser explicados mediante una hipótesis poco convencional"».[4]

Esta reflexión es uno de los marcos de referencia de *El Arte de Desaprender*: la búsqueda de una explicación racional basada en unas teorías científicas más o menos aceptadas, pero seguidas y apoyadas por muchos, de cómo funciona no solo el mundo, sino el universo, con todo lo que lleva implícito.

Hay una serie de hechos que son muy difíciles de aceptar mediante la explicación de mutaciones que se producen al azar. Estos hechos están relacionados con lo que se ha dado en llamar la «explosión del Cámbrico», que hasta Charles Darwin consideró una de las mayores objeciones a su teoría, puesto que en este periodo se produce un «salto» enorme en términos geológicos con la aparición repentina y la rápida diversificación de organismos macroscópicos multicelulares complejos. Aquí no hubo el tan cacareado proceso evolutivo, que conlleva pasos continuos sin ningún salto.

Según Sandín, cabría colocar estos «hechos fundamentales» en un modelo teórico. Se trata de las características o propiedades de la materia a la luz de los sorprendentes descubrimientos de la mecánica cuántica.

Una de las reflexiones que hace el doctor Sandín en este apartado es: *Las leyes de la mecánica cuántica se aceptan como propiedades de la materia y, siendo los seres vivos evidentemente materiales, cabe preguntarse si estas propiedades forman parte constituyente de su esencia, y por lo tanto de sus cualidades, lo cual condicionaría los mecanismos del proceso evolutivo*. En una conferencia sobre BNE contesté esto mismo a un doctor en Física, refiriéndome a las explicaciones que podrían encontrase sobre el funcionamiento de la evolución. El doctor me dijo que las leyes de la física cuántica son para las partículas subatómicas, y yo le contesté que cada uno de nosotros estamos hechos de estas mismas partículas y que me parecía muy sorprendente que ellas no interaccionaran con todos nosotros de alguna manera.

Sandín continúa con sus reflexiones diciendo: «Aunque el inevitable reduccionismo conduce a estudiar a los seres vivos, o aspectos parciales de ellos, como si fueran entidades independientes, parece claro que en la Naturaleza el concepto de "organismos independientes" tiene poca entidad real». Estoy completamente de acuerdo con él porque, para mí, es impensable que todos los procesos biológicos no sean interdependientes y que no estén todos ellos sustentados por unas leyes —aquí diría cuánticas— que den soporte y sentido al universo macrocósmico.

Y sigue: «Los procesos biológicos constituyen sistemas que se integran en distintos niveles "cuánticos", cada uno de los cuales funciona como un todo. Y esto no es una metáfora, sino una explicación racional de la realidad elaborada como resultado de la reunión e interrelación de las descripciones científicas ortodoxas de cada uno de los elementos mencionados».[5] Esto es lo que quiero hacer a lo largo de este libro: dar una explicación racional de por qué el método de la BNE y su aplicación en *El Arte de Desaprender* parece funcionar en centenares y centenares de personas que procuran vivir bajo el paradigma que propone.

Termino esta introducción con una reseña del paleontólogo S. J. Gould (1986) en la que queda patente lo que propongo en este capítulo: «Si la evolución se produjese de la manera comúnmente admitida, es decir, como resultado de adaptaciones al ambiente mediante cambios graduales, lo que encontraríamos inicialmente serían unos pocos diseños generales y gran variabilidad dentro de cada uno de ellos. Sin embargo, encontramos exactamente lo contrario».[6]

## El cerebro como interfaz entre el mundo real y el mundo virtual, el cerebro cuántico

Nuestro cerebro es un receptor-emisor cuántico que está permanentemente conectado a la Consciencia. Cuando tenemos un destello de luz, de genialidad, es porque la información que está en forma de ondas de interferencia colapsa, se materializa en electrón y tenemos una idea. Decimos cosas como: «He tenido una iluminación, he tenido un impacto de luz, me acabo de iluminar o mira que idea más genial».

Einstein ya decía que todo emite una frecuencia, y no debemos olvidar que las frecuencias, por definición, llevan información.

Fue Denis Gabor, el padre de la teoría del holograma, quien demostró que «la parte contiene al todo y el todo a cada parte», y quien inspiró al neurofisiólogo de Stanford, Karl Pribram, en su búsqueda del lugar donde se almacenaba la memoria. Pribram comprendió que la memoria no se almacena en un lugar concreto del cerebro, sino en todo él y en cada parte, y que esta información se guarda en forma de interferencia de ondas entre las sinapsis de las neuronas. Y esto fue posible gracias a la teoría del holograma, que nos demuestra que si tenemos una placa holográfica que almacena información bidimensional en forma de ondas de interferencia, al proyectar un rayo láser sobre cualquier parte de ella se nos muestra una imagen tridimensional, u holograma, de la información.

Cuando tenemos una idea genial y decimos: «¡He tenido un *flash*!», estamos describiendo perfectamente el relámpago de luz que se origina en los espacios sinápticos.

Pribram había demostrado que las ideas sobre la formación de imágenes eran falsas: una supuesta correspondencia entre las imágenes del mundo y las activaciones eléctricas. No encontró la solución al problema de cómo percibe el cerebro hasta que conoció los estudios de sir John Eccles, publicados en la revista *Scientific American*, que hablaban de microondas cerebrales; y esto, junto con un artículo de Emmet Leith sobre rayos láser y holografía, le llevó a comprender que el cerebro debía leer la información ordinaria en patrones de interferencia de ondas que vuelve a transformar otra vez en imágenes virtuales. Esto también resolvía el problema de dónde se almacena la ingente cantidad de datos que un ser humano puede acumular a lo largo de una vida.[7]

Lo más importante aquí no es el concepto de holograma, sino la singular capacidad de las ondas cuánticas de almacenar grandes cantidades de información y el hecho de que nuestros cerebros sean capaces de leerlas y percibir el mundo. Un aspecto realmente interesante fue la aplicación que dio Gabor a unas formulaciones matemáticas que Heisemberg empleó para las comunicaciones; esto inspiró a unos colaboradores de Pribram para explicar que estas mismas ecuaciones describían los procesos cerebrales.[8] La conclusión a la que quiero llegar en este capítulo es que nuestro cerebro opera siguiendo las extrañas teorías de la física cuántica.

Cuando combinamos la teoría holográfica del cerebro de Karl Pribram con la teoría de David Bohm —que nos dice que nuestro universo es como un gigantesco holograma, como un todo—, obtenemos una interesante visión de la realidad llamada paradigma holográfico. En el paradigma holográfico, el universo se ve únicamente como un gran repositorio de frecuencias electromagnéticas que codifican múltiples niveles de realidad.[9]

Para hacerlo comprensible, nuestro cerebro se limita a recibir exclusivamente un rango limitado de frecuencias del mundo exterior, y por lo tanto recibe un ámbito limitado de la realidad. Podríamos decir que nuestro cerebro es como una radio que toma frecuencias limitadas del exterior y cree que lo que escucha es la única realidad.

Stuart Hameroff y Roger Penrose también nos hablan del cerebro cuántico, y Hameroff nos explica que los conductores cuánticos del cerebro podrían ser los microtúbulos —explico esta teoría en mi libro *El observador en Bioneuroemoción*— que conforman el citoesqueleto. No obstante, Hameroff advirtió que los microtúbulos contienen una luz altamente coherente (como la luz láser) y que dicha luz podría jugar un papel importante en el procesamiento de la información por parte del cerebro.

Albert Fritz Popp ya descubrió que el cuerpo emite luz (biofotones), y también descubrió que esta luz podía tener una forma coherente o una forma desordenada, con gran emisión de fotones. Cuando el cuerpo enferma, el flujo de biofotones aumenta o disminuye. En el caso del cáncer, tiene menos fotones. Es como si la luz se estuviera apagando. Las ondas de luz ofrecen un perfecto sistema de comunicación capaz de transferir información casi instantáneamente de un lado a otro del organismo. El hecho de que el mecanismo de comunicación de un ser vivo esté basado en ondas en lugar de en sustancias químicas también resuelve el problema central de la genética: cómo crecemos y cómo adquirimos nuestra forma final a partir de una única célula. Para Popp, esta luz debe activar ciertas células con determinadas frecuencias.[10] La conclusión sigue siendo la misma: la información se transmite en forma de ondas de interferencia que colapsan durante el desarrollo de los procesos biológicos que vemos con nuestros microscopios.

Observamos que todos los elementos que conforman la célula están bien orquestados y cada uno sabe perfectamente lo que debe hacer. ¿Dónde está el director? La respuesta podría ser: «La evolución». Pues muy bien, que me la presenten —diría yo—. ¿Por qué no decimos lo que es evidente? Hay una energía, una información detrás de cada proceso evolutivo, que tiene el *sentido* de adaptarse al entorno, al ambiente, y cuya *finalidad* es la supervivencia. Una forma de hacerse eterno.

Por otro lado, *Hameroff encontró biofotones coherentes dentro de los microtúbulos en su estado cuántico. En otras palabras, los fotones biológicos estaban coherente y cuánticamente entrelazados. El microtúbulo estaba lleno de moléculas de agua que estaban alta y coherentemente ordenadas, y Hameroff creyó que este agua ordenada jugaba un papel significativo en la conductancia de los biofotones a través de los microtúbulos.*

*Cuando los biofotones pasan a través de los microtúbulos, son enviados a las sinapsis de la neurona y luego pasan a la siguiente neurona. De esta manera, los microtúbulos actúan como un sistema de cableado para la luz coherente en el cerebro y, de hecho, en todo el resto del cuerpo.*

*Esta red de microtúbulos se conoce como el internet del cuerpo humano que conecta no solo las células nerviosas, sino también todas las demás células del cuerpo. Permite el intercambio de información cuántica entre el cerebro y el resto del cuerpo. Esto implica que la conciencia no se limita al cerebro en sí, sino que todas las células del cuerpo comparten la misma conciencia.*[11]

El modelo de cerebro cuántico propuesto por todos estos investigadores nos lleva a centrarnos en una posibilidad cada vez más real que este libro quiere exponer y resaltar: la existencia de una especie de protoconsciencia —un estado primordial, algo que es inicial— que vendría a ser la Consciencia de todos los pensamientos posibles.

## La matriz viviente

Este concepto de matriz viviente está inspirado en Oschman.[12] Él se pregunta si hay alguna forma física de interconectar todo el cuerpo para poder explicar la infinidad de movimientos que puede hacer de una forma tan sincronizada. ¿Cómo puede nuestro cuerpo expresar al instante sentimientos y emociones? ¿Cómo podemos pasar de un estado a otro con un simple cambio de pensamiento? Y, sobre todo, algo que es especialmente interesante para nosotros: ¿Cómo dejan huella estas emociones en nuestro cuerpo?

Oschman define la matriz viviente como «una red molecular permanente interconectada y conformada por: los tejidos conectivos —llamada entonces matriz extracelular—, los citoesqueletos —llamada matriz intracelular— y los núcleos celulares —llamada matriz nuclear de todo el organismo—; y toda ella en su conjunto constituye una red de redes que entrega y recibe información a la velocidad de la luz».[13]

El cuerpo tiene un extenso sistema de información perineural formado por microtúbulos protéicos. Lo que en las décadas anteriores se conocía como tejido conectivo parece ser un sistema de comunicación omnidireccional entre todos los tejidos del organismo humano, incluso a nivel de la célula. De hecho, mediante esta matriz viviente todas las células saben lo que hacen las otras. La matriz viviente no es el sistema nervioso, pues su comunicación es incluso más rápida que la de este. Las vías energéticas de la matriz viviente son aún más antiguas que el sistema nervioso. Mediante la vía de transmisión del colágeno, la matriz viviente es un medio continuo para todos los impulsos que se originan en el cuerpo y para cualquier impulso que, en cualquier localización dada, se transmita hacia ese cuerpo.

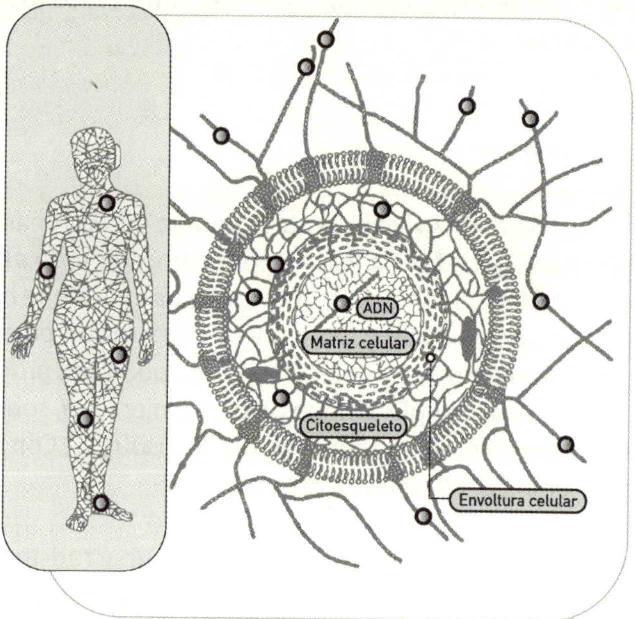


Se puede decir que la calidad de vida depende en gran medida de la pureza de la matriz extracelular.

El sistema básico es una zona de transición, y la principal función de este sistema es la transmisión de todo tipo de información mediante sustancias mensajeras (citosinas, hormonas, neurotransmisores...) y potencial e impulsos eléctricos.

Según Oschman, la matriz viviente está presente en tres niveles que se confunden entre sí. Está el entorno de la célula, denominado matriz extracelular, lleno de colágeno, elastina, proteoglucanos y glucosaminoglucanos . Está la matriz intracelular, que constituye el citoesqueleto. Y, finalmente, en el centro de la célula, está la matriz nuclear.[14]

## El ADN como emisor de biofotones

Desde el descubrimiento realizado en 1923 por el científico ruso Alexander Gurvich acerca de la existencia de un tipo de radiación por medio de la cual las células se comunican entre sí, los biofísicos de todo el mundo han estado a la caza de las partículas y mecanismos implicados en este proceso. Gurvich, que trabajó con cultivos celulares de plántulas de cebolla, observó que, si se interponía un cristal de vidrio entre las células, se producía una desincronización de sus divisiones reproductoras (mitosis); pero no era así cuando se interponía un cristal de cuarzo. Esto le llevó a pensar que existía entre ellas una emisión de radiación electromagnética perteneciente a la banda de los rayos ultravioletas que estaba implicada en un desconocido proceso de información intercelular. Fue un compañero de Popp del laboratorio de biofísica de la Universidad de Marburgo, Bernd Ruth, quien hace ocho años pareció resolver la cuestión de una vez por todas. Utilizando un multiplicador fotoelectrónico —un aparato tan sensible que puede detectar la presencia de una luciérnaga a diez kilómetros de distancia—, comprobó que las células realmente emiten luminosidad, aunque con ínfima intensidad (hecho que ciertos científicos rusos decían haber demostrado desde 1960).[15]

Albert Fritz Popp y Bernd Ruth construyeron una máquina —el fotomultiplicador— que captaba la luz y la contaba fotón por fotón. Después de múltiples experimentos, Popp demostró que estas frecuencias eran almacenadas y emitidas por el ADN de las células. Demostró que el cuerpo tiene una coherencia cuántica, y que a través del ADN, y por tanto del sistema nervioso humano, existe un campo cuántico consciente.[16]

A los portadores de dicha información se les llamó biofotones, las células sanas los emiten de una forma excelente. Popp opina que este tipo de radiación se encuentra, efectivamente, al servicio de la comunicación celular, puesto que se trata de una emisión de tipo láser. Es decir, las células sanas no emiten ondas luminosas de forma caótica, sino rítmica y coherentemente (entendiendo por "coherencia" 'un parámetro que indica la validez del intercambio de información en una comunicación'). Esta es una característica de los rayos láser.

Lo que quiero constatar en este capítulo es que cuando el cuerpo está en coherencia cuántica, el individuo tiene salud. Asimismo, cuando esta coherencia se pierde, el individuo enferma. Esta coherencia depende del estado mental de la persona, de su coherencia emocional. Si no mantengo la coherencia entre lo que siento, pienso y hago, ello se manifestará en mi biología cuántica, y a la postre en mi corporalidad. De ahí la importancia de tomar conciencia de ello y de hacer los cambios emocionales necesarios para recuperar la salud.

En su libro *La biología de la creencia*, Bruce H. Lipton nos demuestra con el descubrimiento de la membrana mágica que el auténtico cerebro de la célula es la membrana y que esta es capaz de captar la información que viene del exterior bien en forma de sustancias o de ondas. Cada célula vendría a ser como una unidad de conciencia, puesto que cada una tiene la capacidad de tomar decisiones.

Teniendo en cuenta lo expuesto, no es necesario hacer grandes esfuerzos para comprender la importancia de que todas las células de nuestro cuerpo trabajen en colaboración, al unísono, a fin de mantener la homeostasis necesaria para el buen funcionamiento del mismo.

Más adelante, Lipton se dio cuenta de que la membrana está organizada de tal manera que su dinámica no altera su integridad, y concluyó que se comporta como un cristal líquido. En su epifanía, Lipton había hecho un gran descubrimiento: la membrana es un cristal líquido semiconductor que equivale a un cristal semiconductor con entradas y salidas.

Esto nos demuestra que nuestros pensamientos y emociones actúan en nuestro cuerpo gracias a los microtúbulos que transmiten la información a todo el cuerpo —el internet corporal— y que las células la reciben y emiten al núcleo las órdenes pertinentes para que fabrique la, o las, proteínas correspondientes. Dicho de otra manera, en nuestros genes hay cierta información, pero, para que se desarrolle, es necesario que el ambiente la estimule. No olvidemos que el cerebro de la célula es la membrana, a la que Lipton llamó «membrana mágica».

Doce años más tarde, una corporación de investigadores australianos dirigida por B. A. Cornell publicó un artículo en *Nature* que confirmaba la hipótesis de Lipton de que la membrana es homóloga a un chip de ordenador (Cornell y otros, 1997). Cornell dijo que la membrana no solo se parece a un chip, sino que funciona como si lo fuera.[17]

Esto viene a demostrar la conclusión que tanto estamos persiguiendo: ¡¡somos programables!! Y si somos programables, esto quiere decir que ya somos la expresión de unos programas; y si queremos cambiar nuestras vidas, lo primero que tenemos que hacer es desprogramarnos y luego reprogramarnos. Dicho de otra manera, primero tenemos que desaprender para volver a aprender.

Por todo lo expuesto, muchos científicos creen que el ADN es reprogramable y que la manera de hacerlo es gestionar las emociones.

El doctor Christian Boukaram, oncólogo y profesor de neurología en Montreal (Canadá), además de especialista en física nuclear y neuropsicología, y autor del libro *El poder anticáncer de las emociones*, nos dice en una entrevista publicada por La Vanguardia el 7 de agosto de 2013:

«Nuestros cuerpos interactúan con el universo».

*La verdad está en Todo.*

- Las emociones y los pensamientos generan ondas que pueden materializarse en el mundo físico.

- El ADN de las células se adapta al entorno bioquímico, social, ambiental, emocional y electromagnético.

- Entrelazamiento cuántico: nuestros componentes más pequeños se comunican entre sí y, al mismo tiempo, con el resto del universo.

- La resonancia es un medio de comunicación instantáneo. Transmitimos nuestros pensamientos a las células por este método. Las características determinantes que nos predisponen al cáncer son la desesperación y la represión de las emociones. Gestionar las emociones puede ser una de las soluciones.

- Las células cancerígenas, desligadas de su entorno, se comportan de manera similar al ego.

## Experimentos rusos con el ADN

Mientras la ciencia occidental se ocupa de estudiar únicamente el diez por ciento del ADN, que es el que fabrica las proteínas, se olvida del noventa por ciento restante, al que en su día llamaron ADN basura, como si la Naturaleza, con sus millones de años de evolución, hubiera creado todo este ADN para nada.

> *Un equipo de científicos rusos dirigidos por el biofísico y biólogo molecular Pjotr Garjajev se dedicó a estudiar esta parte tan importante del ADN y descubrió que los alcalinos que lo conforman siguen una gramática regular con unas reglas fijas, como nuestros idiomas. La sustancia viva del ADN siempre reacciona a los rayos láser modulados por el idioma, y aún por las ondas de radio, si se usan las frecuencias correctas. Esto explicaría científicamente por qué funciona la hipnosis y otras técnicas equivalentes sobre la fisiología del cuerpo humano.*[18]

Hay que resaltar la importancia de vigilar cómo hablamos y cómo nos expresamos.

De hecho, estos científicos captaron los patrones de información de un ADN particular y lo transmitieron a otro, reprogramando de este modo células de otro genoma. Así transformaron, por ejemplo, embriones de rana en embriones de salamandra, simplemente transmitiendo los patrones de información del ADN. Y ello se consiguió sin ningún efecto colateral, como ocurre con la técnica de cortar y pegar que utiliza la ciencia occidental en la ingeniería genética.

> *A la luz de los recientes hallazgos, podemos empezar a referirnos al ADN como ADN cuántico. Esto sugiere que el noventa por ciento del ADN humano que no está implicado en la síntesis de las proteínas está activo en un estado cuántico. Bien podría ser que una futura manifestación de la consciencia cuántica procediese de la activación de una parte del noventa por ciento del ADN cuántico que hasta ahora, en lo referente a su función, ha desconcertado a nuestros científicos. Es probable que esta activación del ADN cuántico esté relacionada con el estado de la consciencia humana y que haya permanecido latente por no estar la consciencia suficientemente preparada, o lista, para manifestarse.*[19]

## Resumen

El objetivo de este capítulo es tomar conciencia de que estamos en una etapa transcendental en el estudio de la consciencia, que vendría a ser como una herencia evolutiva natural. Ahora sabemos que dentro de nuestros cuerpos poseemos un campo cuántico de ADN activado. Se pueden ir debatiendo los resultados y las evidencias de lo que parece ser un común denominador de todos los procesos vivientes. De alguna forma, la coherencia cuántica estaría determinada por nuestra coherencia emocional; de ahí la importancia de cuidar nuestros pensamientos y nuestros sentimientos con relación a todo lo que nos rodea, y de prestar atención a cómo vivimos nuestras experiencias, pues ello activa esta información cuántica almacenada en nuestro ADN.

Cuando nos encontramos frente a un suceso impactante, que es el estudio básico de la búsqueda del trauma emocional en el inconsciente, todo nuestro cuerpo responde de manera instantánea. Nuestros pensamientos, sentimientos y emociones actúan como una unidad en nuestro cuerpo, y nuestra biología da una respuesta instantánea; respuesta que será adaptativa al ambiente experimentado y estará en correlación con nuestros programas inconscientes, que vendrían a ser los traductores de las señales externas que nuestro cerebro percibe. Esta respuesta unificada se transmite a todo nuestro cuerpo a través de esta especie de internet que la biología ha construido para conectar todas las células del cuerpo.

Debido a la reacción a diversos impactos externos (cósmicos, ambientales, culturales), la consciencia humana empieza a cambiar su frecuencia vibratoria y, con toda probabilidad, el ADN –como campo cuántico– también mostrará un cambio de resonancia. Esto puede hacer que parte de ese noventa por ciento de capacidades hasta ahora «inactivas» se ponga en funcionamiento; es decir, se reactive. Actualmente, también parece que esta parte «inactiva» de nuestro ADN puede manifestarse como una forma de hipercomunicación, cuando nuestra conciencia cambia al percibirnos a nosotros mismos como seres que mantenemos una comunicación constante entre nuestros programas más íntimos heredados evolutivamente y los programas heredados de nuestros ancestros. Podemos cambiar los programas de los ancestros por otros que se hallan en esta protoconsciencia o sabiduría universal, el océano de información en el que todos estamos inmersos.

A modo de recapitulación, recogeré una síntesis que hacen Kingsle y Dennis en su artículo «La consciencia cuántica».[20]

> *La biología cuántica ha mostrado que el cuerpo despliega un nivel increíble de coherencia cuántica y que, a través del ADN, y por tanto del sistema nervioso humano, existe un campo cuántico consciente. Nuestra estructura bioquímica está compuesta de una confluencia de energías totalmente entrelazadas y funciona como un campo no local dentro y alrededor del cuerpo humano. Más aún, el ADN es una estructura cristalina líquida de tipo reticulado que emite biofotones basados en la luz. Esto nos conduce a una nueva comprensión del funcionamiento del ADN humano como campo cuántico.*

«¿Qué puede saber verdaderamente un pez con relación al agua en la que ha estado sumergido toda su vida?» (Albert Einstein).

«Hay que salir de lo ordinario para poder ver lo extraordinarios que somos». Hay que salir del pensamiento dual para conectarse con el pensamiento holístico de que todos formamos parte de un Todo, y nosotros, como parte de este Todo, contenemos toda la información.

# REFERENCIAS DEL CAPÍTULO IV

1. SANDÍN, Máximo, *Pensando en la evolución, pensando en la vida*, Cauac Editorial Nativa, Murcia, 2010, p. 61.
2. Artículo publicado en la revista *Arbor* (CSIC, Madrid), mayo de 2002, tomo CLXXII (n º 677) y expuesto en: SANDÍN, Máximo, *Pensando en la evolución, pensando en la vida*, capítulo: «Hacia una nueva biología», Cauac Editorial Nativa, Murcia, 2010.
3. SANDÍN, Máximo, *Pensando en la evolución, pensando en la vida*, Cauac Editorial Nativa, Murcia, 2010, p. 38.
4. Ibíd, p. 43.
5. Ibíd, p. 45.
6. Ibíd, p. 47.
7. MC TAGGART, Lynne, *El Campo*, Sirio, Málaga, 2006, p. 124.
8. Ibíd, p. 127.
9. <http://www.bibliotecapleyades.net/ciencia/ciencia_consciousuniverse195.htm>, «Ciencia y Conciencia», artículo traducido de la versión original en alemán por **Adela Kaufmann**.
10. MC TAGGART, Lynne, *El experimento de la intención*, Sirio, Málaga, 2009, p.69.
11. OSCHMAN, James, *La medicina energética*, Ed. Uriel Satori, Buenos Aires, 2008. Discusión sobre la matrix viviente, <www.medicinacuantica.net>, «Entremos en la mente para entender a la matriz viviente».
12. <www.neuralpracticum.org>.
13. IAH, 2007, INTERNACIONAL ACADEMY FOR HOMOTOXICOLOGY, <http://www.iah-online.com/cms/docs/doc30767.pdf>. El dibujo ha sido obtenido del mismo documento. También está en el libro de Enric Corbera, *El observador en Bioneuroemoción.*
14. <http://www.bibliotecapleyades.net/ciencia/ciencia_consciousuniverse195.htm>, «Ciencia y Conciencia», artículo traducido por **Adela Kaufmann** de la versión original del alemán.

15. El físico alemán Albert Popp constata la existencia de la radiación luminosa celular: <www.elpais.com>, martes 23 de noviembre de 1982, de Susana Morales.
16. Mc Taggart, Lynne, *El experimento de la intención*, Sirio, Málaga, 2009, p. 69.
17. Lipton, Bruce H., *La biología de la creencia*, Palmyra, Barcelona, 2005, p. 122.
18. «Descubrimientos rusos de ADN», traducción al español por Luis Prada de la versión inglesa de Baerbel de *Verntzte Intelligenz*, de Fosar, Grazyna y Bludorf, Franz, Omega, Dusseldorf, 2001, más información en <www.fosar-bludorf.com>.
19. Kingsley, Dennis, <http://www.kingsleydennis.com/consciencia-cuantica-reconciliar-ciencia-y-espiritualidad-para-nuestros-futuros-evolutivos/>.
20. Ibíd, apartado «Coherencia cuántica y consciencia cuántica» de su artículo.

## Capítulo V

# EL ARTE DE OBSERVAR

### Introducción

La física newtoniana nos enseña que el observador no afecta a lo que observa, que todos estamos separados, que la causa de lo que nos ocurre se halla en el exterior, que todo puede ser predeterminado. Asume un tiempo global.

Tanto Newton como James C. Maxwell (descubridor de las leyes del electromagnetismo) permiten con sus ecuaciones fundamentales la idea y el hecho de que todo puede ser predecible. El observador, es decir, nosotros, no interviene en los acontecimientos que ocurren a su alrededor, la Naturaleza tiene sus propias leyes y nosotros no podemos hacer nada para influir en ellas. Nadie puede discutir esta verdad, pero esta no es la verdad absoluta. Es una verdad que está sujeta a la percepción dualista de la realidad. Se nos dice que las leyes de la física newtoniana sirven para el universo macrocósmico y que las leyes de la mecánica cuántica solamente sirven para el universo microcósmico o de las partículas subatómicas. Actualmente ya se ha demostrado que estas leyes de la mecánica cuántica sí sirven en este mundo macrocósmico (llamémosle real). Recomiendo al lector que consulte el libro de

Lynne Mac Taggart *El experimento de la intención,* en el cual se describen diversos experimentos científicos, como el de Sai-Rosembaum, que demuestran que esto es así.

Max Planck, padre de la mecánica cuántica, asentó las bases de esta disciplina sin proponérselo, buscando comprender por qué los cuerpos cambian de color cuando se calientan. Tomó conciencia de algo que debería hacer reflexionar a muchos y que él ya intuía de alguna manera: todo tiene que estar relacionado. Y en el discurso que dio cuando recibió el Premio Nobel en 1910 dejó plasmada esta idea al decir más o menos que: «.... detrás de esta fuerza existe una mente consciente e inteligente. Esta mente es la matriz de toda la materia».

De esta manera, sin saberlo, el hombre se adentró en un nuevo mundo, en una nueva manera de ver y entender las cosas. Este cambio de conciencia aparentemente particular afectó a la globalidad de una manera u otra.

John Wheeler, eminente físico pionero de la fisión nuclear que estudió los agujeros negros, en el prefacio de *El principio cosmológico antrópico*, escribía:

> *No es únicamente que el hombre esté adaptado al universo. El universo está adaptado al hombre. Imagina un universo en el cual una u otra de las constantes físicas fundamentales sin dimensiones se alterase en un pequeño porcentaje en uno u otro sentido. En tal universo el hombre nunca hubiera existido. Este es el punto central del principio antrópico. Según este principio, en el centro de toda la maquinaria y diseño del mundo subyace un factor dador de vida.*
>
> *[...]*
>
> *El tiempo que me queda sobre la Tierra es limitado. Y el interrogante de la creación es tan formidable que difícil-*

*mente puedo tener la esperanza de resolverlo en ese breve tiempo.*

Así se expresaba pocos años antes de su muerte John Archibald Wheeler, uno de los físicos más importantes del siglo xx.[1] El doctor Wheeler nos habla de un universo participativo, de que el observador tiene algo que ver con lo que observa; y llega a decir: «Ningún fenómeno es un fenómeno real hasta que no sea un fenómeno observado».[2]

Obviamente, Wheeler se refiere a las partículas atómicas —como fotones y electrones— y no a objetos de gran masa. Esto es así porque, en los objetos microcósmicos, la longitud de onda es muy pequeña en comparación con la de las partículas subatómicas. Pero tampoco debemos olvidar que todos nosotros estamos compuestos de partículas subatómicas y que, de alguna manera, nos interrelacionamos con ellas haciendo que se produzcan ciertas manifestaciones, al menos en nuestro cuerpo.

Demos gracias a todos los hombres que nos han introducido en el mundo de la física cuántica, que nos han dado otra visión del mundo: una visión holística donde todo está conectado e interrelacionado. Ellos han abierto nuestras mentes a otra realidad y a poner en práctica el pensamiento cuántico, que hace que vivamos las cosas de otra manera y que podamos cambiar los efectos en nuestras vidas.

Ya en la actualidad, en su libro *Biocentrismo*, el doctor Robert Lanza plantea la hipótesis de que la vida es la que crea el observador, y no al revés. Así, la pregunta y reflexión que debemos hacernos es: «¿De qué sirve todo el despliegue de la creación si no hay nadie para verlo?». Aquí se plantea la hipótesis inversa: la vida y la conciencia (cuyo soporte es el observador) como creadoras del universo que contemplamos.

Muchos experimentos demuestran que nuestra mente toma decisiones a nivel inconsciente segundos antes de pasar a la acción, sin que seamos conscientes de ello en absoluto. Vendríamos a ser unos robots de algo que está más allá de nuestra conciencia. Entonces cabe preguntarse: «¿Qué o quién es el que toma la decisión de hacer algo y nos hace creer que somos nosotros los que hemos tomado esa decisión?».

Aquí es donde la BNE empieza a cuestionar la realidad del cliente o consultante. Le hacemos tomar conciencia de que sus elecciones, sus decisiones, son el resultado de programas inconscientes que se activan en momentos clave. Todo tiene un sentido y un para qué, y sus vivencias son oportunidades de cambiar una «realidad» que parece muy objetiva, pero que en verdad es muy subjetiva. Dicho de otra manera: en un mismo contexto —llamado realidad— muchas personas viven situaciones muy diferentes unas de otras. Las cosas suceden de manera distinta para todas las personas. Cada cual vive las famosas crisis de manera diferente. Ello no es fruto de la casualidad, de la mala o la buena suerte, sino de la conciencia del observador en cada situación. Como ejemplo, puedo citarme a mí mismo: «La mayor expresión de abundancia de toda mi vida ha sido en esta inmensa crisis que se gestó a primeros del 2000 y empezó en 2008». La conciencia de cada cual hace vivir caminos paralelos a distintas personas en una misma situación, compartiendo una teórica realidad conjunta.

La apertura de tu conciencia permite que se manifieste en tu vida parte de esta Consciencia universal, convirtiéndote así en un ser despierto. Ahora tus pensamientos, sentimientos y emociones mantienen una profunda coherencia con tus acciones.

En la película *Transcendence* se explica muy bien lo que estoy exponiendo. En ella se expone la posibilidad de proyectar dentro de un ordenador cuántico la consciencia de un observador y desde allí controlarlo todo y empezar a realizar manifestaciones en el mundo, hasta el punto de crearse un cuerpo para poder abrazar a la mujer amada. La Ciencia no está lejos de esta teoría, tal como expondré a continuación. Es más, Microsoft ya está desarrollando unas vídeoconferencias en las que las personas proyectan un holograma de sí mismas.[3]

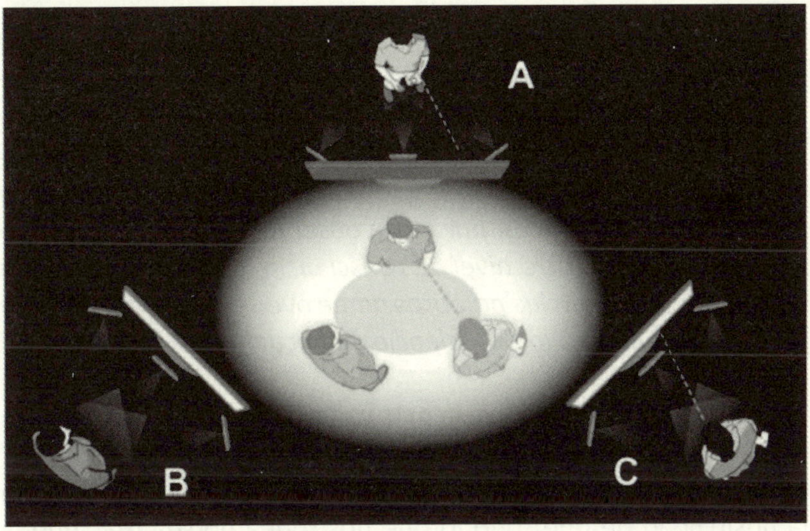


«El universo es una proyección holográfica»: La teoría dice que nuestra dimensión es la proyección holográfica de una información procedente de una dimensión inferior.

Veamos una analogía que he desarrollado:

*Esta dimensión inferior vendría ser un observador con plena conciencia de sí mismo. Este observador se proyectaría en el holograma, llamémosle Tierra, junto a una ingente cantidad de otros observadores para experimentarse a sí mismos en una especie de juego, cuyo sentido sería experimentar una realidad dual. Como la separación no existe, entonces la realidad del juego sería una ilusión.*

*En este juego nos experimentaríamos como seres separados y experimentaríamos toda una serie de emociones y sentimientos. Vendría a ser que cada observador posee un ordenador cuántico que le permite no solamente proyectar una imagen, sino también parte de su conciencia. De esta manera el juego sería muy real, pues en él experimentaríamos dolores, placeres, logros, pérdi-*

*das, amores, desamores, enfermedades y salud, entre una multitud de experiencias posibles que todos conocemos.*

*El juego consistiría en olvidarse de esta consciencia y vivir el juego como la única realidad. A medida que el observador que está proyectado en el holograma Tierra va tomando conciencia de quién es y de dónde probablemente procede, va despertando, hasta el punto de ir perdiendo interés en el juego porque ya está despierto. Entonces, para este observador, el juego termina y puede acceder a otro nivel de consciencia. En la pantalla de su ordenador aparecen las palabras game over, y su conciencia está plenamente unida a la Consciencia de la cual procede.*

Veamos lo que dice la ciencia más vanguardista:

Físicos japoneses proporcionan nuevas pruebas que respaldan la posibilidad de que todo lo que nos rodea no sea más que la proyección de un cosmos mucho más simple y sin gravedad.[4]

«A finales del siglo pasado, el físico teórico argentino Juan Maldacena expuso por primera vez la teoría de que el universo que conocemos podría no ser real, sino una gran proyección holográfica. Según este defensor de la teoría de cuerdas, la verdadera acción se desarrollaría en un cosmos más simple y más plano donde no existe la gravedad».[5]

Nuevos cálculos computacionales apuntan a que el universo es un holograma. Según la prueba numérica más clara encontrada hasta la fecha, el cosmos solo sería una gran proyección.

«En 2009, el GEO 600 de Hannover, Alemania, un detector de las ondas gravitacionales del universo —ondulaciones del espacio/tiempo producidas por un cuerpo masivo acelerado, como un agujero negro o una estrella de neutrones que se transmiten a la velocidad de la luz— detectó un ruido extraño en los confines del cosmos que, durante un tiempo, trajo de cabeza a los investigadores.

Entonces, Craig Hogan, director del Fermi National Accelerator Laboratory (Fermilab) de Estados Unidos, afirmó que el GEO 600 había tropezado con el límite fundamental del espacio/tiempo; con el punto en el que el espacio/tiempo deja de comportarse como la suave continuidad descrita por Einstein, para disolverse en "granos" (más o menos de la misma forma en que una imagen fotográfica puede verse granulada cuanto más de cerca la observamos».[6]

¿Estamos programados para ver el mundo que vemos?

Nuestro cerebro es un holograma y almacena la información de forma holográfica. Es un receptor-emisor cuántico y percibe solamente una banda de frecuencias muy estrecha que conforma lo que llamamos realidad. Todo lo que vemos es la información dada por nuestros sentidos, pero estos tienen sus limitaciones o, mejor dicho, sus restricciones. Se supone que esto es para no bloquearlos con la infinidad de información que los rodea. Bien pudiera ser que la realidad que percibimos estuviera siendo proyectada desde nuestro cerebro. Podría decirse que percibimos la realidad que estamos dispuestos a percibir, pues la capacidad de percibir otras realidades depende del estado de conciencia del emisor, del «ente» que utiliza el cerebro. Por eso, cuando cambiamos nuestra conciencia, podemos percibir otras realidades.

«Cuando miramos a nuestro alrededor, lo único que vemos es nuestra propia mente, o quizás sería mejor decir que en verdad no existe una desconexión entre lo externo y lo interno».[7]

Podemos considerar que toda nuestra percepción es una combinación de experiencias mezcladas con la energía que une y sustenta el universo. A este proceso se le llama conciencia o toma de conciencia, y vendría a ser como comprender cómo suceden las cosas y las relaciones en nuestro mundo personal y en el mundo en general.

Si sigo con la analogía que he expuesto antes, en realidad no soy yo quien toma las decisiones que tomo, sino mi auténtico otro yo, al que podemos llamar «yo cuántico». Él es el que juega y el que tiene por objetivo que el jugador que está dentro del holograma tome conciencia de quién es realmente y de dónde procede. Cuando el jugador consigue este objetivo, el juego termina y el «yo cuántico» gana.

Lo que sí parece cierto es que vivimos una realidad y que hay infinidad de maneras de vivirla en función de nuestra conciencia. No todo lo que ocurre nos afecta de igual manera a los que estamos en ella. Depende de nuestra forma de vivir y de entender los acontecimientos. Vivimos diferentes líneas espaciotemporales de causa/efecto.

Aquí está contenida la paradoja de viajar hacia atrás en el tiempo para matar al abuelo, por ejemplo; y si esto sucediera, entonces el protagonista no podría viajar a su pasado. En la película de 2002 *La máquina del tiempo*, basada en la novela de H. G. Wells, se sugiere que los actos que ocurren en el universo son inevitables y suceden en todas las líneas temporales. Así, en cada uno de los viajes al pasado que hace el protagonista, su mujer muere de una manera diferente. La explicación es que, de haber conseguido evitar su muerte, nunca habría tenido un motivo para construir la máquina del tiempo; su mujer debe morir para no crear una paradoja similar a la del abuelo.[8]

La física (ciencia ficción) trata de resolver esta paradoja diciendo que hay diferentes líneas espaciotemporales que llevan a universos paralelos. Esto quiere decir que en un universo habría una posibilidad y en otro esa posibilidad sería un hecho. La solución, entonces, sería la existencia de universos paralelos.

Veamos ahora la solución de las líneas temporales relativas.

Es posible que el universo no tenga una línea temporal absoluta que permanezca inalterada una vez que los sucesos ocurren, o, desde un punto de vista determinista, desde el comienzo del tiempo. En su lugar, cada partícula tendría su propia línea temporal, y por ello los seres humanos también la tendríamos. Esto puede considerarse similar a la teoría de la relatividad, excepto que afecta a la historia de una partícula en lugar de a su velocidad.

Podríamos vivir en diferentes líneas espaciotemporales. Para poder entender las líneas temporales relativas, hemos de partir de que existen varios universos, cosa que ya se ha demostrado. Serían hologramas dentro de hologramas, y cada uno de ellos tendría su propio espacio/tiempo.

Cada vez más adeptos ven las líneas espaciotemporales como posibilidades: los diferentes estados cuánticos serían estas posibilidades, hasta que hubiera un colapso de onda que se manifestaría en un universo.

El razonamiento es el siguiente: si el cerebro es un holograma que tiene la capacidad de emitir y recibir información, y si aplicamos el principio de que la parte contiene al Todo y que este contiene a cada parte, entonces podemos deducir que el universo vendría a ser como un holograma cuyas partes funcionan y lo contienen. Además, podemos deducir que, de algún modo, cada neurona y cada átomo de nuestro cerebro contiene al universo entero. Entonces, nuestra conciencia nos hará vivir una realidad muy distinta a la de otra persona que vive, por ejemplo, en nuestro barrio. El vecino de mi barrio vive en una línea espaciotemporal y yo vivo en otra. Esto quedaría refrendado por la famosa frase de Einstein: «Si no te gusta el mundo que ves, no puedes cambiarlo, pero si cambias un solo pensamiento sobre él, cambiará tu universo». ¡¡Tú universo!!, no el universo, pues este contiene todas las posibilidades que están sujetas a tu percepción. De aquí la importancia de hacer que las personas cambien su percepción de los hechos para poder vivirlos de otra manera.

## El observador separado de lo que se observa queda abolido para siempre

¿Qué fuerza puede hacer cambiar nuestra realidad dentro de una realidad espaciotemporal? La respuesta es el observador: la capacidad de prestar atención a unos acontecimientos y no creer que lo que percibimos es la única realidad ni la única forma de verlos. Esta es la fuerza del cambio, del cambio radical, del cambio de conciencia y, por lo tanto, de los cambios neurofisiológicos. Cambiamos nuestro cerebro y, si nuestro receptor-emisor cuántico cambia, cambia nuestra interacción con el entorno, redirigimos nuestras vidas, redirigimos nuestras relaciones y vivimos otra realidad absolutamente diferente de cómo la vivíamos antes, cuando era la fuente de nuestras enfermedades.

Volvamos a la interpretación de Copenhague del experimento de la doble rendija. Esta interpretación, formulada por Bohr y Heisenberg, dice que el universo es un campo infinito de posibilidades superpuestas. Todas estas posibilidades están ahí, en una especie de sopa cuántica, sin una ubicación exacta y sin existencia definida hasta que suceda algo que ayude a materializar una de ellas.

Este «algo» tiene que ver con la conciencia humana —el observador—, de ahí la importancia de analizar con qué conciencia observa el observador. Este es el trabajo del especialista que formamos en el método de BNE: que tome conciencia de cómo ve su universo particular, que tome conciencia de cómo este es influenciado por él mismo, por la familia y el colectivo en general. Solo así podrá cambiar su vida, su universo y sus efectos, porque se le enseña que la causa no está fuera, sino en su mente. Él es la causa de los efectos que le acontecen en su vida diaria.

Cabe añadir que, desde aquel primer experimento de la doble ranura, se fueron diseñando otros (ver *Biocentrismo* del doctor Robert Lanza) cada vez más sofisticados, haciéndose cada vez más patente que el mero hecho de que la mente del experimentador tenga conocimiento de lo que se va a medir, hace que la función de onda colapse. De alguna manera, la partícula ya sabe lo que se va a hacer antes de que empiece el experimento.

Para que esto sea posible, hay que entender el efecto de la no localidad que el mismísimo Einstein no creía posible y al que llamó «acción fantasmagórica a distancia». Si es cierta la teoría de la no localidad, implica que ciertas informaciones viajan a velocidades superiores a la de la luz. Esto contradice la teoría de la relatividad.

Con la paradoja **Einstein/Podolsky/Rosen** estos autores intentaron demostrar las inconsistencias de la mecánica cuántica. Para ellos, cualquier cosa, incluida la información, no puede superar la velocidad de la luz. Ellos no creían en la no localidad; más bien, decían que tenía que haber algún factor oculto que explicara por qué cuando dos partículas entrelazadas (que se han conocido) se separan años luz de distancia, cuando se modifica el espín de una, al instante queda modificado el espín de la otra en sentido complementario al de la primera.

Su visión o paradigma estaba fundamentado en el realismo local: es decir, en que, de alguna forma, existe un universo objetivo e independiente. En otras palabras: parten de la premisa de que la separación es real y de que la magnitud que la define es el espacio/tiempo; hay espacio y tiempo, aunque se los considere relativos. Parece ser que no partían de la idea de que en realidad todo está unido, y por ello es posible la acción instantánea. Para poner un ejemplo sencillo: si yo toco la pata de una mesa, ¿toco solamente la pata o toco la mesa? De algún modo, si la mesa tuviera una conciencia como la nuestra, toda ella se sentiría tocada.

Fue **John S. Bell** quien, gracias al descubrimiento del láser, pudo demostrar que Einstein no tenía razón y que la mecánica cuántica viola el realismo local. Sus experimentos demostraron que, al hacer dos mediciones separadas de dos fotones que previamente habían sido puestos en contacto, tendrían que dar resultados diferentes. Pero no sucedió así y quedó claro que los dos fotones se comportan como un todo. Este descubrimiento fue calificado como «el mayor descubrimiento de la Ciencia», y yo me atrevería a añadir que también es el menos conocido. Y, de ser así, cabría preguntarse por qué.

**Alain Aspect** es un físico que realizó una verificación experimental de la desigualdad de Bell y de los postulados de la mecánica cuántica. Sus resultados dejaron muy claro que la velocidad de la luz no es el límite absoluto en el mundo subatómico.

Si aterrizamos todo lo dicho hasta ahora en el mundo de las emociones, nos daremos cuenta de cómo afectan a los estados biológicos y de cómo se manifiestan instantáneamente en nuestros cuerpos. Todo nuestro cuerpo se ve afectado por una información que se filtra en nuestro sistema, que lo vive de una forma particular, y esto da unos efectos muy concretos y localizables. De algún modo, nuestros síntomas serían los colapsos de ondas de diferentes informaciones procesadas de una forma particular según nuestros programas.

Se hace evidente que el observador es la parte fundamental de todo el proceso y que su cambio de conciencia es el punto de apoyo para cambiar su realidad objetiva.

Mi experiencia clínica me ha demostrado en centenares de ocasiones que la percepción es algo muy importante a la hora de cambiar la información de un conflicto emocional. La forma de ver el conflicto, de interpretarlo, determina una serie de pensamientos, sentimientos y emociones que conectan con el inconsciente, y este se manifiesta en situaciones, circunstancias o síntomas muchas veces llamados enfermedades.

Una de las cosas más importantes que el especialista en BNE debe enseñar, o inspirar a su cliente, es que, para acceder a la consciencia y poder cambiar los programas tóxicos, es imprescindible proyectar unos sentimientos y emociones libres de juicios.

La observación determinada por una percepción dominada por un pensamiento dualista nos hará vivir experiencias relacionadas con ella. Cuando la persona comprende que su percepción está determinada por programas heredados, se siente libre de cambiarla; al hacerlo, cambia las emociones y las cosas ya no se ven de la misma manera. Una sensación de alivio y un sentimiento de paz acompañan muchas veces a este cambio de percepción.

Cuando aceptamos que el mundo interno afecta al mundo externo, esto provoca en nuestro cerebro cambios neuronales que se adaptan a la nueva percepción. La neuroplasticidad cerebral es la cualidad que tiene nuestro cerebro de cambiar las conexiones sinápticas, y al hacerlo estas almacenan nuevas informaciones. La neuroplasticidad permite moldear el nuevo aprendizaje, pero no olvidemos que el aprendizaje puede ser recreado de forma virtual. De aquí la importancia de aprender a observar. La visualización de una situación viviéndola con emoción y sentimiento permite cambiar estas conexiones neuronales por otras nuevas, y esto nos libera.

## Analogía para la comprensión del efecto holograma

Imaginemos que la única realidad es la mente, que no necesariamente debe ser tridimensional, seguramente es bidimensional. Esta mente está formada por una infinidad de partes con la misma cualidad, y obviamente deben estar interconectadas como un todo. Esta mente vive en la unidad, a la que llamaré la unidad del Ser: una unidad plenamente consciente de lo que es y de quién es.

Esta mente —la mente original— necesita experimentarse a sí misma, es decir, hacer creaciones del mismo modo en que nosotros imaginamos algo en nuestra mente cerebral, haciendo una proyección holográfica dentro de nuestro cerebro.

Esta mente, para experimentarse a sí misma, hace una separación de unidades mentales, un numeroso grupo de partículas mentales originales. Estas partículas se imaginan separadas del resto y, por el simple hecho de desearlo, crean una proyección tridimensional, una proyección holográfica de sí mismas, porque la separación no puede ser real.

En esta proyección creemos estar separados, porque la idea inicial fue de expansión —aunque una cosa es extenderse y otra muy distinta proyectarse—, pues la idea de separación lleva implícito «algo» para poder proyectarse afuera, y este algo es el cuerpo. La creencia en la separación es el ego. Pero la separación no es posible; la proyección holográfica sigue estando conectada a su origen, a su fuente. Esta conexión se halla en el inconsciente. No olvidemos que nuestra conciencia cree que vive en una dualidad, por lo tanto, la mente del holograma se experimenta a sí misma como dual: mente consciente y mente inconsciente.

En la mente inconsciente se halla el camino de retorno a casa, la Consciencia original o Consciencia universal, de la cual todos formamos parte y que nos mantiene unidos eternamente.

«La conciencia —el nivel de la percepción— fue la primera división que se introdujo en la mente después de la separación, convirtiendo a la mente, de esta manera, en un instrumento perceptor en vez de en un instrumento creador. La conciencia ha sido correctamente identificada como perteneciente al ámbito del ego».[9]

Veo mi mundo y siento su dimensión física porque para experimentar la separación, para que la experiencia se sienta como real es imprescindible fabricar una unidad de percepción —el cuerpo con su cerebro— con una mente dual, una mente que cree que está desconectada de todo y de todos. Una mente que para experimentar la auténtica separación fabrica el miedo, una emoción que es producto de la demente idea de que estar solo no solamente es posible, sino que es real.

Para experimentarme separado, es imprescindible que mi unidad de separación —el cuerpo— vibre a determinada frecuencia que haga que todo lo que me rodea pueda chocar entre sí y sea impenetrable. Es la idea de separación hecha realidad por una mente que confundió la proyección con la extensión.

Mi mundo, el mundo holográfico, será real para mí en la medida que me sienta separado; pero hay evidencias —como los fenómenos paranormales, los efectos placebos y nocebos, las curaciones espontáneas, la influencia de la mente sobre el cuerpo, etcétera— que me dicen que hay algo más.

Las leyes de la física clásica rigen en el holograma, las leyes de la física cuántica rigen en la mente original. En ella no hay separación, ni tiempo, ni espacio. Todo está interconectado como una unidad. En ella solamente rige la extensión, y lo único que puede extender es a sí misma, tomando consciencia de quién es.

El pensamiento original —pecado original— es creer que la separación es posible. La mente original, para poder experimentarse a sí misma, ideó el plan de vivir una experiencia de olvido de quién es, a fin de tomar plena conciencia de quién es realmente. Dicho de otra manera, para saber quién soy vivo la experiencia de no ser. Esto es la dualidad, que para poder experimentarse se debe proyectar.

Por eso, para comprender que mi mundo cambia cuando cambio mi percepción, es tan importante el efecto observador, diría que fundamental. El observador, con su mente dual, cree que está aquí, pero su mente está conectada con la mente original. Cuando el observador se cuestiona su observación, está cuestionando su realidad. Este hecho hace que la mente original cree otras experiencias en el holograma donde vive la conciencia del observador, y entonces este experimenta otra realidad.

De ello se deriva que esta mente original no es el origen del Todo. Esta mente original es la proyección de una especie de protomente o protoconsciencia que posee una sola dimensión.

La crónica de sucesos sería la siguiente:

- Existe una protomente de una sola dimensión. Vendría a ser un punto de una energía inimaginable llena de Consciencia, y por lo tanto llena de información.

- Esta Mente se extiende a sí misma de una forma bidimensional. En esta dimensión la mente sigue siendo una, pero con una infinidad de partículas de consciencia. Esta mente, a la que llamaré «mente original», lleva un programa implícito que es experimentarse a sí misma con la fuerza que le ha dado la información de la protomente. Decide, o mejor dicho, partes de este todo indiviso deciden experimentarse a sí mismas, y para ello necesitan experimentarse como separadas unas de las otras. Como esto no es posible, la experiencia debe ser mental, no puede ser real, porque la realidad es indivisa. Hacen una proyección holográfica en tres dimensiones.

- Se crea la mente consciente, la mente que vive en el holograma, que no puede estar desconectada de la realidad, pues para ello está la mente inconsciente. La finalidad de esta mente es muy simple: «guardar el recuerdo de volver a casa».

- Para poder experimentar con toda seguridad la sensación de estar separada, esta mente original crea un holograma de sí misma al que llama cuerpo. El cuerpo tiene unas cualidades que llamaremos físicas. Dichas cualidades estarán regidas por unas leyes físicas, que son las leyes newtonianas. Mi cuerpo tiene que vibrar a determinada frecuencia para poder experimentar mi mundo como físico.

- Mi mente dual tiene las mismas cualidades que la mente original, y esta está proyectada, siendo su instrumento perceptor el cerebro. La mente original se proyecta en una pantalla —el mundo— que vibra de una manera que permite experimentar la separación. Por eso el cerebro vendría a ser un centro emisor-receptor de todas las frecuencias, pero la mente dual limita las frecuencias para poder vivir la realidad que quiere.

Por lo explicado, cuando mi mente imagina algo —que por lo tanto es algo virtual—, mi inconsciente no puede discernir si lo que observo está en la mente original o en el mundo físico. Conecta con estos programas inconscientes que se proyectan de dos maneras, que básicamente son:

1. En las circunstancias de mi vida, lo que llamo la realidad cotidiana.

2. En mi cuerpo, en forma de síntomas o enfermedades.

Puedo deducir que el mundo en el que vivo tiene cuatro dimensiones, las tres conocidas y la cuarta, que sería la Conciencia. La Conciencia, la cuarta dimensión, es la que me hace experimentar el holograma como real. Por eso, si quiero cambiar mi realidad, tengo que cambiar mi conciencia; y la forma de hacerlo es ampliarla mediante la conexión con la Consciencia y dejar que esta inspire las posibles decisiones que yo pueda tomar. En la medida que tome conciencia de que mi realidad es cambiante y de que al final yo soy la causa de todo lo que vivo y experimento, en esta misma medida alcanzaré la libertad anhelada de un mundo donde la escasez, el dolor, el sufrimiento y la separación —bañados con gotas de aparente felicidad— parecen ser las únicas realidades.

## Viajar en la nave espacial «Emoción»

La sustancia que me une a este Todo es la sustancia de la que están hechos mis pensamientos, mis sentimientos y mis emociones.

Por eso puedo viajar a la mente consciente —la mente cuántica—, que es el horizonte de todos los sucesos, con mis emociones. Cuando mi conciencia, viajando en la nave espacial «Emoción», llega al mar de información llamado Consciencia, puede cambiar mis emociones y mis sentimientos y crear otra realidad en el holograma, que es el lugar donde mi conciencia vive. Estos cambios emocionales producen cambios neurológicos en mi cerebro que se expresan en mi fisiología. Mis vínculos emocionales con ciertas personas también cambian porque han cambiado mis sentimientos y emociones hacia ellas, y lo que parecía dolor y sufrimiento se convierte en un estado de paz y bienestar por la nueva comprensión, una nueva percepción del conflicto.

De esta manera, el observador se libera del pasado y proyecta un nuevo futuro al que llamará presente. El observador toma conciencia de que lo que llama presente es la vivencia de un pasado, y de que este presente es una oportunidad de crear un futuro que llamará, cuando lo viva, presente. Pero que, en realidad, es la proyección de un pasado. Esto es así porque, en el holograma, el tiempo se vive de manera lineal; pero, en la «mente original», presente, pasado y futuro son lo mismo, coexisten como posibilidades superpuestas.

Ahora el observador es plenamente consciente de que cada instante es una oportunidad de crear una experiencia que está en función de la decisión emocional que desee tomar. Cada instante se convierte en una oportunidad maravillosa de proyectarse en el horizonte de sucesos, allá en la mente original y, de decidir qué hacer y cómo vivir la experiencia que experimento.

Para ello se hace necesario que la mente que viaja en la nave espacial «Emoción» sea una mente libre de juicios, porque entonces no puede proyectar, y al no poder hacerlo, solo puede verse a sí misma tal como es.

La mente que no juzga es una mente holística, una mente libre de culpa, una mente inocente. Esta cualidad hace que el observador se convierta en invulnerable, porque no tiene conciencia del mal. Sabe que el mal y el bien proceden de la mente dual, una mente que para experimentarse a sí misma debe vivir entre opuestos. Cuando niega esto, regresa a la mente unificada y vive otra realidad.

## La utilidad de comprender la intemporalidad del tiempo

El tiempo es una medida entre dos sucesos en un tejido espaciotemporal. Cuando conozco a una persona y empiezo a tener una relación con ella, puedo medir desde cuando empieza hasta cuando termina y decir que duró cinco años. Pero, en realidad, cuando conozco una persona, allí mismo, en ese instante, ya no estoy con ella. El tiempo me permite separar estos dos acontecimientos (conocerla y despedirme de ella). Se ha demostrado que cuando un objeto viaja a una velocidad infinita, no lo vemos. Es más, no existe para nuestra conciencia. Por ello es necesario reducir la velocidad, que no olvidemos que es igual a espacio divido por el tiempo; tengo que aumentar el factor tiempo, que se convierte en el factor fundamental para que yo pueda ver lo que sucede.

Veámoslo de otra manera: como ya sabemos, espacio = velocidad x tiempo. Para comprender que todo es ahora, solamente tenemos que hacer que la velocidad tienda a infinito; el tiempo tenderá a cero, y ello implica que el espacio también tenderá a cero. Conclusión: a una velocidad infinita, espacio y tiempo son cero o no existen. Este razonamiento coincide con la teoría de la relatividad que nos dice que a velocidades cercanas a la luz, el espacio y el tiempo se reducen.

Todo está contenido como ondas de probabilidades, y para que estas colapsen es necesario colapsar un espacio/tiempo, una realidad, que se manifestará según mi estado emocional y, sobre todo, según mi juicio. El observador es fundamental para que los sucesos se manifiesten en un espacio/tiempo que está en función de su conciencia.

La influencia de nuestra conciencia en el pasado, presente y futuro está abierta en cualquier momento. La comprensión de ello puede resultarnos borrosa y, de hecho, así es como la experimento. De todas maneras, lo que pienso, lo que he pensado y lo que pensaré siempre están en el aquí y ahora. Lo que pienso es una opción a la que llamo presente, lo que he pensado es una opción a la que llamo pasado y lo que pensaré es una opción a la que llamo futuro; pero las tres están interconectadas y vivo lo que mi conciencia decide vivir. Cada instante de mi vida es un presente —un aquí y ahora— de creación en el que puedo elegir entre una infinidad de pensamientos, cada uno de los cuales me guiará hacia una experiencia determinada.

> *Tus creencias se convierten en tus pensamientos,*
> *tus pensamientos se convierten en tus palabras,*
> *tus palabras se convierten en acciones,*
> *tus acciones se convierten en hábitos,*
> *tus hábitos se convierten en tus valores,*
> *tus valores se convierten en tu destino.*
>
> Mahatma Gandi

¿Es posible prevenir retroactivamente una enfermedad? El psicólogo William Braud planteó una de las preguntas más provocativas: «¿Es posible reescribir nuestra propia reacción emocional ante un acontecimiento?».[10]

Para nosotros, los especialistas en BNE, la respuesta es sí. La respuesta es afirmativa porque es lo que estamos aprendiendo a hacer: reescribir las emociones vinculadas con un acontecimiento del pasado por otras nuevas. Esto es posible porque el tiempo no es lineal para el inconsciente; todo permanece, y todo permanece ahora.

*El propio acto de intención, de realizar un cambio en el presente, también puede afectar a todo lo que nos ha conducido hasta este momento.* Querido lector, quédese con este pensamiento porque lo considero clave a la hora de estudiar el árbol genealógico y porque cuando se consigue cambiar la conciencia al analizar el árbol se liberan multitud de programas o de oportunidades para que los miembros del árbol puedan cambiar sus vidas.

El propio William Braud también se hizo otra pregunta que para mí es fundamental:

«¿Cuánto del pasado podemos cambiar en el mundo concreto que llamamos mundo real?». Él nos habla de los momentos «semilla», del momento justo antes de que un acontecimiento se convierta en manifestado.

Nosotros, en BNE, buscamos este instante previo, la situación desencadenante que se expresa en un contexto determinado cuando se produce el impacto emocional. Aquí se disparan los engramas (anclajes neuronales) que hacen que la enfermedad o el síntoma se manifieste. Buscamos los pensamientos, los sentimientos y las emociones que preceden a ese momento. Cuando encontramos el programa oculto que influye y condiciona estas actitudes mentales y emocionales, podemos modificarlo gracias a la propiedad que tiene el tiempo en el inconsciente. El método contenido en *El Arte de Desaprender* desarrolla todas estas teorías que un servidor pone en práctica diariamente.

Y hay algo realmente inquietante que no debemos olvidar:

**El pensamiento, una vez creado, vive para siempre.**

# REFERENCIAS DEL CAPÍTULO V


1. BARROW, John D., TIPLER, Frank J., *The Anthropic Cosmological Principle.*,Oxford University Press, Oxford, R. U., 1986, fuente en *Wikipedia:* <http://es.wikipedia.org/wiki/John_Archibald_Wheeler>.
2. LANZA, Robert, *Biocentrismo*, Editorial Sirio, Málaga, 2012, p. 65.
3. Dibujo obtenido del artículo: <http://www.pcworld.com.mx/Articulos/ 28766.htm>.

4, 5. Tomado de <ABC.es>, KINGSLEY, Dennis, <http://www.kingsleydennis.com/consciencia-cuantica-reconciliar-ciencia-y-espiritualidad-para-nuestros-futuros-evolutivos/>.

6. «El Universo puede ser un holograma», <ABC.es>, consulta realizada el 14.12.2013 en: <http://www.abc.es/ciencia/20131214/abci-universo-gran-holograma-afirman-201312131243.html>.
7. LANZA, Robert, *ob. cit.*, 2012, p. 49.
8. <http://es.wikipedia.org/wiki/Paradoja_del_viaje_en_el_tiempo>.
9. *Un curso de milagros*, Fundación para la Paz Interior, Mill Valley (Ca.), Estados Unidos, 1988, cap. 3, sección IV, párrafo 2, 1-2.
10. MAC TAGGART, Lynne, *El experimento de la intención*, Editorial Sirio, Málaga, 2008, p. 250.

## Capítulo VI

# LA BIOLOGÍA DE LAS EMOCIONES

**No es necesario estudiar la Verdad, sino desprenderse de lo que es falso.**

Dr. David R. Hawkins en *El ojo del Yo*

Antes que nada quiero agradecer a la editorial *El Grano de Mostaza* por permitirme que inspire este capítulo en la obra del doctor David R. Hawkins, *Dejar ir, el camino de la entrega*.

Para llegar al gran momento del des-aprendizaje hay que renunciar a todas las creencias, a todo el sistema de creencias que canaliza nuestros pensamientos, sentimientos y emociones hacia nuestro cuerpo. Podríamos decir que todas nuestras creencias convergen en el cuerpo.

Desaprender implica tomar plena conciencia de que nuestras vidas están regidas por unos programas inconscientes, heredados de nuestro inconsciente familiar y colectivo, que se expresan en nuestro inconsciente individual y se manifiestan en nuestras vidas en forma de circunstancias, situaciones, relaciones interpersonales, síntomas y enfermedades.

Siempre he creído que encontrar la verdad no tenía que ser difícil. Es más, sabemos que algo es verdad por la belleza que expresa, por su sencillez. Alguien dijo que una teoría científica es verdadera por su elegancia y sencillez.

Tenemos que estudiar las emociones si queremos liberarnos de todos los condicionamientos que gobiernan nuestras vidas. Lo que nos causa dolor y sufrimiento no son los hechos en sí mismos, sino los pensamientos activados por los sentimientos y emociones acumulados en nuestro inconsciente. Una emoción puede generar muchos sentimientos, y estos, a su vez, crear miles de pensamientos.

Por eso, en nuestro estudio del inconsciente biológico vamos en busca de las emociones ocultas a través de los pensamientos que una situación dolorosa puede generar. Buscamos los pensamientos que tengan relación biológica con el síntoma o enfermedad que nuestro cliente o consultante nos expone.

Para entender mejor lo que digo, imaginemos a una señorita que viene a consulta porque no se queda embarazada. Para poder llegar a las emociones ocultas, reprimidas, y que estas nos permitan llegar a los programas inconscientes, podemos partir de una situación en la que ella quiere quedarse embarazada y después de llevar algún tiempo en ello no lo consigue. Las emociones y sentimientos reprimidos en su inconsciente se empezaran a manifestar a través de pensamientos cada vez más concretos. Aquí tenemos una de las claves para poder adentrarnos en él y buscar qué emociones reprimidas hay allí para que dicho inconsciente dé esta solución biológica de no tener hijos. Muchas veces nos hemos encontrado que en el inconsciente biológico de nuestra consultante se expresan programas del inconsciente familiar como tener miedo a tener hijos, a quedarse embarazada, por ejemplo, porque varias mujeres del clan han muerto en el parto.

## Soporte psicológico de las emociones y sentimientos

Uno de los métodos que se utilizan como base en el ámbito de la psicología es el de Abert Ellis, llamado TREC (terapia racional emotiva conductual). Este autor empezó a usar su método allá por los años cincuenta, concretamente en el año 1955, siendo pionero en el campo de la terapia cognitiva. La BNE lo ha ampliado y desarrollado para acceder al inconsciente y una vez allí poder cambiar creencias.

## Metodología

El método de Albert Ellis, también llamado la teoría del ABC, me anima a situar al consultante en la posición psicoemocional traumática, para de esta manera acompañarle en el proceso de encontrar la emoción primaria, que nosotros llamamos oculta, desentrañarla, hacerla consciente y posteriormente tratarla mediante técnicas plenamente aceptadas por la psicología, como la hipnosis ericksoniana, la PNL (programación neurolingüística) y la sofrología. Además, la BNE se está adentrando y está aplicándose al estudio del árbol genealógico. Para ello se basa en estudios científicos de diversos pioneros, entre los que podemos destacar a Josephine Hilgar. La clave, lo más importante, es que los estudios recientes de epigenética conductual nos demuestran que el estudio del árbol genealógico tiene pleno sentido.

Veamos algunos aspectos de esta teoría TREC para poder comprender el desarrollo del método de la BNE:

Digamos que A son los acontecimientos activadores.

B son las creencias y pensamientos sobre A.

Y C son las consecuencias emocionales y conductuales.

Los responsables principal de C no son los acontecimientos A, sino las creencias B, los filtros cognitivos.

Ellis trabajó y estudió las creencias irracionales, que son la clave de las conductas que no están en coherencia emocional con lo que realmente se piensa sobre determinada situación o circunstancia. Él se inspiró en Horney (la tiranía de los deberías) y también en la semántica general de Korzibsky (los problemas con la utilización de los verbos al referirse a las personas), asimismo en las filosofías orientales de Confucio y Buda.[1]

Desarrolló las once creencias irracionales, a las que también llamó absolutistas, basadas en los famosos «debo de» y los «tengo que». Declara que, con casi toda seguridad, cualquier perturbación emocional tiene que ver con estas creencias irracionales.

Imagen de las creencias irracionales[2]

El objetivo de su terapia es detectar estas creencias irracionales y cambiar tanto las inferencias erróneas como las creencias dogmáticas y absolutistas.

Ellis era partidario de un cambio filosófico profundo del cliente para así poder cambiar estos aspectos negativos de su vida. Si esto no era posible, abogaba por cambios conductuales e inferenciales, es decir, por las cogniciones desadaptativas.

Albert Ellis enseñaba a los terapeutas de la TREC a ser los maestros que enseñan a sus clientes a ser sus propios terapeutas. Esta terapia pretende llevar al cliente a una situación ideal, que él llama E, pasando por un cambio de pensamientos realista-adaptativos que él llama D. Todo ello permite al cliente cambiar las creencias que lo mantienen atado a situaciones dolorosas y liberarse.

Veamos cuales son las tres creencias irracionales fundamentales para Albert Ellis:

- **1. Con respecto a uno mismo:** «debo hacer las cosas bien y merecer la aprobación de los demás por mis actuaciones».
- **2. Con respecto a los demás:** «los demás deben actuar de forma agradable, considerada y justa».
- **3. Con respecto a la vida y al mundo:** «la vida debe ofrecerme unas condiciones buenas y fáciles para poder conseguir lo que quiero sin mucho esfuerzo y con comodidad».

- Y me quedo con una de las once que es: **«La desgracia humana se origina por causas externas, y la gente tiene poca capacidad o ninguna de controlar sus penas y perturbaciones».**

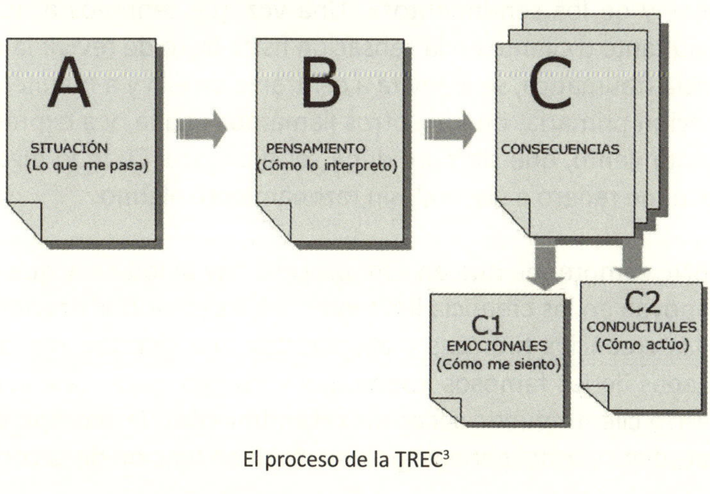


El proceso de la TREC[3]

## El método de la BNE

Nuestro método desarrolla otros caminos con el fin de cambiar las creencias limitantes y tiránicas mediante la búsqueda y la comprensión de los programas que alberga nuestro inconsciente, que nos hacen vivir situaciones dolorosas y repetitivas sin alcanzar a comprender por qué es así.

El método parte siempre de un síntoma físico, entendiendo que este está relacionado con un conflicto emocional.

Situamos a nuestro cliente en un espacio/tiempo determinado, llamado *contexto*, antes de la manifestación del síntoma; es lo que llamamos la situación previa o desencadenante. Asociamos al cliente a la situación previa y le pedimos que nos la describa sin opiniones, explicaciones ni justificaciones. Que nos relate la situación conflictiva o trauma emocional buscando el pensamiento que lo acompaña, el sentimiento subsiguiente y la emoción consciente que él expresa socialmente, lo que nosotros llamamos la emoción social.

Todo ello se expresa en nuestra biología, aspecto que expondré en el apartado que lleva por título «Soporte biológico de las emociones y de los sentimientos». Una vez que tenemos a nuestro consultante o cliente en la sensación física fruto de revivir la experiencia traumática, se le invita a centrarse en ella y a manifestar la emoción primaria, que nosotros llamamos oculta, y a expresar el resentimiento, que siempre debe ser biológico. Cuando digo biológico me refiero a visceral, sin razonamiento alguno.

La BNE comprende que en este proceso hay bloqueos y que estos se apoyan en las creencia limitantes, en las creencias irracionales, en las creencias tiránicas y absolutistas que siempre van acompañadas de los famosos «debo de» y «tengo que». Una vez que nuestro cliente puede sacar sus resentimientos, le acompañamos a estudiar su árbol genealógico, siempre en función de la consulta o síntoma. En este estudio buscamos la *comprensión* de sus actos y síntomas, una toma de conciencia, y que él busque y encuentre el *recurso de vida* para aplicarlo como otra forma de percibir la situación desencadenante.

## Encontrar las claves emocionales

La BNE se ayuda de la PNL y de la hipnosis ericksoniana para desentrañar y cambiar estas creencias limitantes, y del estudio del árbol genealógico para encontrar los programas parásitos (tóxicos) que nos hacen vivir la vida de una forma robotizada, como si fuéramos zombis.

Al igual que Albert Ellis en la TREC, nosotros enseñamos a nuestro cliente que el terapeuta es él y que alcanzará la curación y el estado de bienestar en la medida que esté dispuesto a cambiar su vida. Le acompañamos en este proceder, enseñándole —siempre que sea posible— otra filosofía de vida, formas de pensar más holísticas basadas en teorías cuánticas (psicología cuántica) y la aplicación de la muerte simbólica y la cuarentena, técnicas ambas que forman parte del método adscrito a la BNE llamado *El Arte de Desaprender*.

Al igual que Ellis, cuyo método tiene unas bases filosóficas, nosotros, en BNE, tenemos las bases metafísicas y filosóficas de *Un curso de milagros*, en las que queda perfectamente reflejada una visión holística, integradora y, en algunos aspectos, muy parecida a la budista, como en el ejemplo: «todo lo que te molesta de otros seres es solo una proyección de lo que no has resuelto en ti mismo» (Buda). También integramos algunas ideas muy claras de la visión espiritual de Jung, como es el caso de la proyección y del espejo. *Un curso de milagros* deja muy claro que la enfermedad se encuentra en la mente y se refleja en el cuerpo; y también que es vital sanar las percepciones y dejar de juzgar. Independientemente de que se crea en estas premisas o no, la verdad es que las personas que cambian sus percepciones y sus emociones obtienen otros resultados a nivel físico, pues la mente es la fuente de cualquier creencia, de la forma de ver y entender la vida, y esto se refleja en nuestra corporalidad.

## Soporte biológico de las emociones y de los sentimientos

El gran reto de la BNE, y por lo tanto de *El Arte de Desaprender*, es encontrar lo que llamo la *emoción oculta* o *emoción primaria.*

### Las emociones

Las emociones son esencialmente necesidades biológicas no satisfechas, pero siempre hay que discriminar entre las emociones que podemos llamar racionales y las viscerales. Las primeras tienen un soporte biológico diferente al de las segundas, y me propongo explicar cuál es este soporte. Para ello haré referencia a los trabajos de Antonio R. Damasio, director del departamento de Neurología de la Facultad de Medicina de la Universidad de Iowa, y autor del libro *El error de Descartes*.

Su hipótesis de partida es la siguiente:

*Probablemente las estrategias de la razón humana no se desarrollaron, ni en la evolución ni en ningún individuo aislado, sin la fuerza encauzadora de los mecanismos de la regulación biológica, de los que la emoción y el sentimiento son expresiones notables.*

Damasio propone que la razón humana depende de varios sistemas cerebrales que trabajan al unísono a través de muchos niveles de organización neuronal, y no de un único centro cerebral. Los centros cerebrales de alto y de bajo nivel, desde las cortezas prefrontales al hipotálamo y el tallo cerebral, cooperan en el operar de la razón.[4]

Para mí es magistral la definición que da del sentimiento como percepción directa del leguaje del cuerpo.

En el estudio y la comprensión de las emociones y de cómo se expresan en el cuerpo, no podría dejar al margen al fundador de la psicología funcional, William James. Veamos sus palabras sobre la naturaleza de las emociones y los sentimientos:

*Si experimentamos alguna emoción fuerte y después intentamos abstraer de nuestra conciencia de ella todos los sentimientos de sus síntomas corporales, encontraremos que no hemos dejado nada atrás, ningún material mental del que pueda constituirse la emoción, y todo lo que queda es un estado frío y neutro de percepción intelectual.*

Y sigue:

*Para mí es imposible pensar qué tipo de emoción de miedo quedaría si no estuvieran presentes la sensación de los latidos acelerados o de la respiración entrecortada, ni la sensación de latidos temblorosos o de las piernas debilitadas, ni de la carne de gallina o los retortijones en las tripas. ¿Puede alguien imaginarse el estado de ira sin sentir que el pecho estalla, la cara se ruboriza, los orificios nasales se dilatan, los dientes se aprietan, sin notar el impulso hacia la acción vigorosa? ¿Puede sentirse rabia con los músculos relajados, la respiración calmada y una cara plácida?*[5]

William James captó, o al menos eso pienso, el mecanismo esencial para la comprensión de las emociones y de los sentimientos. Él postula que algunos estímulos particulares del ambiente estimulan de manera innata una reacción corporal específica esto queda reflejado en sus palabras: «Cada objeto que excita un instinto, excita asimismo una emoción».[6]

Antonio R. Damasio llama emociones «tempranas» a las emociones primarias y «adultas» a las emociones secundarias. Nosotros, como ya sabrá el lector, a las primeras las llamamos «ocultas» y a las segundas «sociales».

Las emociones primarias (léase innatas, preorganizadas, jamesianas) dependen del sistema límbico, y en ellas son la amígdala y la corteza cingulada anterior las principales actoras.

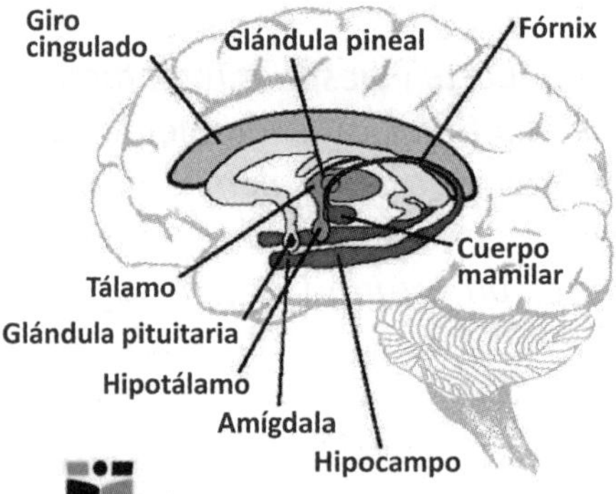

El sistema límbico

Damasio nos dice: «La evidencia de que la amígdala es la actora clave en la emoción preorganizada proviene de observaciones tanto en animales como en seres humanos. Pero el mecanismo de las emociones primarias no describe toda la gama de comportamientos emocionales. Se trata, sin duda, del mecanismo básico. Sin embargo, creo que, en términos del desarrollo de un individuo, al mecanismo básico le siguen los mecanismos de las emociones secundarias, que tienen lugar una vez que ha comenzado a experimentar sentimientos y a formar conexiones sistemáticas entre categorías de objetos y situaciones, por un lado, y emociones primarias por otro. Las estructuras del sistema límbico no son suficiente para soportar el proceso de las emociones secundarias. Debe de ampliarse la red y ello requiere el concurso de las cortezas prefrontales y somatosensoriales».[7]

Veamos cómo se organizan las *emociones secundarias*. Pensemos, por ejemplo, que usted se encuentra a una persona con la cual ya ha tenido cierta experiencia desagradable. Cuando la observa, empieza a experimentar toda una serie de sensaciones físicas como palpitaciones, sudoración, respiración entrecortada, tensión muscular, etcétera. Por otra parte, si esta persona es un viejo amigo, su piel puede ruborizarse, el corazón acelerarse y los ojos expresar una sensación de felicidad.

Como podemos ver, para ello se necesita toda una reacción corporal que va acompañada de diversas sustancias endógenas como hormonas y péptidos, reacciones musculares, alteraciones de los vasos sanguíneos, etcétera. Todos estos procesos se inician con consideraciones conscientes, deliberadas que alguien conserva de una persona o situación. Estas consideraciones se expresan en forma de imágenes mentales organizadas en un proceso de pensamiento. El sustrato neuronal es un conjunto de representaciones organizadas y topográficamente separadas que tienen lugar en varias cortezas sensoriales iniciales. Además, a un nivel que no es consciente, las redes de la corteza prefrontal responden de manera automática e involuntaria a señales que surgen del procesamiento de las imágenes indicadas.[8]

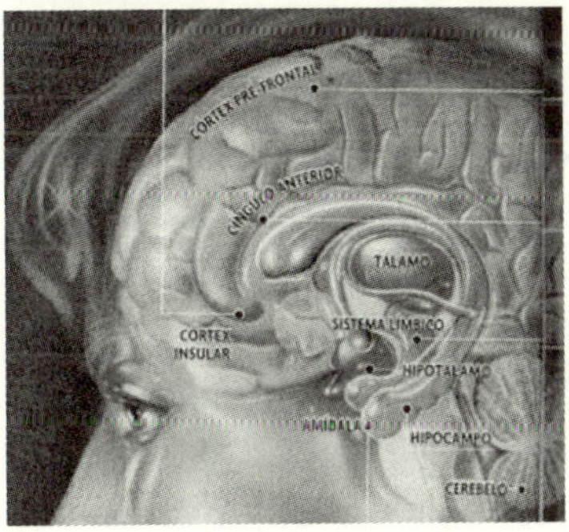


En resumen: Las representaciones/disposiciones prefrontales adquiridas que son necesarias para las emociones secundarias son un conjunto distinto de las representaciones/disposiciones innatas que precisan las emociones primarias. Pero las secundarias necesitan a las primarias para expresarse.[9]

Una lesión en el sistema límbico deteriora el procesamiento de las emociones primarias; la lesión de la corteza prefrontal compromete el procesamiento de las emociones secundarias.[11] Consideremos por ejemplo una sonrisa: la auténtica es procesada por el sistema límbico y la región cingulada anterior, la social por la corteza motriz y su sistema piramidal. En el esquema se representa el circuito emocional de esta sonrisa. El circuito es de ida y de vuelta, tal como describe Damasio.

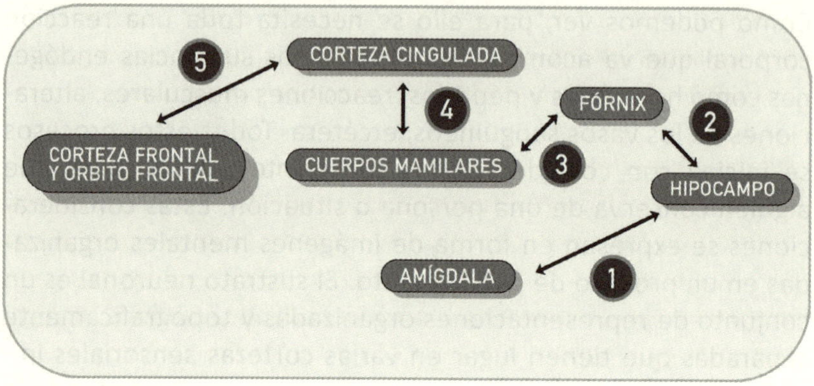


## Los sentimientos

En una entrevista realizada por Eduard Punsent a Antonio R. Damasio *(Redes,* 394), este dijo:

«No podemos eliminar las emociones de nuestro cuerpo, forman parte de nuestra propia biología. El sistema límbico es el responsable de nuestras emociones y su actividad se dispara cuando nos enfadamos o sentimos miedo. Las emociones pertenecen al cuerpo y los sentimientos a la mente, pero van totalmente ligados. ¿Puede un organismo sin sistema nervioso tener sentimientos?

Existen emociones buenas y emociones malas. El objetivo de una buena educación para una sociedad próspera es que se cultive lo mejor y se reprima lo peor de la naturaleza humana, pero ¿podemos organizar nuestras emociones?».

Para mí no existen emociones buenas y emociones malas, simplemente existen emociones. La catalogación de buenas y malas depende de juicios de valores. Por ejemplo, el odio se puede catalogar como sentimiento o emoción mala, y por ello hacer todo lo posible para reprimirlo, pero, al final, se manifestará en mi corporalidad como un síntoma físico o enfermedad. El odio es una emoción más, una etiqueta que ponemos a una reacción visceral de ataque, de querer matar a alguien. Cuando observo mi odio y dejo que se exprese, entonces lo puedo soltar. Esto es lo que perseguimos en la BNE: liberarnos de las emociones que nos enferman mediante la comprensión y la ausencia de juicio.

Damasio asegura que los sentimientos son, en primer lugar, un fenómeno físico. Nuestro cuerpo reacciona de una forma u otra según el entorno y las circunstancias que lo rodean. Una vez que el cuerpo ha reaccionado, el cerebro asimila estos cambios y los traduce al lenguaje de las emociones. Es entonces cuando sentimos. Tras ello, podemos racionalizar lo que sucede y tomar una decisión meditada. Es decir, las emociones son biológicamente indispensables para tomar decisiones.

Antonio Damasio establece una relación entre los sentimientos y la anatomía del cerebro, y pone de manifiesto la importancia de la conexión entre el córtex frontal y las zonas profundas del cerebro —como la amígdala—, a la hora de tomar las decisiones comunes, para cualquier persona que se enfrente a la necesidad de actuar en el marco social.[12]

¿Por qué diferenciamos los términos «emoción» y «sentimientos»? ¿Por qué no son intercambiables?

La razón, según Damasio, es que aunque algunos sentimientos están relacionados con las emociones, muchos no lo están: todas las emociones generan sentimientos si uno está despierto y alerta, pero no todos los sentimientos se originan en las emociones.[13]

Cuando una persona está alerta a sus cambios físicos, como a notar su pulso acelerado, empieza a darse cuenta de su existencia y empieza también una procesión de pensamientos sobre contenidos específicos, los cuales son la esencia de los sentimientos. Por ello, podemos decir que las emociones pertenecen al cuerpo y los sentimientos a la mente. Los sentimientos son la expresión mental, la interpretación de unas sensaciones físicas a las que adhiero una etiqueta, como por ejemplo: me siento impotente, frustrado.

De alguna manera, las emociones secundarias y los sentimientos están relacionados con la corteza prefrontal; ambos necesitan de unas imágenes mentales para iniciar el ciclo. Se podría decir que sentimos una emoción.

## ¿Cómo sentimos un sentimiento?

Según Antonio Damasio, no es suficiente con tomar conciencia de una serie de señales de nuestro cuerpo en las regiones adecuadas del cerebro, esto es condición necesaria pero no suficiente para sentir los sentimientos.

Un sentimiento se basa en la subjetividad del objeto percibido, en la percepción del estado corporal que engendra y en la percepción del estilo y de la eficiencia modificada del proceso de pensamiento mientras está ocurriendo el proceso.[14]

Hay una gran variedad de sentimientos, y algunos de ellos se apoyan en emociones primarias como *tristeza, felicidad, ira, miedo* y *asco.* Cuando los sentimientos están conectados con las emociones, la atención se fija en los estados corporales.

Según Damasio hay otro tipo de sentimientos, los que él llama de *fondo*, que están relacionados con variaciones sutiles de las emociones primarias y que están modulados por la experiencia. Serían sentimientos ni demasiado positivos ni demasiado negativos. Se les califica como agradables o desagradables, y son los que se experimentan de forma más frecuente durante la vida de un individuo.[15]

En el método de la BNE, abogamos por prestar atención al cuerpo. Los sentimientos son una etiqueta mental que ponemos al prestar atención al cuerpo o al tomar conciencia de nuestro estado corporal. Estos estados corporales están asociados a imágenes basadas en la experiencia de objetos, personas y situaciones. El cerebro establece una conexión causal entre las personas, los acontecimientos y el estado corporal, para que sintamos de una manera determinada.

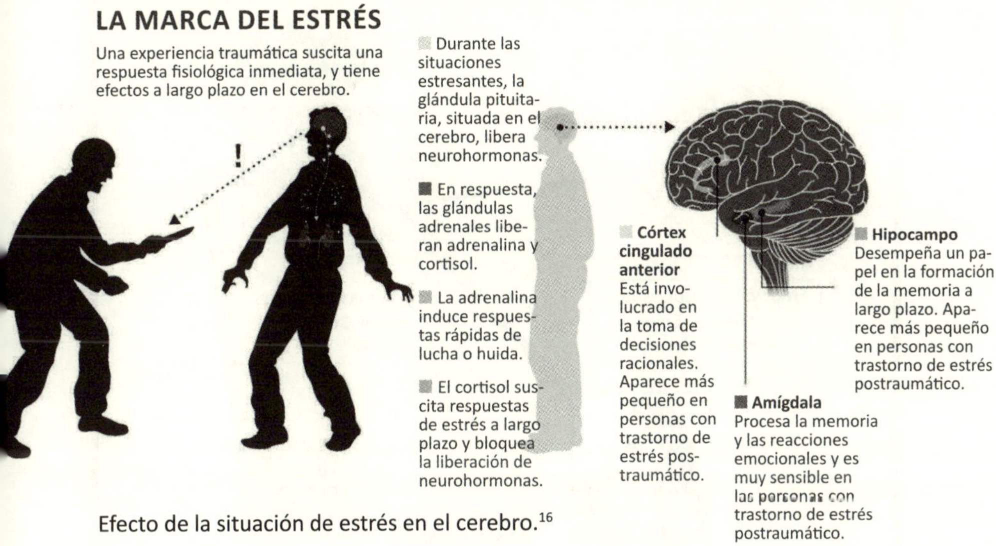


Efecto de la situación de estrés en el cerebro.[16]

Para la BNE los sentimientos y las emociones sociales son la tapadera perfecta a fin de ocultar nuestro gran objetivo, que no es ni más ni menos que la emoción primaria —que nosotros llamamos *oculta*— y que está asociada a una situación traumática y muy conflictiva emocionalmente. Gracias a la amígdala y al hipocampo, estos eventos quedan guardados en un espacio/tiempo, pudiendo ser recuperados por las técnicas empleadas en nuestro método.

Cuando nuestro consultante (cliente) consigue aflorar estas emociones primarias y los resentimientos asociados a ellas, se le estimula a expresarlos totalmente en su corporalidad y se le invita a soltarlos, libre ya de los juicios previos que hicieron que se ocultaran en su inconsciente. Todo ello se explica y se desarrolla en el apartado siguiente.

## **Esquema del cómo se generan las emociones** (Enric Corbera)[17]

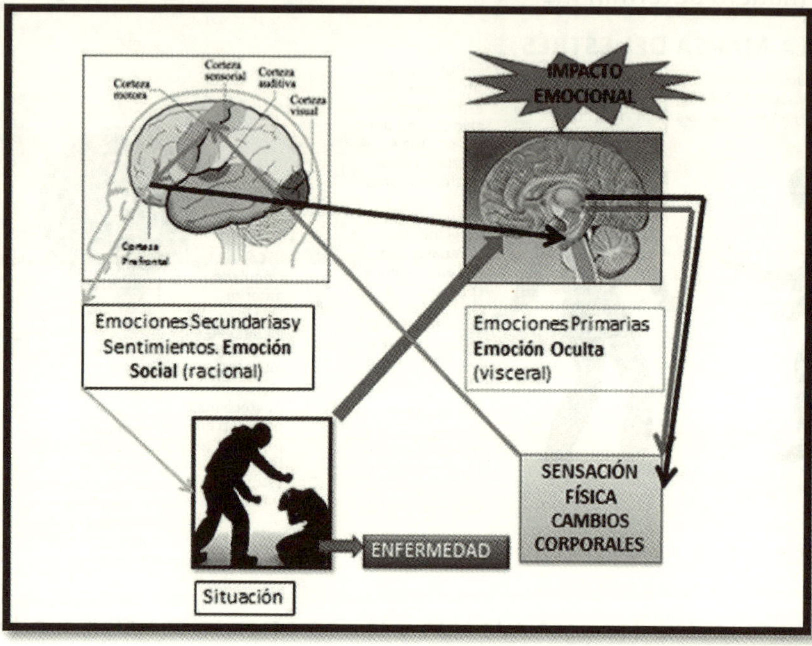


El recorrido que muestra el esquema es el siguiente:

1.º Vivo una experiencia traumática o de fuerte impacto emocional.

2.º El sistema límbico procesa este impacto y da órdenes al cuerpo sin pensar; aquí la rapidez es vital. Entonces damos un salto, nos escondemos, nos agachamos, corremos, demostramos ira frente a un competidor. Se produce todo un abanico de cambios y sensaciones corporales.

3.º El área somatosensorial recibe todas estas sensaciones corporales y las racionaliza, gracias al área prefrontal, generando otro tipo de movimientos corporales.

4.º El área prefrontal racionaliza las sensaciones físicas y se hace consciente de emociones (emoción social) y sentimientos.

5.º Las emociones reprimidas (emoción oculta), las viscerales, pueden manifestarse en síntomas físicos o enfermedades.

**Las emociones primarias** —para la BNE emociones ocultas— responden a las conexiones del sistema límbico, siendo la amígdala y la corteza cingulada las principales actoras.

**Las emociones secundarias** —para la BNE emociones sociales— tienen lugar cuando hemos experimentado sentimientos, formando conexiones entre categorías de objetos y situaciones; para ello se requiere la intervención de las cortezas prefrontales y somatosensoriales.

Como diría Antonio R. Damasio: «La naturaleza no seleccionó mecanismos independientes para expresar emociones secundarias y primarias».[18]

## Soltar los pensamientos, deshacer las emociones

Fue el doctor Hawkins quien con su libro *Dejar ir* me inspiró y me dio una solución —al margen de la que ya venía aplicando en nuestra práctica clínica diaria— sobre cómo podemos deshacer las emociones que nos tienen atrapados, convirtiéndonos en vulgares robotitos en nuestras actividades diarias.

Los recuerdos dolorosos ocultados y reprimidos a lo largo de generaciones acaban manifestándose tarde o temprano en nosotros o en algún miembro de la familia. De aquí la importancia de liberar las emociones reprimidas mediante la comprensión y la liberación de la culpa.

Estas observaciones están en conformidad con la investigación científica. Examinemos la teoría científica de Gray-LaViolette, que integra la psicología y la neurología. Su investigación demostró que el tono de los sentimientos organiza los pensamientos y la memoria (Gray-LaViolette, 1982). Los pensamientos son archivados en el banco de memoria de acuerdo con los diferentes matices de los sentimientos asociados a ellos. Por lo tanto, cuando renunciamos a un sentimiento o lo soltamos, nos estamos liberando de todos los pensamientos asociados.[19]

Si pudiéramos soltar la sensación dolorosa de un acontecimiento determinado, soltaríamos las emociones y los sentimientos asociados a él, y con ello las creencias que los sustentaban.

Este es el propósito de este estudio de las emociones, en particular, y del proceso de deshacer o desaprender, en general. Por eso, cuando mis clientes o consultantes sueltan estas emociones porque su percepción ha cambiado al «comprender» para qué les sucede lo que les sucede, siempre me dicen: «Tengo una sensación de alivio y de libertad, me he quitado un peso de encima». Por eso, a este proceso lo llamo «soltar la emoción oculta».

Una característica muy clara de las emociones reprimidas es el estrés, como define el doctor Hawkins: *El estrés es producto de la presión acumulada de nuestros sentimientos reprimidos y suprimidos.*[20]

Las situaciones externas vienen a ser las desencadenantes de estos sentimientos y emociones que proyectamos hacia fuera sin tener conciencia de que nuestras reacciones son fruto de la represión y supresión de estas emociones.

Por eso, la persona que se siente culpable encuentra en el exterior situaciones y personas a las que culpabilizar; la persona miedosa siempre encuentra situaciones y personas a las que temer y la persona triste siempre ve situaciones y personas en las que proyectar su tristeza.

## La proyección como mecanismo de liberación

La inmensa mayoría de las personas piensan que proyectando sus sentimientos y sus emociones se liberan. No se dan cuenta de que al hacer esto los refuerzan en su mente, y con ello no consiguen liberarse sino atarse más a ellos. En sus proyecciones hacia los demás, están constantemente justificándose a sí mismas y a sus actos. Hablar del otro es el objetivo principal, pues es el causante de todos mis desasosiegos y malestares.

Tal como vengo diciendo, los pensamientos, las emociones y los sentimientos suprimidos buscan la salida y el desahogo en los acontecimientos externos. En psicología y psiquiatría, a esto se le llama desplazamiento, y aquí está la raíz del victimismo que esconde nuestra inmadurez emocional y nuestra ignorancia espiritual.

Veamos lo que nos dice el doctor Hawkins en su libro *Dejar ir. El camino de la liberación*, con relación a la proyección:

> *Debido al condicionamiento social, la gente incluso suprime y reprime sus sentimientos positivos. Suprimir el amor produce un corazón roto* [por el ataque al corazón]. *El amor suprimido resurge en una excesiva adoración a los animales o en diversas formas de idolatría. El verdadero amor está libre de miedos y se caracteriza por el desapego. El miedo a la pérdida se potencia por el apego indebido y la posesión. Por ejemplo, el hombre inseguro con respecto a su novia es muy celoso.*
>
> *Cuando la presión de los sentimientos suprimidos y reprimidos excede el nivel de tolerancia del individuo, la mente crea un acontecimiento «externo» al que rendirse y desplazarse. Así, la persona con una gran cantidad de dolor reprimido crea inconscientemente acontecimientos tristes en su vida. La persona miedosa precipita experiencias ate-*

*rradoras; la que está enfadada se rodea de circunstancias indignantes y la orgullosa siempre está siendo insultada.*[21]

En nuestra búsqueda de la emoción oculta, una de las cosas que enseñamos a nuestros clientes y consultantes es que siempre estamos proyectándonos en los demás, y que ellos nos hacen de espejo, reproducen una imagen especular de nuestras vidas y por ello nos resulta difícil darnos cuenta. Por ejemplo, uno llega a darse cuenta de que la pareja que escoge tiene muchos parecidos con sus programas inconscientes. En el caso de la chica que no se queda embarazada, vemos que ella busca hombres estériles o que no quieran tener hijos por nada del mundo. Si seguimos profundizando en el inconsciente familiar de la pareja de la señorita, veremos que su madre no deseaba tenerlo: sencillamente no era deseado porque su marido la engañaba, o cualquier circunstancia parecida. El programa de la persona es buscar una pareja que lleve un programa complementario. Recuerdo el caso de una señorita que vino a mi consulta y su queja era: «Siempre me enamoro de hombres estériles».

Hay que buscar las emociones reprimidas por los ancestros del consultante —por su madre, por su abuela—, preguntarse y comprender que ellas pasaron por circunstancias dolorosas que imprimieron emocionalmente en sus ovocitos. No olvidemos que se ha demostrado que los óvulos del feto que crecerá hasta convertirse en mujer se forman ya en el vientre de su madre; esto quiere decir que la madre embarazada imprime sus programas en los óvulos de su hija, que darán vida a sus nietas. Por eso, si nuestra consultante encuentra esta emoción oculta, podemos estar seguros de que estas emociones son las que tuvo su abuela cuando se quedó embarazada, y que ella se las transmitió a su hija y esta a su nieta, que es nuestra cliente.

Aprovechamos las imágenes especulares que busca nuestro inconsciente para dar sentido a estos programas inconscientes y así poder deshacerlos, de modo que la persona que viene a nuestra consulta se libere de ellos desprogramándolos o desaprendiéndolos.

Cuando tenemos al cliente en la situación conflictiva, o en una de ellas —pensemos que pueden ser repetitivas—, le pedimos que se centre en sus sensaciones, no en los pensamientos, pues estos ya nos sirvieron para situarlo y lo único que conseguiríamos en este momento son racionalizaciones que nos impedirían seguir profundizando en el camino al inconsciente.

Las sensaciones expresan las acumulaciones de sentimientos y, sobretodo, de emociones reprimidas. El pensamiento nos lleva a centrarnos exclusivamente en la mente y siempre busca la explicación, la justificación de algo que no comprende, aunque se halla en su propia mente inconsciente. Aquí nos ayuda mucho la explicación de Carl G. Jung sobre la "sombra", que define como 'el ámbito de la psique donde moran los acontecimientos reprimidos, junto con sus emociones y sentimientos'.

También hay que dejar claro algo que considero muy importante, y es que el dolor siempre guarda relación con nuestras resistencias emocionales. Por eso es tan importante soltar estas emociones reprimidas y ocultas, pues una cosa es tener dolor y otra muy diferente sufrirlo. Lo primero puede ser biológico, lo segundo es siempre emocional (el subrayado es mío).

Cuando aceptamos las situaciones dolorosas, cuando permitimos que nuestros sentimientos y emociones afloren y podamos verlas y sentirlas, en esa misma medida el dolor disminuirá y nuestro cuerpo entrará en un proceso de curación.

La aceptación es un no posicionamiento, una no lucha. Esto puede interpretarse como pasividad, pero no es así, sino todo lo contrario. Aceptar es comprender que todo tiene su razón de ser y no tratar de entenderlo todo, pues ello implica que es posible entenderlo, y hay cosas que van mucho más allá de la compresión humana. Cuando queremos entender, lo hacemos desde el ego, desde el raciocinio, y lo que nosotros perseguimos es la experiencia de la sensación, que como un hilo de Ariadna nos llevará hasta el Minotauro para poder acabar con él.

Para llegar a matar al Minotauro, que es el ego, hay que tener una mente pura, una mente libre de juicios. Para ello se hace necesario soltar las emociones y sentimientos que albergamos cuando vivimos situaciones dolorosas o desagradables. Recientemente he vivido un par de situaciones que el ego no tardó en calificar de traición, de robo, de falta de lealtad, de celos, de rabias, etcétera. Me he dedicado a practicar el método de soltar los pensamientos que provocaron estas situaciones: me he desapegado de ellas, he dejado que las cosas sucedieran, me he puesto en mi posición, pero sin resistencia. Dejo que las cosas fluyan porque en mi ser interior hay algo que me dice que todo está bien. Intentar comprender la situación es hacerla real, y lo único real es lo que tú decidas con relación a todo lo que te ocurre. Una experiencia puede ser muy dolorosa, pero el sufrimiento que provoca depende de ti.

Ser libre es entregar el apego a los resultados, a que las cosas sean como tú quieres, es vivir en el mundo sin apegarse a él. La libertad es la entrega, es la rendición, la renuncia a luchar creyendo que esa lucha te dará la razón. Entonces todo se convierte en sufrimiento y en su manifestación física: la enfermedad.

No olvidemos que el ego es el recolector de los programas heredados de nuestros ancestros. El ego guarda memoria en el inconsciente; sus juicios y resentimientos quedan guardados allí y luchan por salir al exterior, es decir, por hacerse conscientes y expresarse utilizando las situaciones diarias, las relaciones personales y las enfermedades.

Por eso, cuando me preguntan por qué solamente trabajamos con emociones y sentimientos negativos, la respuesta es obvia: porque ellos son los causantes de neutras enfermedades. Hay que hacerlos conscientes y luego desaprenderlos o deshacerlos.

Nuestro trabajo en *El Arte de Desaprender* es buscar esos programas que nos hacen esclavos, que nos convierten en una especie de robots, de zombis, en definitiva: en víctimas. Es tomar conciencia de que podemos liberarnos de ellos y empezar a ser auténticamente libres utilizando estas pequeñas dosis de libre albedrío. Una de las maneras es la que estoy explicando, pero no hay que olvidar que nadie puede despertar de un sueño si no piensa que él es el soñador.

También quiero dejar muy claro que una de las artimañas que el ego emplea para que no sueltes las emociones y los sentimientos con respecto a una situación dolorosa es justificarla, racionalizarla, tratar de entenderla. Todo eso reprime las emociones y las envía al inconsciente, a esto se le llama supresión. Suprimimos los sentimientos y emociones que no están acordes con las costumbres sociales y nuestra educación, y también con relación a los programas inconscientes que hemos heredado de nuestros ancestros.

Recordemos que cuando reprimimos y negamos nuestros sentimientos más íntimos con nuestra forma de ser, empleamos el mecanismo de la proyección en lugar de sentirlos en nosotros. Por eso es tan importante que, en cualquier situación, hablemos de nosotros con relación a ella, y no de la situación con relación a nosotros. Es una manera de frenar la proyección y hacernos responsables de nuestros sentimientos y emociones reprimidos. Una de las proyecciones a la que se tiene más adicción es la proyección de culpabilidad, que se expresa en las condiciones climáticas, en los alimentos, en las instituciones, en las personas, en el destino y finalmente en Dios.

## La supervivencia

La principal motivación de todo ser vivo es la supervivencia. Nuestros deseos van dirigidos a ella y por eso buscamos relacionarnos con personas o grupos con el objetivo de sentirnos más protegidos. Empleamos los sentimientos y las emociones como el pegamento para mantenernos unidos en grupos más o menos numerosos llamados familias.

El proceso mental de las emociones es muy básico: se generan en el cerebro reptiliano y son racionalizadas por el neocórtex mediante los pensamientos. Una emoción puede alimentar miles de pensamientos.

Reprimimos muchas emociones para permanecer en el grupo, cualquiera que sea su tamaño. Buscamos la aceptación social; es más, el sentimiento de soledad y abandono es uno de los que más miedo nos dan. Esto tiene su razón de ser, pues es muy biológico tener miedo cuando se está solo en la selva al alcance de los depredadores.

Con mucha frecuencia, la represión de estos sentimientos y emociones nos lleva a realizar actos sin saber por qué los hacemos. Las adiciones, en todas sus variantes, son acciones inexplicables para el sujeto. Nosotros sabemos que detrás de ellas hay programas de inmadurez emocional, madres castradoras, ausencia de cariño y afecto por parte de los progenitores, cuyas conductas son reflejo de que a ellos les tocó vivir situaciones parecidas.

Por eso, en muchas situaciones, el núcleo familiar es el más tóxico con relación a la persona que viene a consulta, pues el miedo al abandono, a la soledad, los convierte en víctimas de manipulaciones emocionales, dejándoles sin argumentos para liberarse y salir de ellas. En muchos casos, hay programas de abandono, de no ser deseados, o experiencias de violencia, y todo ello revestido de una gran culpabilidad que hace que las personas mantengan una relación de amor/odio con gran sufrimiento para ambas partes, porque en ambas se mantienen ocultas estas emociones reprimidas.

## Las emociones negativas

Como ya he dicho anteriormente, en el proceso de acompañar a nuestros clientes en su camino de liberar las emociones ocultas, que son las causantes de problemas físicos y de enfermedades, estudiamos y analizamos las emociones negativas, que tienen un bajo nivel de vibración.

Estudiando al eminente doctor Hawkins en sus procesos kinesiológicos de valoración y medición, vemos que las emociones que puntúan por debajo de 200 son las que hay que hacer conscientes y aprender a trascender. Tenemos que soltarlas, liberarlas de nuestra mente para poder empezar a alimentar otro tipo de emociones de vibración más alta que llamaremos emociones positivas. Estas nos permitirán pasar a la acción, abandonar las actitudes nefastas para nuestro despertar y alcanzar mayores niveles de consciencia. Es el caso de emociones como la depresión, la apatía, el miedo, el deseo, el sufrimiento, todas ellas alimentadas por el mayor de todos los sentimientos: la culpabilidad.

No hemos de olvidar que nuestro estado emocional afecta al Campo, también llamado Matriz, que, como bien diría Max Plank, es la sustancia (Consciencia) que lo envuelve todo, una mente inteligente que sustenta toda vida y toda energía. Esta Matriz es muy sensible a los estados emocionales de cada uno. Por eso, cuando estén por debajo de la calibración de 200 —como diría el doctor Hawkins— influenciarán nuestras vidas atrayendo circunstancias negativas, relaciones adictivas, problemas laborales, problemas económicos, etcétera.

Nuestro trabajo consiste en enseñar a nuestros consultantes a vaciar sus mentes de todos los pensamientos negativos que son alimentados por estos sentimientos y emociones de baja vibración, como la rabia, la ira, la cólera, la pena, la tristeza, el odio, el asco, el miedo; y de los sentimientos nefastos, como la culpabilidad, el victimismo, la apatía, la vergüenza, el sufrimiento y el deseo.

*De acuerdo con los hallazgos científicos, todos los pensamientos se archivan en el banco de memoria de la mente, y el sistema de archivo se basa en los sentimientos asociados en sus gradaciones más finas (Gray y LaViolette, 1981). Se archivan de acuerdo con el tono de los sentimientos asociados, y no como hechos.*[22]

Esto es muy importante porque apoya nuestro método en *El Arte de Desaprender*, en el sentido de que si buscamos las emociones y sentimientos reprimidos, estos nos llevarán a recuerdos ocultos en nuestro inconsciente. Así podremos liberarlos mediante la comprensión y la aceptación, lo que a su vez nos permitirá cambiar la percepción, y con ello el tipo de recuerdo que queda registrado, pasando de uno negativo a otro que, en caso de no poder llamarlo positivo, al menos sí que será más liberador. Este recuerdo liberado nos permitirá alimentar otro tipo de emociones y sentimientos más positivos, pudiendo llegar a un elevado estado de comprensión que nos acercará al estado supremo que es el perdón.

## Un gran recurso simple, «el ¿para qué?»

*Un curso de milagros* nos dice: «La prueba a la que puedes someter todas las cosas en esta tierra es simplemente esta: ¿"Para qué es"? La contestación a esta pregunta es lo que le confiere el significado que ello tiene para ti».[23]

Este es un recurso que se emplea muchísimo en programación neurolingüística (PNL). Esta pregunta es aplicable a todo lo que uno piensa, hace y siente. Es un gran recurso para dejar de proyectarnos en los demás, proyección que viene favorecida por la pregunta «¿por qué?».

Siempre, en cualquier situación, podemos preguntarnos: «¿Para qué hago esto?», «¿para qué no voy?», «¿para qué quiero un Ferrari?», «¿para qué quiero una casa nueva?», «¿para qué quiero separarme?», «¿para qué aguanto esta situación?». Además, con cada respuesta hay que volver otra vez a preguntarse «¿para qué?», hasta llegar al fondo de la cuestión. Una vez allí veremos qué emociones sustentan nuestros pensamientos y nuestras acciones. Las emociones están conectadas con nuestras creencias, y estas, a su vez, con nuestra supervivencia. Veamos cómo funciona este ciclo: las emociones siempre están condicionadas por estos programas inconscientes, muchos de los cuales son ancestrales y muy biológicos, y se desarrollan en un contexto social dominado por las creencias. Muchas creencias nos hacen reprimir las emociones y nos impulsan a actuar y a pensar de una manera determinada. Se trata de un ciclo que se retroalimenta constantemente, hasta que el sujeto toma conciencia de él y entonces puede cambiarlo.

Por ejemplo, veamos el caso de una persona que tiene una relación de violencia en su casa. Entonces se pregunta: «¿Para qué aguanto esta situación?». La respuesta podría ser: «Para no estar sola». La siguiente pregunta que se debe hacer es: «¿Para qué no quiero estar sola?». La respuesta podría ser: «Para sentirme segura». Otra vez vuelve a plantearse la pregunta: «¿Para qué quieres sentirte segura?». Quizás ya se dé cuenta de que con esta relación tiene cualquier cosa menos seguridad. Esta toma de conciencia puede llevarla a tomar la decisión de actuar, que es de lo que se trata. Así saldrá de su apatía, del «no puedo hacer nada», de «¿adónde voy?», etcétera. Soltando las emociones que la anquilosan se permite dar entrada a otras de energía más elevada y sanar esta relación.

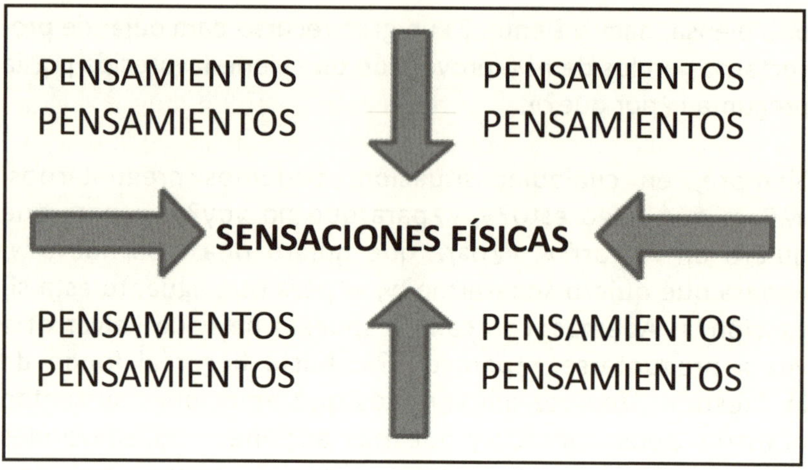


## La sensación física como recurso

Hay que tomar conciencia. Podríamos decir que es un proceso de autoconciencia mediante la observación de los sentimientos más que de los pensamientos. Pero, al mismo tiempo, debemos comprender que los pensamientos y los sentimientos se expresan en las sensaciones físicas, por lo tanto la clave será observar nuestras sensaciones físicas y ver hacia donde nos llevan para encontrar la o las emociones ocultas que subyacen en nuestro inconsciente.

Hay multitud de pensamientos que están asociados a una sensación física, y cuando tomamos conciencia de ella y la observamos, la aceptamos sin resistencia, descubrimos que una serie de pensamientos van desapareciendo a medida que la integramos. Así llegamos al gran descubrimiento, que es darse cuenta de que esta sensación física oculta sentimientos y emociones reprimidos. Cuando los liberamos, cuando los comprendemos, la sensación física se transforma y los pensamientos desaparecen en la nada. Para las personas con grandes problemas físicos, como enfermedades graves, este proceso requiere de un aislamiento, de un estado de conexión y silencio interior, por eso recomiendo siempre la cuarentena. La cuarentena es un período de tiempo donde uno se aleja de todos los condicionamientos tóxicos, es un proceso de desintoxicación de anclajes y de tomar conciencia de que hay unas inquietudes interiores, una verdad, que el sujeto no vive y unos programas de los cuales hay que liberarse porque le llevan a experimentar situaciones dolorosas.

## Los mecanismos mentales

Todos nosotros tenemos unos mecanismos para gestionar los sentimientos y las emociones; veámoslos:

**1. La represión:** es uno de los más comunes; en la mayoría de los casos reprimimos los sentimientos y emociones de forma inconsciente a causa de los programas conscientes e inconscientes que llevamos incorporados.

La mayoría de las veces la represión nos lleva a la negación y a la proyección. Este último proceso mental es muy común: proyectamos hacia los demás las causas de nuestros malestares. La represión de los sentimientos y de las emociones nos lleva a cambios de carácter, a soportar tensiones y síntomas físicos, como dolores de cabeza, hipertensión, insomnio, indigestión, etcétera.

Cuando reprimimos y proyectamos, negamos el sentimiento y la emoción en nosotros mismos. De esta manera seguimos proyectando y reforzando este mecanismo para liberarnos de sentimientos como la culpa y de emociones como el miedo. Culpar a los acontecimientos externos de nuestras desgracias y de nuestra mala suerte es una salida muy común y muy popular. La proyección nos libera de nuestra responsabilidad y nos hace más inmaduros emocionalmente. De aquí surge el victimismo, el «pobre de mí», «yo soy el que necesita protección». Se trata, sobre todo, de hacer que se sientan culpables los demás. De todo este proceso mental, llamado proyección, se deriva la justificación para atacar a los demás y hasta para darles muerte, empezando por las guerras santas y los ejes del bien y del mal. La proyección puede llegar a justificarlo todo. La historia nos lo enseña en ejemplos como el holocausto, la represión palestina, las represiones por temas de religión, étnicas, etcétera.

**2. La expresión:** Expresar implica que uno debe de sacar las emociones y sentimientos sin importar cómo afecten a los demás. Se trata sencillamente de vomitar los sentimientos, creyendo que al hacerlo nos liberamos de ellos. Nada más lejos de la realidad. Lo que hago es quitar presión, pero los sentimientos se vuelven a recargar una y otra vez. Lo que hay que hacer durante la expresión es poner sobre la mesa los sentimientos y las emociones para que puedan ser comprendidos, y así trascenderlos desde una nueva percepción, lo que nos permitirá cambiarlos por otros de vibración más elevada.

Ser desagradable no te garantiza el respeto de los demás; más bien, te garantiza el rechazo y que nadie quiera estar contigo. Analizar los sentimientos y emociones desde el «para qué los resiento de esta manera», me llevará a otro estado mental más pacífico, y por lo tanto más saludable.

La emoción reprimida, que es nuestro caso de estudio, debe de ser expresada para que pueda ser comprendida bajo otro prisma, como el que nos enseña la Bioneuroemoción al estudiar el árbol genealógico. Entonces puede ser sublimada o neutralizada por otros sentimientos y emociones.

**3. El escape:** Es un mecanismo muy típico que consiste en llenar nuestra vida de quehaceres, trabajo, ruido, fiestas, programas de entretenimiento. Es como una lucha para no oírnos a nosotros mismos y seguir en este estado de inconsciencia, de alejamiento de los problemas, manteniendo nuestras mentes ocupadas en un montón de nimiedades. Esto es lo que ocurre hoy en día con los mensajes de los móviles, con escuchar música en la calle a todas horas sumergidos en un aislamiento. Todo este mantenernos ocupados conlleva un gran desgaste; nos aislamos y seguimos reprimiendo nuestros verdaderos sentimientos, lo que nos puede llevar a conductas adictivas.

## El estado de alerta como recurso para gestionar las crisis

Cuando se encuentra ante una crisis del tipo que sea, nuestra mente consciente emplea para manejar las emociones los mecanismos de supresión, expresión y escape. Es importante mantenerse alerta para poder utilizar estos mecanismos a fin de reducir el nivel de estrés, de alerta, de preocupación.

Frente a acontecimientos inesperados, el estado de alerta nos permite sentir rápida y físicamente las emociones en nuestro cuerpo, relativizando el impacto emocional. El estado de alerta nos permite hacernos conscientes de qué pensamientos y sentimientos alborean en nuestra mente, para que de esta manera encontremos las emociones ocultas, las que reprimimos.

Hablar con nuestros amigos, expresar estas emociones, ser políticamente incorrectos son recursos de escape que nos permiten reducir el nivel de estrés. Veamos una experiencia particular: estando en el extranjero, unos socios de mi empresa realizaron una maniobra sin consultarla, haciéndonos una competencia desleal y provocando un mar de opiniones en las redes sociales, con una total falta de lealtad y sin medir las consecuencias. Compartir con mis colaboradores, expresar mis sentimientos y mis emociones, buscar soluciones conjuntas... todo ello contribuyó a una de las mejores experiencias que he tenido. En esos momento es cuando uno se da cuenta de quién está a su lado, pudiendo valorar el nivel de compromiso de cada uno.

Ir soltando los compromisos mantenidos con esta gente y hacerlo de forma pausada, sin dejarse llevar por la visceralidad permite ir liberando la carga emocional, quitar presión, aligerar la mente y no tomar decisiones de las que más tarde uno tenga que arrepentirse. Se duerme mal, esto es cierto, pero no es menos cierto que una vez que has dormido una o varias noches con el problema, tu mente está más relajada, tus acciones liberan las emociones viscerales y sientes que estás haciendo lo mejor para ti y para todos.

Más tarde vienen otros procesos mentales y emocionales, como los recuerdos de ocasiones agradables, los viajes, compartir comidas y proyectos... Hay que ir desapegándose de todo ello, hay que soltarlo bendiciéndolo, agradeciendo todos esos momentos que en su día te sirvieron. Hay que buscar los aspectos positivos, comprender que las relaciones empiezan y acaban. Al dejar de juzgar y de sentirte víctima sabes que hay algo superior, una mente omnisciente que lo sustenta todo. Entonces entras en un estado mental de paz interior y sabes a ciencia cierta que no hay nada que perdonar porque no hay ofensa, sino experiencia.

Entonces pasas a la acción, una acción libre, sin resentimiento, una acción que surge desde el interior, donde reside tu Ser superior. Todo está bien y, como diría el doctor Hawkins: «El amor no es una emoción, sino una forma de ser y de relacionarse con el mundo».

## Curación emocional: liberar el pasado

*Un curso de milagros* nos dice: «Tú papel consiste simplemente en hacer que tu pensamiento retorne al punto en que se cometió el error, y entregárselo allí a la Expiación en paz»... «No puedes revocarla [tu reacción] arrepintiéndote en el sentido usual de la palabra porque eso implicaría culpabilidad. Si sucumbes al sentimiento de culpabilidad, reforzarás el error en vez de permitir que sea des-hecho».[24]

Cuando te hayas liberado de tus emociones ocultas, de tus resentimientos, cuando tu comprensión de la situación sea otra porque así lo has visto y comprendido mediante el estudio de los programas inconscientes heredados de tus ancestros, cuando por fin te liberes del victimismo, de la culpabilidad consciente e inconsciente, entonces vuelve mentalmente a la situación donde experimentaste el dolor y el sufrimiento y cámbiala con tu nueva energía nacida de tu nueva percepción y liberación emocional.

Nos daremos cuenta de que lo que nos ha ocurrido son residuos de viejos rencores, viejos juicios, viejos resentimientos que vuelven a nosotros para que los liberemos de energías negativas o de baja vibración.

Nos sentiremos sanados emocionalmente, y esta nueva vibración en nuestras mentes sanara nuestras heridas emocionales y corporales. Liberar el pasado es vivir un presente sin condenación, permitiendo a su vez que se libere el futuro porque ya no arrastra la condena del pasado.

Aquí está el tan buscado libre albedrío: es la oportunidad de «poder elegir de nuevo». A cada instante tienes la oportunidad de elegir cómo quieres vivir cada situación, si la quieres vivir lamentándote, o bien soltando y liberando las emociones negativas que intoxican nuestro sistema nervioso, que seguidamente intoxica nuestro cuerpo físico.

*Todo se puede tomar de un hombre menos una cosa: la última de las libertades humanas consiste en elegir la propia actitud ante cualquier conjunto de circunstancias, elegir tu propio camino* (Viktor Frankl, 1959).

Cada experiencia de la vida es una oportunidad de elegir de nuevo, una oportunidad de enmendar viejos errores que nos permite crecer, experimentar y desarrollarnos. Cuando habla de la sombra, Carl G. Jung nos enseña que «las crisis son magníficas oportunidades para familiarizarnos con la sombra». Comprendemos que compartimos con nuestros congéneres programas comunes alojados en el inconsciente colectivo y eso nos da la posibilidad de sentirnos más unidos, de liberarnos de culpas y de ataduras emocionales, permitiéndonos ser nosotros mismos y seguir nuestro propio camino sin sentirnos en deuda con nadie.

*El Arte de Desaprender* nos enseña que el principio de escasez que anida en nuestro inconsciente anula nuestro crecimiento espiritual, nuestro desarrollo emocional, nos ata a emociones de baja vibración que están sujetas a culpabilidades inconscientes, odio hacia nosotros mismos, creencias de que no somos merecedores, búsqueda de castigos inconscientes. La mayoría de estos programas han sido heredados de las miserias de nuestros ancestros, que no supieron o no pudieron enseñarnos lo que es la auténtica libertad, porque ellos, a su vez, habían sido castrados de la misma manera.

Por eso tu curación emocional te libera a ti, a tus ancestros, y sobre todo a tus descendientes. Liberar el pasado es liberar a las futuras generaciones de cargas inconscientes que pueden —y de hecho lo hacen— maniatar la libertad de elegir y de vivir en plenitud.

## La apatía

*El propósito biológico de la apatía es pedir ayuda, pero parte de la sensación de que no es posible recibirla* (doctor David R. Hawkins).

La apatía es un estado emocional de total resignación, es sentir que uno no puede salir de la situación problemática por mucho que lo intente, aunque reciba ayuda. Vendría a ser un «no puedo, no puedo». Es un estado de muerte emocional, de resignación, de sentirse abrumado por un conjunto de «demasiados»: «esto es demasiado», «soy demasiado viejo», «es demasiado tarde», «requiere demasiado tiempo» o «demasiado esfuerzo». Es la derrota total, solamente me queda ser un esclavo de la situación.

La apatía es un sentimiento de una total incapacidad para hacer nada: vivo de las prestaciones sociales y, cuando se acaben, se acabó.

La apatía te impide moverte, mantiene tu mente bloqueada por un sentimiento de incapacidad, de total indefensión. La apatía te lleva a la depresión, que es una forma de estar muerto en vida. Cuando hablo de depresión, no estoy hablando de la depresión biológica, cuyo sentido biológico es preservar tu vida reduciendo los niveles biológicos frente a una situación tremendamente dramática, como puede ser la pérdida de un hijo.

El trasfondo de la apatía es un «no quiero», un estado emocional que intenta manipular a los demás, y una de las maneras sería mediante el victimismo. Mi quietud, mi estado inamovible, pretende que los demás se muevan, pero por mucho que ellos hagan yo no me moveré, porque de esta manera recibo la atención que creo necesitar. Los apáticos expresan: «¿Qué puedo yo hacer ante tal desastre?» y, en vez de empezar a moverse, se quedan quietos, inmóviles, en espera de que los demás lo hagan todo. Recuerdo unas imágenes que vi en un documental sobre la Segunda Guerra Mundial. En ellas se veían las ciudades alemanas completamente derruidas, las personas se movían como zombis, sin saber qué hacer ni adónde ir. Era una situación de total desesperanza, a nadie le quedaba nada, excepto, quizás, esperar la muerte. Ante una situación de nada absoluta lo único que queda es empezar a moverse y utilizar la ayuda recibida para moverse un poco más. No hace falta añadir que Alemania ha vuelto a ser uno de los motores de la economía mundial, y esto después de haber sido derrotada en dos grandes guerras.

Al apático hay que dejarlo más solo si cabe. No hay que prestar atención a su actitud. Hay que esperar a que se mueva y, cuando lo haga, le daremos lo justo hasta su próximo movimiento. El cambio debe proceder del interior de cada uno, y entonces el exterior —el universo— actuará.

Si te sientes apático, busca en tu interior cuál es tu miedo: ¿qué pasa si haces y qué pasa si no haces? Muchas veces se tiene miedo a lo que puedan pensar o decir de uno, esto nos bloquea y nos paraliza.

La apatía bloquea tu sistema nervioso. No sabes qué hacer, y esto se acaba expresando en el mejor de los casos en dolores musculares y articulares. En nuestro método hemos observado que las personas apáticas, resignadas, sobre todo resignadas a no hacer su vida y vivir la vida de los demás, tienen graves problemas osteoarticulares. Sus dolencias están muy relacionadas con el conflicto que tienen con los que les rodean. Veamos como ejemplo el caso de una señora que se fuerza a vivir con su marido —al que quiere mucho— en un lugar donde ella no quiere estar. Con el tiempo le entra la apatía, la resignación de que no hay nada más que hacer, pues estoy en un lugar en el que él hace mucho y yo simplemente me ocupo. Su sentimiento es de inmovilidad y el inconsciente biológico, que no es nada racional, la inmoviliza con problemas en la espalda, caderas y pierna derecha. La situación contiene una enseñanza: aunque ella no se mueva, los demás siguen con su vida. Esta es una oportunidad de tomar conciencia de que no debes de dejar de vivir tu vida por los demás, pues ellos hacen lo que quieren y se encuentran bien, y tú, que padeces «mamitis protectora», te encuentras mal. Solución: ¡¡muévete ya!! Busca el equilibrio entre vivir tu vida y estar con tu esposo, el universo te inspirará a medida que actúes.

Una forma de salir de la apatía es empezar a pensar en los demás, pero no como jueces, sino como personas que también necesitan de ti, de tus palabras, de tus sonrisas, de tu compañía, de tu colaboración.

La apatía y la depresión son el precio que pagamos por habernos conformado con nuestra pequeñez. Es lo que nos pasa por haber jugado a ser víctimas y permitirnos ser programados.

## La culpa

Cuando empiezo a hablar de la culpa sé que estoy frente al sentimiento más oxidante que existe. La culpa se encuentra detrás de todo; es más, parece que si no hay culpa, no podemos vivir. La culpa se utiliza de muchas maneras, y la más manida es cuando se utiliza como excusa.

La culpa siempre es proyectada hacia los demás o hacia uno mismo. Y tiene una gran fuerza inmovilizadora, por eso siempre se encuentra detrás de la apatía. Se alimenta de la creencia de que hay una manera específica de hacer las cosas bien, y cuando no salen así, la culpa es de alguien. No aceptamos que las cosas no salen bien ni mal, simplemente siguen un orden interno que en la mayoría de las ocasiones escapa a nuestra comprensión.

La gran atracción de la culpa es que nosotros somos inocentes, somos víctimas de la situación. Si la culpa es de otro, entonces igual hasta tenemos ganancias económicas. La culpa nos infantiliza, nos desconecta de nuestro interior porque creemos que la causa de todo lo que nos ocurre no está en nosotros.

La mayor libertad es no sentir la necesidad de culpar ni de culparse. Tienes derecho a vivir tu vida de la forma que creas conveniente, aunque otros intenten hacer que te sientas culpable por ello, quizás diciendo que eres un egoísta. Tienes que saber que los egoístas son ellos, porque quieren manipularte haciéndote sentir culpable, y en muchas ocasiones se ponen enfermos para demostrar cuán malo y culpable eres.

Las relaciones interpersonales contienen muchos elementos de culpabilidad; es más, la culpa se utiliza para conseguir que el otro haga a aquello que queremos que haga. Muchas veces lo hacemos de forma inconsciente, y muchas otras decimos cosas que nos parecen lo más natural del mundo: «Si me quisieras, no irías al futbol con tus amigos».

El sentimiento de culpa es como una bomba de relojería, antes o después explotará. Somos unos verdaderos terroristas mentales cuando intentamos manipular a los demás activando su sentimiento de culpa. Frases como: «no quiero hacerle daño, no quiero que sufra» esconden una gran culpabilidad inconsciente. Son una excusa para no hacer, para quedarme apático, para resignarme a la situación, porque, si me muevo, entonces él se sentirá mal por mi culpa. «Si no lo cuido yo, ¿quién lo hará?». No nos damos cuenta de que la necesidad de ayudar es la necesidad de recibir ayuda. Proyectamos nuestras necesidades, nuestras desvalorizaciones, nuestro miedo a quedarnos solos o a que nos abandonen los demás, y entonces vivimos con personas que solo piensan en sí mismas. Por mucho que hagas, parece que no se enteran, no nos damos cuenta de que son nuestra imagen especular. Si yo soy un cuidador o una cuidadora, el universo me enviará al que tengo que cuidar.

La culpa, de forma inconsciente, siempre busca castigo, y por tanto es la gran precursora de todos nuestros accidentes, de nuestros males y de nuestras circunstancias negativas. Detrás de cualquier desastre, por pequeño que sea, siempre se encuentra la culpabilidad inconsciente.

La culpabilidad es un sentimiento que cuenta con un gran aprecio social. Es más, si no te sientes culpable por algo que los demás creen que has hecho, te califican de insensible y deshumanizado. Se ha hecho una simbiosis culpa--humanidad, y así nos va a todos, pues esta simbiosis es una de las causas de nuestros males físicos y mentales. Si no pides disculpas por todo, entonces eres un mal educado, un anarquista, un de-socializado.

Debemos renunciar al juego de la culpa porque pretende alimentar al ego y hacer que nos sintamos separados de los demás. Este sentimiento alimenta a otros, y estos a otros más. Al renunciar al juego de la culpa y aceptar que las cosas muchas veces son como deben ser, entramos en un estado mental de paz y tranquilidad interior. Sabemos que el juego de la culpa no acaba nunca y, si lo mantenemos, nuestro sistema biológico empezará a mostrar los efectos de esta manera de vivir. Guardar resentimientos y culpas contra otros provocará males en nuestro cuerpo, porque nuestra mente y espíritu no están en paz.

Una mente que sabe que está unida a todas las mentes, y estas a una Mente Superior, descansa en la tranquilidad de espíritu de que jugar al juego de la culpa es innecesario, y no lo hará nunca más.

Una de las experiencias que he pasado recientemente me ha hecho ver que he sido utilizado, manipulado, y me atrevería a decir que explotado. Me he permitido sentirme enfadado; es más, he emprendido las acciones pertinentes. No he caído en la trampa del ego espiritual de decir: «No ha ocurrido nada, todo está bien». Me he permitido sentir y expresar mis emociones, las he exteriorizado, las he compartido y las he expuesto. Lo he hecho, eso sí, sin esperar nada, lo he hecho para soltarlo, para dejarlo ir. Las he observado deshaciéndolas, entendiendo que todo tiene un para qué de orden superior, perdonando esta experiencia y bendiciendo a todo aquel que ha sido partícipe de esta situación. Pero, por encima de todo, respetándome para no caer en la trampa del victimismo.

Con esto libero una gran cantidad de culpa, porque comprendo que esta situación es una magnífica enseñanza y una gran oportunidad. Puedo, y es lo que he hecho, reorientar la situación, darle otra dirección. He comprendido que he soltado parte de mi pequeñez, puesto que ellos también hicieron lo que pensaron que era mejor en ese momento según sus creencias. He decidido, como dice *Un curso de milagros*, no jugar más al juego de la culpabilidad.

## Rodéate de personas que hayan salido del antiguo paradigma

No busques personas para compartir tus desgracias, pues ello retrasará tu proceso de deshacer las creencias que te mantienen atado a tus circunstancias vitales. Busca personas que hayan cambiado su vida gracias a sus teóricas desgracias.

Cambia de valores, busca gente que te enseñe a ver las cosas de otra manera, personas que tengan otro nivel de conciencia. Búscalas para salir de tu apatía, para liberarte de tu culpabilidad. Esto ocurre con mis videos; cuando los ven, muchos dicen: «Ya sé quién me va a curar», y otros simplemente se curan. ¿Quién eres tú? Aplica a tu vida estos principios superiores; aléjate de las expectativas y deja que todo suceda. No luches contra tu enfermedad, intégrala mediante la comprensión, sabiendo que todo tiene un para qué.

No olvidemos nunca que lo semejante atrae lo semejante. Vigila con quién estás y con quién compartes tus proyectos, porque esto definirá muchas cosas.

## El sufrimiento

El sufrimiento va acompañado de multitud de emociones y sentimientos, como la tristeza, la melancolía, la impotencia, la desesperanza, la angustia, la pérdida y el dolor.

Sufrimos porque no aceptamos, porque creemos que somos víctimas de las circunstancias de la vida. Pensamos que nuestro dolor no tiene razón de ser, que no existe un para qué. Muchas veces pensamos que sufriendo arreglaremos las cosas, que nuestro sufrimiento es una manera de cambiar a las personas. Muchas veces el sufrimiento va asociado a la culpabilidad: «Después de todo lo que yo he hecho por ti», solemos decir. Creemos que el sufrimiento es una manera de agradar a Dios, y nos inventamos infinidad de maneras de sufrir. Pensamos que de esta manera ablandaremos Su corazón y que sufriendo seremos perdonados. Aquí tenemos la culpabilidad escondida, siempre en busca del castigo, del dolor, para sentirnos curados y perdonados.

Detrás de todo sufrimiento está el apego a cómo nos gustaría que fueran las cosas y las situaciones. El apego nos impide soltar a las personas y las circunstancias. Creemos que ellas son las soluciones a nuestros problemas y a nuestros males, y entonces sufrimos cuando todo cambia, sin darnos cuenta de que eso es lo mejor para todos.

Muchas veces escondemos el sufrimiento con frases como: «Quiero que todo el mundo sea feliz, me ocupo de todos y de todo, así es como estoy bien». Detrás de esta frase tan aparentemente amorosa, se esconde un gran sufrimiento, una gran desvalorización. Hay personas que solamente viven para los demás y creen que su comportamiento es lo mejor para todos. No se dan cuenta de que los demás, los teóricos beneficiados, sufren porque quisieran hacer otras cosas y no las hacen por este exceso de entrega (manipulación), temiendo hacer daño a su gran benefactor o benefactora.

Consideremos el ejemplo de una persona que tiene un cáncer y lo sufre en silencio para que los otros no sufran; y estos otros saben que lo tiene, pero tampoco dicen nada para no hacerla sufrir. Aquí todo el mundo calla y sufre en silencio, y se pierden la oportunidad de expresar sus sentimientos y decirse todo aquello que han tenido guardado durante años. Pierden una oportunidad de liberarse y de soltar todas las emociones reprimidas, y quizás la oportunidad de curarse.

## Las relaciones especiales como medio para sufrir

El apego es el sentimiento que mantiene las relaciones especiales, y este se alimenta del miedo. El miedo se puede expresar de infinitas maneras, todas ellas sustentadas por la creencia en la carencia y en la escasez. Mantener al otro atado a nosotros es una necesidad inconsciente del miedo a la soledad, el peligro que representa biológicamente estar solo o sola. Empleamos las famosas técnicas de manipulación, atendemos al otro en espera de que se sienta acompañado. Somos más leales, más atentos, más sumisas, más condescendientes, todo ello con la esperanza de que el otro se sienta satisfecho y no busque a otra u otros.

Cuando todos estos intentos se proyectan para obtener el reconocimiento del otro, entonces sufrimos en silencio, esperando que se dé cuenta de nuestros esfuerzos y trabajos para mantener a la familia, para mantener la casa en orden, etcétera.

A la larga, este sufrimiento se convertirá en un resentimiento, y detrás de él habrá ira o cólera reprimida.

Hay personas con unos programas de desvalorización tan grandes que buscan constantemente el reconocimiento. Son personas que se niegan a sí mismas, que solo viven la vida de los demás, que se ocupan de todos, sufren por todos, consideran a los demás incapaces de valerse por sí mismos. Creen que este sufrimiento los hace más buenos y dicen frases como: «Oh, yo soy muy feliz cuidando a todo el mundo», «disfruto mucho cocinando cada fin de semana para toda la familia». Tienen dolores físicos y enfermedades, y si no fuera por la medicina, estarían inválidos o sencillamente muertos.

Muchas veces el inconsciente biológico se expresa en forma de dolores crónicos, de un cansancio constante. Si la persona ignora todos estos síntomas, no se da cuenta de que su inconsciente le está diciendo que pare, que se tome su tiempo de descanso, que se ocupe más de sí mima. A este proceso psicológico se le llama negación. Cuando seguimos negándonos a nosotros mismos lo evidente, entonces puede surgir la depresión.

La depresión es aislamiento, es la convicción de que nadie nos entiende y de que nada de lo que hay alrededor va a cambiar: no hay nada que hacer, es un derrumbamiento total, vivir supone un gran esfuerzo y uno está cansado de esforzarse tanto sin obtener gratitud y reconocimiento. La pérdida de un ser querido puede llevarnos a un estado depresivo, y esto es biológicamente normal. Es una manera de hacer el duelo, de sanar las heridas emocionales. Pienso que una persona emocionalmente equilibrada necesita unos tres meses para recuperarse de esta herida, su neurología así lo precisa. Ha de estar en silencio, en ella misma, permitirse sentir y desplazar toda emoción y todo sentimiento. Ha de encontrar nuevos motivos para seguir adelante en la vida y ha de darse cuenta de que hay más gente a su alrededor. Muchas veces, cuando una pareja pierde un hijo, los cónyuges se separan. Cuando uno está en la pérdida y no revierte la situación, la pérdida continúa, pudiendo llegar a perder la vida. Este estado es la depresión, que es la negación total de la vida.

¿Qué es lo que hace que en situaciones extremas unas personas sigan intentando vivir y otras no? Cuando leo historias o veo documentales sobre el holocausto, siempre me hago esta pregunta. Personas en un estado deplorable, hacinadas, maltratadas, sin salida posible... algunas se agarran a la vida y otras se entregan a la muerte. ¿Qué pasa por la mente de las personas que deciden vivir? ¿Qué fuerza anida en ellas?

Podemos hacer muchas especulaciones, de eso estoy seguro; pero, leyendo los libros de sus memorias, me doy cuenta de que las personas que eligen vivir son las que creen en algo superior, las que ven un sentido en lo que están pasando. En ellas hay aceptación, no resignación. Encuentran un sentido a su sufrimiento y a su dolor, pueden revertirlo en algo positivo mientras que los que eligen morir se rinden a lo inevitable, se desconectan de sí mismos, de su fuerza interior, no encuentran ningún sentido a la vida. Lo importante de este análisis no es decir lo que está bien o lo que está mal, sino darnos cuenta de la fuerza de nuestra mente.

Muchas veces vemos que las personas que sobreviven son las que se relacionan con los demás, las que procuran mantener una relación de fuerza, de compañerismo. Buscan el sentido de sus vidas en la relación con los otros, en ayudarse mutuamente; no esperan reconocimiento, no hay egoísmo. Hay entrega de uno hacia el otro: el triunfo del otro se convierte en propio. No hay individualidad, nace la unidad, la cooperación, el auténtico altruismo. Estas relaciones permiten sobrellevar el sufrimiento. Por otro lado, en el mismo contexto, vemos personas que para sobrevivir hacen todo lo posible por colaborar con el victimario, a fin de poder seguir viviendo ellos. No hay nada de malo en ello, cada uno trata de sobrevivir como puede. Sí que es verdad que el sufrimiento del otro me permite seguir viviendo.

Una manera de relativizar el sufrimiento es tomar plena conciencia de que todo es relativo, de la naturaleza transitoria de todas las relaciones. Mi experiencia personal me lo ha enseñado muchas veces. Es más, cuando empiezo algún tipo de relación nueva, ya comienzo a despedirme de ella; es una forma de desapego. Esto no me impide entregarme plenamente a ella, pero la dejo fluir y que sea lo que debe ser.

Para terminar, hemos de recordar que Buda ya nos dejó dicho que la base de todo sufrimiento es el deseo y el apego. En otras palabras, esperamos obtener y esperamos no perder, en vez de dar por el placer de dar y dejar que la vida, el universo, nos envíe aquello que realmente necesitamos para hacer nuestra obra en este mundo. Debemos desprendernos de nuestra pequeñez para poder encontrar nuestra grandeza; dejemos al pequeño yo y acojamos en nuestra mente a nuestro Yo.

## El deseo

El deseo tiene varias vías de expresión y cada una de ellas tiene un nivel de energía. Unos aspectos del deseo son de baja energía; hablando en términos generales, son la codicia, la lujuria, la envidia, los celos, el control, la insatisfacción.

Cuanto mayor es nuestro deseo en todos estos aspectos, más alejados nos vemos o nos sentimos de nuestros objetivos. Esto es así cuando lo contemplamos desde la mente cuántica. Cuanto más deseamos, más decimos que carecemos, y la Mente Universal nos responde con carencia, porque Ella no tiene la capacidad de juzgar ni de valorar. En Ella no existe la dualidad.

Las circunstancias de nuestra vida se derivan de una intención anterior. Hemos de ser conscientes de que todo lo que llega a nuestra vida lo hace porque, de alguna manera, así lo hemos elegido, muchas veces de forma inconsciente.

Detrás del deseo están el esfuerzo y el trabajo; es más, si las cosas nos llegan sin esfuerzo, pensamos que no las merecemos. Hay frases lapidarias que resumen esto: «lo que fácil viene, fácil se va», «si no sabes lo que cuesta, no sabes lo que vale», «las cosas que se consiguen sin esfuerzo no se valoran».

Cuando el deseo sale de nuestro corazón, de nuestro interior, lo deseado fluye sin obstáculos; solo las creencias de que hay que ser constantes, de que hay que luchar y esforzarse hacen que este deseo quede bloqueado.

Cuando liberamos nuestro deseo y lo entregamos al universo, este nos da oportunidades de realizarlo. Es un deseo desapegado, sin expectativas. Este deseo del que estoy hablando está lleno de energía de alta vibración. Sientes que entregas tu voluntad y tu vida a un proyecto. Lejos de tener que comprender cómo viene y de preguntar qué debo hacer, sé que se me darán los medios para lograrlo. Simplemente debo dejar el modo, la manera, el camino a esa Mente Superior que lo sostiene todo y que es plena abundancia.

Las cosas vienen sin esfuerzo, tú ya no te preocupas, simplemente te ocupas de todo aquello que la vida te trae. Muchas veces no entenderás lo que te envía. Es más, te parecerá inoportuno e inapropiado, pero nada más lejos de la verdad, pues has de tener plena conciencia de que todo lo que te ocurre te prepara para tener éxito en la vida.

Tengo sesenta años, una edad que se considera madura, propicia para la sabiduría. Me encuentro embarcado en proyectos enormes. He conocido a personajes singulares y he atravesado el Atlántico al menos cuarenta y seis veces en cinco años. Tengo montones de invitaciones para seguir viajando. Hasta ahora, he escrito siete libros y tengo dos o tres más en preparación. Me conocen centenares de miles de personas. Los vídeos que he subido a internet han sido reproducidos más de un millón de veces... No podría haber imaginado toda esta locura ni en mis mejores sueños.

Donde voy se me recibe con mucho cariño, la gente me abraza, llora, se siente feliz, y yo me pregunto: «¿De dónde sale todo esto?». La respuesta es: «Nunca pensé en conseguir esto, simplemente seguí los dictados de mi corazón y entregué todo lo que hacía para todo aquel que le interesara verlo y escucharlo». Sin más, sin expectativas, sin apegos, soltando lo que daba sin esperar nada a cambio. Ahora las editoriales más importantes se fijan en mí, se preguntan quién soy, cómo hago para que tanta gente me siga; y lo único que puedo decir es que no lo sé. Me entrego con todo mi corazón a lo que hago, enseño todo lo que sé, explico mis experiencias de sanación, el camino hacia la paz interior. Sé que este es un camino de deshacer, de desaprender, no es un camino de aprender. Sé que cada uno de nosotros pertenece a este Todo y que no hay que hacer nada especial, simplemente saber que esto es así, sentirlo, vivirlo, amarlo, hacerlo, experimentarlo.

Me he liberado del deseo y del apego a conseguir cualquier resultado. Sé que todo es efímero, que todo es transitorio, que todo tiene fijada su duración en este mundo. Sé que cuando termine algo, empezará otra cosa, y así sucesivamente. Al final de nuestra vida terrenal, la miraremos y podremos irnos satisfechos. Todo lo que se ha hecho ha sido expresado sin sacrificio y sin sufrimiento, sin expectativas, con amor y con agradecimiento de tener tantas oportunidades para expresarme y entregarme al servicio de un bien mayor. Este bien siempre ha estado y está presente, pero estábamos ciegos, porque nuestras creencias limitantes nos impedían verlo.

Deshacernos de la pequeñez y de la culpabilidad inconsciente es uno de los objetivos de este libro, porque bloquean nuestros deseos y boicotean nuestros sueños.

Hay una frase de poder que utilizo y procuro mantener siempre en mi conciencia. La ofrezco como regalo a todos los que quieran oírla:

*Yo siempre estoy siendo alimentado. No tengo que preocuparme de alimentar porque El que me alimenta a mí, alimenta a todos los que están conmigo. Gracias.*

El universo cubre todas nuestras necesidades básicas, lo sustenta todo; solo nuestras creencias limitantes —creencias judeocristianas— nos impiden **tener**. Cuando soy consciente de que tengo, entonces puedo cuidar y proveer a otras personas; estoy en el estado de conciencia de hacer. Cuando soy plenamente cociente de que tengo y hago, me pongo al servicio de los demás y paso al estado superior de conciencia de SER.

Llegados a este punto ya no importa lo que hacemos, sino lo que somos. El universo responde al instante a este estado de conciencia. Nos suministra todo aquello que necesitamos para hacer nuestra obra en el mundo. La gente se arremolina a tú alrededor no por lo que haces, sino por lo que expresas a través de tu forma de ser. Nos convertimos en estandartes de algo que nos supera, y muchas veces no somos ni un ápice conscientes de ello. Vivo esta experiencia de una forma total continuamente. No comprendo muy bien por qué, pero la gente quiere estar a mi lado, quiere que la abrace. Recibo multitud de cariño, de amor; y ellos se sienten libres, se sienten sanados. De esta manera te conviertes en una persona carismática sin ni siquiera proponértelo por un instante. Has de saber que estás Siendo. En este estado entras en el auténtico servicio a los demás porque el concepto de sacrificio ha desparecido. Estás expresando el auténtico significado del Amor, que es simplemente Ser.

## La ira

¿Cuándo experimentamos ira? La respuesta a esta pregunta es una: cuando los demás no hacen lo que esperamos que hagan. La ira pretende hacer que el otro se sienta culpable porque nuestro enfado está justificado. La ira siempre va acompañada de orgullo, pues no reconocemos que quizás no tengamos razón; nos posicionamos en contra del otro e intentamos por todos los medios desacreditarlo. A la ira le gusta vengarse y al orgullo le encanta tener razón y sentirse poseedor de la verdad. Las personas que se sienten muy desvalorizadas pasan de buscar reconocimiento a mostrase déspotas y orgullosas. Piensan que el respeto hacia uno mismo consiste en mostrarse desagradable; pasan de la sumisión a la tiranía. Si me quieren tal como dicen, entonces harán aquello que más me gusta, y me lo tienen que demostrar. Cuando esto no sucede, entonces se convierten en tiranos. Muestran su desprecio a los demás siendo desagradable, altaneros, dejan de comunicar esperando que los demás se les acerquen y les pregunten qué les pasa. Detrás de esta postura se encuentra una gran ira acumulada, un gran enfado interior; la persona se muestra irritable, amargada y, sobre todo, resentida. Todos estos estados emocionales están incluidos en la ira.

Si sabemos utilizar la ira, podemos positivarla. Puede ser la fuerza impulsora para hacer algo, para ponernos en marcha y hacer mejor nuestro trabajo. El otro día leí una frase en la pegatina de un coche que decía: *Tú envidia es la fuerza que me hace avanzar y ser mejor*. Esta frase me resonó y me dio paz, porque durante estos últimos cinco años he sido objeto de una gran cantidad de ira y celos. Y en lugar de devolver ira con ira, lo que hice fue ponerme a trabajar para ser mejor en todos los proyectos que realizaba y que los demás intentaban boicotear mediante la calumnia y el intento de desacreditarme, hasta el punto de intentar agredirme físicamente. Doy gracias al universo por haberme enseñado a gestionar toda esta energía y a ponerla en positivo. Simplemente acepté la situación, tomé toda esa energía que pretendía hacerme daño y la usé para mi crecimiento.

Como decía, la ira y el orgullo van de la mano. Implican la plena certeza de que tenemos razón y de que, además, no pensamos cambiar. Si se nos demuestra que no tenemos razón, nos encerramos en nuestro silencio interior y allí albergamos nuestro más profundo resentimiento contra nosotros mismos.

Dejemos de proyectar expectativas hacia los demás. De esta manera nos evitaremos enfados, pues, como ya vengo diciendo, la ira se expresa cuando los demás no hacen aquello que creemos que pueden o deben hacer. Si el otro siente tus expectativas sobre sus hombros, puede sentirse presionado y muchas veces chantajeado emocionalmente. Cuando ofreces libertad de acción, normalmente las personas dan lo mejor de sí mismas, y entonces puedes sentirte gratamente sorprendido porque quizás no habías imaginado ni por un momento lo que el otro hace o logra.

La trampa del chantaje emocional es pretender que el otro responda emocionalmente como nosotros necesitamos que lo haga. Lo que podemos hacer para evitar las situaciones de ira es reconocer lo que el otro hace bien, esto permite hablar de lo que se tiene que corregir.

Aprender a gestionar nuestra ira, tomando conciencia de que es la manifestación de un reconocimiento esperado, nos libera de males mayores, como la tristeza o la depresión, que pueden llevarnos a un estado de inmovilismo emocional que bloquee toda acción. La ira vendría a ser un estado en el que esperamos que otro nos dé su reconocimiento. En el trabajo, a muchas personas se las ve enfadadas y siempre en un estado de crítica constante; detrás de ello hay una falta de reconocimiento, una acumulación de ira y frustración. La ira se acumula contra uno mismo y acaba expresándose en nuestra corporalidad en forma de síntomas físicos y enfermedades.

Uno de los síntomas físicos asociados con la ira acumulada es la hipertensión arterial, una manifestación física de que queremos sacar a alguien de nuestras vidas porque creemos que esa persona o situación nos hace sufrir. Otro síntoma muy común es la migraña, que indica que la persona vive una situación repetitiva que la atormenta. Al no tomar ninguna decisión, solamente acumula ira y frustración. Aprender a soltar la ira, entendiendo que su finalidad es conseguir reconocimiento y manipular a los demás, nos libera de enfermedades físicas y nos da paz interior, que es la verdadera causa de la curación de nuestros males.

Detrás de la ira siempre está el deseo de tener razón. Nuestro enfado hacia otro es un intento de hacer que se sienta culpable y de esta manera conseguir que haga lo que nos proponemos. Si no lo hace, la ira se va acumulando y va intoxicando nuestro sistema nervioso, convirtiéndonos en personas irritables y desagradables. Podemos llegar a manifestar un enfado crónico, que se resume como un enfado con el mundo.

Podemos llegar a justificar la ira y a estar convencidos de que atacar a otro es justo y necesario, porque él está completamente equivocado y sin razón. La ira justificada es la causa de multitud de guerras y de desastres humanitarios. Muchas veces percibimos que si el otro no hace aquello que creemos que tiene que hacer, lo hace para atacarnos, y entonces nos atribuimos el derecho de corregirle por las buenas o por las malas.

He vivido varias situaciones tensas en mi vida: en unos casos, las personas no me devolvían el dinero prestado, en otros he visto cómo utilizaban mi imagen para gestionar eventos en los cuales yo era el conferenciante y se quedaban con todo el dinero de la venta de entradas sin darme ninguna explicación. He vivido proyecciones de ira de personas que creían que no habían sido bien atendidas por mí, o que simplemente no las había atendido. Todas ellas creían tener su razón para hacer y pensar las cosas tal como las hacían.

Frente a esto siempre hay dos opciones: una el enfado, la ira; dos el perdón y olvidar. La primera siempre te llevará a la enfermedad y la segunda te la evitará. Hay que tomar plena conciencia de que todo en el universo queda expresado y guardado. La conciencia de que todo está unido por la Mente Universal —la Matriz que une todas las cosas, las sostiene y las inspira— nos devolverá a cada cual las situaciones que correspondan a nuestras acciones, pensamientos y sentimientos. Por eso, hemos de tener plena conciencia de que cada situación vivida, por muy molesta que sea, es una oportunidad de experimentar el perdón, es una ocasión de liberarse.

Dejemos la ira y pasemos al coraje y a la aceptación, que nos harán más libres y nos enseñarán a afrontar las nuevas situaciones creadas libres de ataduras y de resentimientos. La ira siempre nos ata al otro; el perdón y la aceptación nos liberan, permitiendo la curación emocional y una fluidez de pensamiento que nos llevará al estado de creatividad.

## El orgullo

Muchas veces pensamos que sentirnos orgullosos es algo positivo. Es más, decimos cosas como: «Me siento muy orgulloso de ti» para halagar a alguien.

¿Qué hay detrás del orgullo? Casi siempre hay un sentimiento de desvalorización. Cuando digo que me siento orgulloso de ti, podría muy bien decir: «Gracias a ti ahora me siento más valorado, tú me das valor, tú me das reconocimiento». Muchos padres proyectan sobre sus hijos objetivos que ellos no pudieron o no supieron alcanzar. Cuando sus hijos los consiguen, ellos se sienten orgullosos. Tomamos sus logros como nuestros y nos sentimos revitalizados, nos sentimos orgullosos.

El orgullo tiene muchas caras, todas ellas revestidas de razón, de una razón inalterable, intolerante. Veamos el caso del «orgullo nacional», que nos hace pensar que nuestra forma de vivir y de actuar es la correcta; son los demás los que están equivocados, y muchas veces merecen la cárcel o la muerte. Otro caso sería el «orgullo religioso», que es la creencia de que somos el pueblo escogido. Si no practicas cual o tal religión, no podrás entrar en el cielo ni ser perdonado. Están los ateos, que merecen toda condenación; los infieles, que merecen la muerte; los que piensan de forma diferente a los dictados de nuestros Evangelios; los librepensadores; los que se demuestra que no tienen razón... a todos estos hay que perseguirlos, desacreditaros, excomulgarlos y, en su momento, torturarlos y quemarlos.

El que está orgulloso de algo o de alguien se mantiene en una postura defensiva, se siente vulnerable y siempre está pensando que hay que evitar que alguien desacredite sus ideas, pues de ello depende su propia existencia. Cuando alguien le arrebata sus ideas y sus credos, el enfado está presto para mostrarse y atacar.

La persona libre de orgullo está libre de las críticas de los demás porque entiende que hay muchas maneras de ver las cosas. Es una persona que no ataca porque no ve la necesidad de defenderse; simplemente tiene la esperanza de que el intercambio de opiniones le sirva a alguien, nada más.

La persona que se respeta y se valora no presta atención a los dictados de los demás. Muchas veces se la considera orgullosa porque no responde al ataque y a las calumnias de otras personas. Esta persona, a la que se le etiqueta como orgullosa, simplemente muestra cariño y amor hacia los demás, lo que es una muestra de su respeto hacia sí misma y a sus ideas. Esto no indica que no las cambie, sino que muestra el estado emocional en el que se encuentra, y si sigues un poco sus vicisitudes y su camino en el tiempo, verás que ha ido cambiando, evolucionando; sus ideas y sus creencias no son las mismas que hace unos años. Las personas orgullosas apenas cambian, se mantienen en posturas rígidas, inflexibles, y se expresan diciendo cosas como: «Esto siempre ha sido así y así debe de seguir», «la verdad es inalterable», pero está claro que se trata de «su verdad».

Resumiendo: en los diferentes niveles y expresiones del orgullo siempre se esconde una insuficiencia, una carencia, una desvalorización. El orgullo de sentirse mejor como país, como nación, como cultura, como religión o como equipo nos hace vivir en el miedo; este nos lleva a estar a la defensiva y esto mismo nos hace débiles.

Otro orgullo muy importante es el «orgullo científico», que no nos permite ver que lo que ahora es científico antes no lo era. La Ciencia está cambiando constantemente y lo que antes era científico, ahora no lo es. La Ciencia, como todo, está sujeta a la percepción. Percibir el mundo desde el paradigma newtoniano conlleva unos valores, percibirlo desde la mecánica cuántica nos ofrece otros. Es muy triste pensar que para que un paradigma desaparezca deban morir las personas que lo alimentaban, pero la historia nos ha demostrado que es así muchas veces. ¡Cuántos científicos han sido humillados y desacreditados en nombre de la Ciencia y cuántas veces sus ideas han sido reconocidas decenas o centenas de años después! ¡A ver si aprendemos de una vez y dejemos de ser tan orgullosos! Una frase muy orgullosa que suelen repetir los médicos es: «Esto es incurable». ¿No sería mejor decir: «Esto no sabemos curarlo»?

Todos han visto en diversas ocasiones que algunas personas se curan en contra de todo pronóstico. A algunos, esto les hace pensar que hay algo más, otros simplemente dicen cosas como: «Esto es un milagro», y siguen con su paradigma. Cuestionarse a uno mismo es un estado mental de humildad y de amor hacia los demás.

Esto es así porque una mente orgullosa no acepta otra verdad que la suya, pues, si aceptara lo que ve, eso implicaría que está equivocada. Una mente orgullosa no ve lo que es obvio, se defiende en su aspecto reduccionista y lucha contra todo lo que piensa que le puede desacreditar. Esto ocurre en todos los ámbitos de la vida y hace que muchas veces el progreso sea inviable y que el bien para la humanidad se retrase. Una mente que suelta el orgullo es una mente libre de pensar y de permitir que sus ideas y sus creencias cambien. No deja de practicar sus enseñanzas, pero las flexibiliza y permite que crezcan y evolucionen.

¿Cuantos años nos han mantenido en la oscuridad creencias tales como que diseccionar cadáveres para su estudio era pecado mortal, o estaba prohibido bajo pena de muerte? ¿Cuántos años nos puede mantener en la oscuridad el negar que las emociones tienen un efecto probado en nuestra salud y que detrás de ellas siempre hay conflictos emocionales que disparan soluciones biológicas llamadas enfermedades? Se están produciendo cambios en este sentido, es cierto, y un servidor los vive, los experimenta y está agradecido. ¿Cuánto tiempo se tardará en oficializar y enseñar estos principios en todos los ámbitos de aplicación? Dejemos que el universo nos responda, seamos humildes y amemos lo que hacemos. No hay que hacer más. Seamos comprensivos y dejemos que estas ideas fluyan y encuentren su lugar en las mentes libres que se cuestionan constantemente a sí mismas, en las mentes libres de orgullo y de prejuicios, en las mentes sin miedo a lo que no saben; pero que sienten que hay verdades superiores a las mecanicistas y deterministas. Hay un orden superior por encima de todas las cosas, porque la verdad siempre es sencilla y evidente a los ojos de todo aquel que quiera ver.

Cuando abandonamos nuestras defensas entramos en una cualidad llamada «humildad», pero la persona humilde lo único que experimenta es paz, una paz que está libre de todo razonar y que le hace mantenerse ecuánime frente a todas las cosas que acontecen a su alrededor.

Como diría David R. Hawkins: «La humildad no es una emoción, por lo tanto no puede ser experimentada por la persona que dice poseerla». La persona humilde no puede ser humillada, es inmune a la humillación.

Cuando uno ama lo que hace, no se siente orgulloso, simplemente está agradecido. Comparte sus logros, abre sus puertas a todo aquel que quiere compartir su abundancia; no es generoso, simplemente sabe que todo lo que posee es una manifestación del universo y que esto le hace responsable de gestionarlo para el bien de muchos. Cuando observa sus logros, lo que parece haber alcanzado, simplemente se sorprende y se muestra agradecido. Además no se apega a lo conseguido. Sabe que sus logros se manifiestan en su vida por alguna razón que muchas veces se le escapa. Como no hay apego, no hay dolor ni miedo. Simplemente fluye en la inercia que la vida le pone delante, con plena gratitud y compartiendo con todo aquel que se le acerca. Siempre digo: «*Ama lo que haces y ello siempre te amará a ti cien o mil veces más*».

## El miedo

En última instancia, el miedo es una emoción que esconde el querer controlarlo todo. Es una emoción basada en la creencia de que nos pueden ocurrir cosas al margen de nuestra voluntad. El miedo es una emoción fragmentante, es la máxima expresión de la individualidad y de la desconexión de todo y de todos.

El miedo, aparte del biológico —como al ruido y a caerse—, es una emoción en la que la creencia en la soledad es posible. El miedo puede paralizarte, y muchas veces lo hace. Puede haber temor a cualquier cosa que vayas a hacer, a realizar proyectos, a viajar, a tomar decisiones, a las críticas, al que dirán o dejaran de decir. El miedo nos tiene atados al exterior y sintiéndonos desconectados de él. Es pura incongruencia decir que me siento atado al exterior y creer que el exterior no tiene nada que ver conmigo. Las preocupaciones, como los intentos de controlar, pueden llegar a crucificarnos. Vemos que hay personas cuya vida es una constante preocupación que puede llegar a expresarse en sus sistemas osteoarticulares como fatiga crónica, dolores tensionales o parálisis por mostrarse extremadamente inflexibles, intolerantes y perfeccionistas, todas ellas «cualidades» inherentes al temor.

Para liberarnos del miedo debemos aprender a fluir, a sentir que hay algo que nos une a todos, una inteligencia que responde al mínimo atisbo de emoción y que lo hace presentándonos situaciones. Por lo tanto, si alimento el miedo en mi vida, estoy pidiendo que se me envíen situaciones de miedo que me darán razones para tener aún más temor. Es como el pez que se muerde la cola.

Como vengo diciendo, el miedo crónico afecta a nuestra salud, por eso es tan importante desarrollar una mente llena de inocencia que hará que el Campo, la Matriz, reaccione a ella con situaciones de máxima inocencia. Una mente inocente nos hace invulnerables porque es una mente que está libre de temor. Una mente que fluye, que se deja llevar, es una mente despierta que se mantiene alerta a los pensamientos que alborean en ella. Cuando vienen pensamientos de miedo, los observa, mira que hay detrás del temor, los comprende y los entrega al universo. Es una mente que no refuerza los pensamientos temerosos porque comprende que, si intenta eliminarlos, lo único que conseguirá es tener miedo. Frente a las situaciones de temor, el mayor antídoto es amar. Para llegar a este amor, hay que llevar la mente a un estado de aceptación y desapego de los resultados y las circunstancias.

## La aceptación y el desapego

La aceptación es un estado mental de saber que todo está bien y que todo tiene su razón de ser. Cuando uno acepta, antes ha aprendido a no juzgar, ha aprendido que las circunstancias que rodean su vida son la expresión de programas inconscientes y que ahora tiene una maravillosa oportunidad de trascenderlos y subliminarlos. No lucha contra los eventos, las personas y las circunstanciasporque sabe que son el espejo ideal para poder aprender y tomar conciencia.

La aceptación es la plena comprensión de que en el universo todo tiende a la perfección y a un equilibrio armonioso. La aceptación nos lleva a un estado de paz, a un nivel de energía que nos prepara para entrar plenamente en el amor.

Cuando hablamos del desapego, hablamos de una característica de la aceptación, porque, cuando aceptas, ya te has liberado del apego a cómo te gustaría que fueran las cosas; es un estado de plena libertad mental.

La aceptación y el desapego son estados mentales de incondicionalidad frente a los acontecimientos diarios. Proyectas tus sueños, tus anhelos y seguidamente los sueltas en el Campo y dejas que se muestren de la mejor manera para todos. Lo importante aquí es que debes estar en un estado mental de plena coherencia.

Tener la mente en un estado de desapego es la mejor manera de saber que alcanzarás el éxito porque, cuando te desprendes del deseo de obtenerlo y dejas que todo fluya y crezca, lo más seguro es que tus sueños no solo se realicen, sino que superen cualquier expectativa por más optimista que sea.

El estado de aceptación es tener plena conciencia de que no hay que hacer nada, simplemente se ha de estar atento a la mínima señal que el universo te mostrará en forma de sincronicidades.

Para ello es necesario que tu deseo sea ardiente, que tu aceptación sea plenamente incondicional y que tu desapego sea total. Entonces tu mente esta aquietada, receptiva, observa lo que acontece a su alrededor y, de repente: ¡eureka!, surge la idea luminosa que te indica cuál es tu siguiente paso.

La aceptación conlleva una actitud de servicio porque estás libre de emociones negativas o de baja vibración. Sirves porque sabes que dando es como se recibe pero, además, estas libre del apego a recibir, porque eso es lo menos importante. En el universo todo es movimiento, todo es vibración, por eso son tan importantes nuestros pensamientos con relación a todo lo que observamos. Un elevado estado de aceptación nos llevará a aceptar a los demás y a verlos de una manera mejor de la que ellos son capaces de verse. Es un estado de auténtica caridad: cuando se produce un ataque, se trata de ver el miedo que subyace en esa persona, de ver su inocencia. Esto calmará su inconsciente y repercutirá en nosotros en forma de un estado de mayor salud física y psíquica.

El estado de aceptación nos permitirá tener relaciones más estables y duraderas. No habrá apego, todos nos sentiremos libres de dejarlo cuando lo creamos conveniente y lo haremos libres de culpabilidad.

La aceptación y el desapego nos hacen sentirnos libres de preocupaciones con relación a nuestro futuro, y además nos permite liberarnos de las ataduras y los recuerdos dolorosos del pasado. La aceptación y el desapego nos permiten vivir en el aquí y ahora.

Tal como indica *Un curso de milagros*, sabemos que debemos entregar todas nuestras necesidades al Espíritu Santo, pues él sabrá colmarlas y lo hará de tal manera que nos libere del apego a todo lo que nos sea concedido. La metafísica de este libro nos lleva a tomar plena conciencia de que no estamos solos, de que se nos escucha, de que se nos atiende, pero es importante un estado mental de no juicio, de plena aceptación, y una visión libre de culpa para que todo lo que recibamos sea algo equilibrado, coherente y con una dirección precisa.

En nuestro trabajo clínico diario en BNE, nuestra mayor meta consiste en llevar a nuestro cliente a un estado de desapego y aceptación gracias a la comprensión de los programas inconscientes que gobiernan su vida.

El estado de aceptación y desapego nos lleva a tener una mente equilibrada, libre de las ataduras del pasado, libre de las preocupaciones del presente, a una plena conciencia de que, de alguna manera, todo resuena en el universo y este eco se manifiesta en nuestras vidas de una forma que muchas veces llamamos destino. Ahora ya somos conscientes de que este famoso destino tiene unas premisas que nosotros podemos cambiar al hacernos cada vez más conscientes.

Voy a terminar este capítulo con una especie de capítulo dentro del capítulo relacionado íntimamente con las emociones. Me refiero al *odio*.

## El odio, de emoción a enfermedad

Estoy en Argentina, concretamente en Buenos Aires, y se me comunica que en el mismo hotel se hospeda un palestino que en su día fue nominado para el Premio Nobel de la Paz, se trata de *Izzeldin Abuelaish*. Este palestino lleva tiempo haciendo una especie de cruzada contra el odio y sus consecuencias. Su libro *No voy a odiar,* de Tetraedro Ediciones (Kier), ha sido publicado en multitud de idiomas y a él se le ha considerado unos de los quinientos musulmanes más influyentes durante dos años consecutivos, 2009 y 2010.

Izzeldin es médico de profesión, concretamente ginecólogo y obstetra. Trabajó en un hospital israelí y atendió tanto a judíos como a palestinos. Actualmente es profesor en la Dalla Lana School of Public Health, en la Universidad de Toronto.

Quedamos en encontrarnos en la entrada del hotel para hablar de su proyecto y conocernos. De esta manera él me podrá explicar su camino en la vida en primera persona y yo el mío. Buscando coincidencias, le cuestiono levemente el título del libro, diciéndole que quizás sería más adecuado no incluir una negación; le di razonamientos sobre el inconsciente y él me explicó los suyos. Comprendí que la palabra *odio* debía de estar presente en el título porque en su historia —debería decir en su terrible historia— hay suficientes motivos y argumentos para odiar hasta la muerte.

Una de las cosas que primero me dijo es que quería demostrar al mundo que el odio, más que una emoción, es una enfermedad. Cuando oí sus palabras, algo sucedió en mi mente y se aquietó. Acababa de tener una revelación. Me callé y estuve escuchando atentamente sus explicaciones y razonamientos.

Por eso dedico este capítulo a esta magnífica persona, llena de amor, de propósito, que es la demostración palpable de que se pueden trascender emociones profundas y muy tóxicas si somos capaces de aceptar nuestros acontecimientos desde una perspectiva más holística, más integral, con una mente cuántica.

Antes de entrar plenamente en el tema que quiero abordar, me gustaría explicar brevemente el funcionamiento de los pensamientos, las emociones y los sentimientos.

Estamos en otro paradigma, la Ciencia puede explicar y hasta comprender plenamente los estados alterados de conciencia que experimentaban los místicos. Ellos nos hablan de que todo está unido, de que nuestra mente está conecta con este Todo universal. Cada pensamiento produce una acción en este campo de conciencia, y esta acción es una vibración que resuena con otras vibraciones afines y juntas crean realidades subyacentes en lo que llamamos el mundo físico. Todas las emociones y acontecimientos están interconectados, todo aquel que está involucrado en un acontecimiento está realizando el papel que le corresponde. Todo es un estado de Ser que se manifiesta por doquier y de una forma particular en función del receptor. Este receptor es nuestro cerebro, y la Ciencia está demostrando que funciona mediante sofisticados constructos matemáticos basados en patrones de interferencia. Dicho de otro modo, nosotros recibimos una ingente cantidad de información en forma de ondas de interferencia y colapsamos ciertos patrones de información en función de nuestro estado mental, de esta manera creamos nuestra realidad. Cuando lo hacemos de forma inconsciente, venimos a ser como robots. Pero cuando empezamos a ampliar nuestra conciencia, fenómeno al que se le llama *despertar*, esta ampliación nos permite hacernos dueños de nuestro destino.

*El premio nobel sir Jon Eccles declaró que, después de toda una vida de estudio, era evidente que el cerebro no es el origen de la mente, como han creído la ciencia y la medicina, sino al revés. La mente controla el cerebro, que actúa como una estación receptora (como una radio) en la que los pensamientos son similares a las ondas y el cerebro es similar a un receptor.*[25]

[...]

*El cerebro es como un aparato receptor, un panel de control que recibe formas pensamiento, las traduce a un funcionamiento neuronal y las almacena en la memoria. Por ejemplo, hasta hace poco se creía que los movimientos voluntarios de los músculos se originaban en la corteza motora del cerebro. Pero ahora, como dice Eccles, la intención de moverse se registra en el área motora suplementaria del cerebro, al lado de la corteza motora. Por tanto, el cerebro es activado por una intención mental y no al contrario.*[26]

## La locura de la mente que se cree separada

La emoción es humana, es biológica. El pensamiento es racional, está en la mente, es una explicación. El sentimiento une el pensamiento y la emoción, y ambos se encuentran en el corazón. Por eso, cuando sentimos, conectamos la razón y la biología, que se expresan en un sentimiento. Ahora bien, cuando mi sentimiento me hace vibrar con el tipo de sensaciones que llamamos positivas, es porque estoy en coherencia. Mis pensamientos y mis emociones se expresan en un sentimiento que, al estar en coherencia, me permite actuar con la certeza de que el Campo escucha mi coherencia y actúa sobre mi ADN —que vendría a ser como una caja de resonancia— con un eco perfecto y lleno de armonía. Así recupero la salud, la armonía en mis relaciones y el éxito que siempre estuvo allí esperándo a que yo sintiera en mi corazón la SABIDURÍA del Creador. A esto se le llama alinearse con la VOLUNTAD, esta voluntad que me pertenece y nos pertenece a Todos por igual. Nos desconectamos de ella cuando nos dejamos guiar por nuestras creencias como si fueran la verdad. La única verdad, la absoluta, es que cada uno de nosotros forma parte de este Todo indiviso, y que tiene la capacidad de vivir aislado (enfermedad) o unido (salud).

Cuando escuchas tu corazón, estás escuchando tu mente y tu biología en un baile de sentimientos, entonces eliges entre amar u odiar. Ambas emociones necesitan expresarse en acciones, por eso el que ama actúa y el que odia también. El amor une, el odio destruye. El amor cura, el odio enloquece. Entre ambas emociones hay una infinidad de sentimientos que se expresan constantemente en nuestra mente y en nuestra biología.

El odio intoxica todo nuestro cuerpo. Busca la destrucción del otro, pero, como eso no es posible, entonces El Campo actúa: ejerce una fuerza hacia el foco emisor de odio y lo destruye, llevándole a un estado de inercia emocional. Ahí queda a la espera de que actúe el corazón de la persona odiada y pueda liberarlo de la inercia a que está sometido. A esto se le llama el perdón, el mayor sentimiento que cualquier ser vivo puede expresar.

El Campo, que es infinitamente sensible a las emociones y a los sentimientos, se expresa en nuestras vidas, porque no debemos olvidar que el universo es participativo. Cuando observas, actúas, y dicha observación altera la Matriz (Campo) de acuerdo con tu forma de observar, que obviamente está guida por tus sentimientos. Cuando tus sentimientos son de vibración elevada, crean una realidad que se puede manifestar en cualquier estado de conciencia, por muy dispar que sea. Por eso dos personas distintas pueden vivir dos realidades absolutamente diferentes estando al mismo tiempo en el mismo lugar. Lo que ocurre es que cada una de ellas está alineada con un sentimiento que la hace estar conectada con una línea espaciotemporal, y por lo tanto con cierto tipo de información, con cierto tipo de relación causa/efecto. Todos los universos posibles, todas las posibilidades, se hallan en un punto de inflexión, y este punto está a disposición del ser pensante, del observador.

El ser que ama y el ser que odia forman parte de la misma acción, pero ambos se expresan en polaridades complementarias. El amor es la máxima vibración en el universo, el odio es la mínima vibración del universo, ambos coexisten en un baile, porque tú decidiste vivir en la dualidad. El odio es amor en su expresión mínima, porque no es posible que haya una oposición al amor. Pero sí que es posible que el ser humano se sienta separado de su Creador, se sienta culpable, y esto genera una transformación del amor ocultándolo en lo que se llama odio.

Como ya sabes, siempre se ha dicho que el odio y el amor van unidos. Esto es así porque, de otro modo, el que queda atrapado en el odio nunca podría salir de él. El odio lleva la esencia del amor, por eso, el que vive en el odio es un ser que está a la espera del perdón. Ese lugar se llama infierno, pero no es un lugar físico, sino un estado emocional expresado por el odio. Estar en odio es vivir en un espacio/tiempo muy denso; el tiempo se percibe como muy lento, todo sucede muy despacio, por eso se lo confunde con una especie de eternidad.

El odio alimenta al que odia, de la misma forma que el amor se alimenta a sí mismo. El que se sumerge en el mar del odio está condenado. Esto es ciertamente así porque como el odio es la mínima expresión de amor, esta partícula empieza a crecer, y el odiador queda condenado a vivir la locura del Amor.

Por eso tú, como observador, debes ver el odio de esta manera. No se trata de comprenderlo, porque si intentas comprenderlo lo haces más real; se trata de que veas únicamente la chispa de amor que siempre le queda al ser que odia.

Bien, el observador ve la locura de las acciones que hacen los humanos atrapados en este mar de odio, ve las atrocidades, los holocaustos, los crímenes, las violaciones... El observador debe alinearse con su corazón, escucharlo, sentir a través de él. Es una observación sin juicio alguno, es una acción que no busca comprender esta locura, sino deshacer lo que ve, porque solo presta atención a lo que no está a la vista, el Campo que todo lo une. Allí es donde el observador presta su atención y se deja guiar por el Espíritu que lo alimenta todo. El Espíritu solo ve la verdad de lo que sucede, y sabe que todos los acontecimientos del mundo dual son oportunidades de liberase del odio. A través de sus experiencias llevará a todos a la compresión de que odiar se hace tan insoportable que es preferible dejar libre al ser odiado para empezar a sentir paz en el corazón.

El Campo, en su infinita sensibilidad y en su total incapacidad de juzgar, responde automáticamente a toda acción a través de una emoción. Reprimirla no sirve de nada, tarde o temprano acaba expresándose en la biología. El observador es, por definición, un ser pensante/emocional y un manifestador de sentimientos.

Todo es ahora y para siempre, cada instante es un despliegue de situaciones activadas por los sentimientos. Por eso es tan importante estar en coherencia emocional para que, de esta forma, todas las acciones estén impregnadas de amor.

Vivimos en una ilusión llamada espacio/tiempo, una ilusión que nos hace creer que todo lo que nos sucede no tiene nada que ver con nosotros. Nos hace creer que hay unos acontecimientos allí afuera que hemos de intentar controlar. No hay nada que controlar, salvo prestar atención a los sentimientos que envuelven cada situación que vivimos. Esto es de una relevancia capital, pues en este instante eres el creador de tu realidad, a la que solemos llamar, en nuestra incomprensión, destino.

Siempre somos dueños de nuestro destino, y estamos atrapados en él cuando no somos conscientes. Cuando empezamos a despertar, debido a que nuestro nivel de conciencia es más elevado, ya no planificamos. Dejamos que los acontecimientos se nos acerquen y vemos que ellos forman parte de nosotros, tal como nosotros formamos parte de ellos.

Un ser despierto vive su creación cuando está en el amor, un ser dormido vive su infierno cuando está en el odio. El odio tiene una infinidad de expresiones, y todas ellas te harán vivir cierto nivel de sufrimiento.

Un ejemplo de lo que vengo diciendo sería el caso de un matrimonio al que se le muere un hijo por enfermedad. La mujer entra en un período de pena y duelo, del cual no sale, que le provoca una reacción de odio contra todo y contra todos. Su odio era tan intenso que su conducta se volvió violenta y peligrosa hasta para su familia.

Hagamos una reflexión: ¿qué hace que una persona se suicide portando bombas encima y con ello provoque muertes y destrucción? Solamente el odio acumulado, y detrás del odio puede haber dolor, sufrimiento, pena, angustia, desesperación, miedo, impotencia. En definitiva, son personas que no encuentran esperanza ni salida alguna a la situación que están viviendo. Ven que su muerte es inminente. Es más, muchas veces están muertas en vida y viven un sinsentido; solo quieren devolver el dolor que sienten a los demás para que ellos también lo experimenten. Es una espiral de dolor y más dolor, no hay salida posible porque el dolor se alimenta del mismo dolor, al igual que el miedo se alimenta de miedo.

Lo único que se consigue justificando un acto violento con otro es generar más y más violencia. Esta violencia va transformando a la persona o personas que la ejercen hasta convertirse en una sinrazón tan descomunal que uno queda atrapado en la locura del odio. Llega un momento en el que lo único que uno desea es ser violento, matar por el simple hecho de matar. Se busca satisfacción y desahogo en la brutalidad, se cree que haciendo esto uno se libera del dolor sufrido, sin darse cuenta de que se queda atrapado en una sed de venganza que nunca podrá ser satisfecha. Todo queda impregnado de este odio, los hijos de los hijos heredan esta información. Son hijos nacidos del odio, del resentimiento profundo contra algo o contra alguien. Al final, todos son víctimas de todos, nadie escapa del odio.

## Palestina, cuna de la sinrazón

Cuando los otomanos perdieron la guerra contra los ingleses, perdieron los territorios de Siria y Palestina. Aquí podríamos decir que empezó todo, porque en este territorio conviven varias culturas y religiones, siendo la más numerosa la musulmana.

Lo más importante, la clave, es que en este territorio hay una ciudad a la que llaman santa, Jerusalén, que ha sido, es y posiblemente seguirá siendo la ciudad que más ha sufrido por las guerras y los intereses religiosos. Esta ciudad ha sido venerada por las tres religiones monoteístas más importantes —árabe, judía y cristiana—, que curiosamente nunca han conseguido que esté completamente en paz. Cuando estás en ella, se respira, se palpa que en cualquier momento puede pasar algo y, cuando digo algo, me refiero a que puede haber sangre. Es la ciudad de la gran ignorancia, cada uno va a lo suyo, recelando del otro. Pasear por esta ciudad, por sus barrios, es como estar en distintas ciudades, pues ninguno tiene que ver con el otro. Las personas que viven allí profesan las tres religiones distintas y se ignoran. Es curioso que todas hablen de paz y que estén siempre en conflicto. Un observador imparcial ve más similitudes que diferencias, y las diferencias son más bien formales, pero no de fondo, pues todas creen en un solo dios. Tienen sus días sagrados que, curiosamente, para una es el viernes, para otra el sábado y para la tercera el domingo. ¿Será casualidad? Seguro que no. Todas tienen sus cielos y sus infiernos particulares, todas tienen sus periodos sagrados, de meditación, de retiro, de ayuno, de abstinencia. Todas tienen sus libros sagrados y sus templos de oración y de reunión. Todas temen a Dios. Para todas ellas el sacrificio es una virtud que se enaltece hasta tal punto que, si eres mártir, tienes el cielo asegurado.

No es de extrañar que todo ello sea un buen caldo de cultivo para hacer guerras santas, para justificar el arrebatar las tierras del otro, para asesinar de manera legal o ilegal. Todos tienen razón y todos, a su vez, la pierden. Es una tierra donde el odio campa a sus anchas y el miedo transita por calles y páramos; allí puede ocurrir de todo menos estar en paz.

Muchas veces pienso que el mundo no cambiará hasta que este lugar sea santo de verdad de una vez por todas, cuando las distintas religiones dejen de pensar que cada una de ellas es la verdadera y que las otras son inferiores, cuando los fieles dejen de pensar que ellos son el pueblo elegido. Los cristianos se muestran recelosos de los judíos porque mataron al Hijo de Dios, los musulmanes recelan de los judíos y estos de todo el mundo, pues cualquiera que hable un poco mal de ellos es acusado de antisemita. Todo es desconfianza, todo son rituales y peregrinaciones, todo son rezos y más rezos a un dios que para cada religión es diferente. ¡¡Pobre dios!! Menos mal que Él no presta atención a tamaña locura y a tamaña sinrazón, donde el ego campa a sus anchas y donde la auténtica religión es la comparación y el sentirse separado del otro.

Leo dos libros, uno del médico palestino Izzeldin Abuelaish nominado al Premio Nobel de la Paz y otro de una alumna mía, Clara Beatriz Korytnicki, que habla sobre el holocausto judío que vivieron sus padres. Curiosamente —sincronicidad—, me regalaron estos dos libros en Argentina con un par de días de diferencia.

Estoy estudiando la esencia del odio, busco en la historia y en los lugares donde vive a sus anchas. Por supuesto que el análisis que hago procura ser totalmente imparcial, no me decanto por nada ni por nadie, porque para mí todo es uno y nada está separado. Todo tiene su causa y su efecto, y sé que la causa de todo lo que me ocurre no está en mi aparente exterior, sino en mí. La física cuántica así nos lo enseña, y las milenarias enseñanzas espirituales también.

Me uno mentalmente y en el corazón con todo aquel que profesa la paz en el mundo, independientemente de las creencias particulares de cada cual. Lo que importa es el bien común; no voy contra la guerra, ni contra el odio, sino a favor de la paz.

El odio siempre esconde una acción, que es matar a quien se odia. Solamente el superego puede reprimir esta acción, haciendo con ello que la emoción se vaya acumulando en el inconsciente de una manera precisa y concreta hacia lo odiado. A esta presión acumulada le llega el momento de expresarse, de salir al exterior; pero para poder hacerlo tiene que haber una especie de colapso mental que se expresará en una enfermedad mental llamada locura.

Para poder hacer determinadas atrocidades en nombre de dios, en nombre de las leyes, en nombre de cualquier cosa, tiene que haber un registro en el cerebro que colapse ciertas áreas, llamadas relés por el doctor Hamer. A estos colapsos de diferentes áreas se les llama constelaciones, y vendrían a ser como una especie de desorden hormonal que busca su equilibrio en el cerebro y en la mente. Estas personas que se convierten en mártires de la sinrazón pierden el miedo a la muerte y entran en un estado paranoico o psicótico. Su percepción está totalmente alterada, ven peligro en todas partes y en todos, y su dolor —que está fuera de los límites del entendimiento humano— les lleva a realizar acciones que son una auténtica locura.

Leo los dos libros que están llenos de atrocidades, de incomprensión, de miedo, de proyecciones mentales de sombras colectivas. Se ve el mal en los otros, se proyectan en ellos los fracasos propios y destruirlos se convierte en un objetivo para que así el colectivo al que uno pertenece se sienta libre. Todo vale, todo está bien, no importa lo deshumanizadas que sean las acciones si con ellas podemos sentirnos seguros.

En Israel conviven dos culturas, dos etnias que nunca tuvieron países propios. Los judíos tienen una historia larga de ser perseguidos, el antisemitismo ha perdurado y perdura en la historia. Parece ser un pueblo que todavía busca su destino, un pueblo que ha vivido un holocausto terrible, una persecución programada por unas mentes precisas y meticulosas. Si todo tiene su razón de ser, si todo tiene una explicación que se guarda y se expresa en el Campo cuántico, sería bueno preguntarse para qué me sucede esto. Por otro lado está el pueblo palestino, pueblo nómada, habitantes de lo que en la Biblia se conoce como la tierra de Canaán, la tierra prometida, la tierra de Israel, Tierra Santa. Este pueblo árabe es la población autóctona de los territorios palestinos. Bajo el mandato británico de Palestina (1920-1948), el término palestino se refería a todos los habitantes que residían en aquel territorio, sin distinciones étnicas ni religiosas.

Después de la creación del estado de Israel y los éxodos de 1948 y 1964, se proclamó la creación de la Organización para la Liberación de Palestina, que es la que representa al pueblo palestino en la ONU. Su objetivo era la destrucción del Estado de Israel mediante la lucha armada.

La historia nos cuenta que unos (los palestinos) estaban sin estar oficialmente y a otros que no estaban los colocaron, creando así una tensión creciente con los éxodos de judíos a la tierra de Israel, en la que siempre habían vivido los palestinos bajo mandato británico después de la Primera Guerra Mundial.

En este caldo de cultivo de sinrazón y represalias continuas se alimentan continuamente grandes dosis de odio. El odio se va acumulando en el inconsciente colectivo de cada grupo, empiezan las proyecciones de unos sobre otros y se ven en los otros los propios males. Así es como muchas veces se repiten hechos históricos que son incomprensibles en pleno siglo XXI.

Esta emoción, el odio, acumulada durante años y décadas de dolor, de sufrimiento, de sentirse sin salida, sin opciones colapsa en la mente y la emoción de odio se convierte en una enfermedad mental llamada locura.

Por eso, cuando leo libros de personas que han sufrido toda clase de vicisitudes imaginables e inimaginables y que buscan la reconciliación y la paz, creo que deben recibir todo nuestro apoyo y reconocimiento. A todos ellos gracias por enseñarnos a amar en vez de odiar.

# REFERENCIAS DEL CAPÍTULO VI

1. ROCA, Elia, terapia racional emotiva conductual en <www.cop.es/colegiados/PV/00520/>.
2. <elmonodeharlow.blogspot.com/2014/05/creencias-irracionales.html>.
3. Ibíd.
4. DAMASIO, Antonio R., *El error de Descartes,* Destino, Barcelona, 2013.
5. JAMES, William (1890), *The Principles of Psichology*, vol. 2., Cossimo Classics, Nueva York, 2013.
6. Ibíd.
7. DAMASIO, Antonio R., *ob. cit.*
8. Ibíd.
9. Ibíd.
10. Figura obtenida en <http://cienciascognoscitivascr.blogspot.com.es/2011/10/educacion-emocional-eduard-punset-redes.html>.
11. DAMASIO, Antonio R., *ob. cit.* (Roger Sperry y colaboradores).
12. PUNSET, Eduard, en una entrevista en <http://cienciascognoscitivascr.blogspot.com.es/2011/10/educacion-emocional-eduard-punset-redes.html> (REDES, 394).
13. DAMASIO, Antonio R., *ob. cit.*
14. Ibíd.
15. Ibíd.
16. <http://bitnavegante.blogspot.com.es/2012/10/las-raices-de-la-resiliencia.html>.
17. Esquema realizado por Enric Corbera
18. DAMASIO, Antonio R., *ob. cit.*
19. HAWKINS, David, *Dejar ir. El camino de la entrega*, El Grano de Mostaza, Barcelona, 2014.
20. Ibíd.
21. Ibíd.
22. Hawkins, David, *ob. cit.*
23. *Un curso de milagros*, (T-24.VII.6:1-2), Fundación para La Paz Interior, Mill Valley, California, 1992.
24. Ibíd. (T-5.VII.6:5; 5:4-5)

25, 26. **Damasio,** Antonio R., *ob. cit.*

## Capítulo VII

# EPIGENÉTICA CONDUCTUAL

## EL SENTIDO DEL ESTUDIO DEL ÁRBOL GENEALÓGICO TRANSGENERACIONAL

### Introducción

Antes de entrar en materia, busquemos el origen y las definiciones de cada término y su principal objetivo de estudio. Históricamente, el término epigenética se atribuye a Conrad Waddington, allá por el año 1942. Dicho autor describía esta disciplina como el sector de la biología que estudia las interacciones causales entre los genes y sus productos, que dan lugar al fenotipo.

Los inicios de la epigenética en la bibliografía datan de mediados del siglo XIX; sin embrago, los comienzos de la noción pueden hallarse ya en Aristóteles, quien creía en la epigénesis. Lo que decía al respecto era que el desarrollo de la forma orgánica del individuo se gestionaba a partir de la materia amorfa.[1]

Denise Barlow, perteneciente al Centro de Investigación de Medicina Molecular de Viena, dice que la epigenética siempre aborda todas las cosas extrañas y asombrosas que no pueden ser explicadas por la genética.[2]

Bryan Turner, de Birminghan (Reino Unido), nos explica que el ADN no es más que una cinta que amontona información sin un aparato para su reproducción. La epigenética se interesa por el reproductor de cintas. No es la cinta en sí: el genoma es la cinta con la información y el epigenoma su reproductor.[3]

El alemán Jörn Walter prefiere una metáfora informática, donde el disco duro es como el ADN y los programas de *software* el epigenoma. Así, es posible acceder a cierta información del disco duro manejando los programas del PC. Pero existen ciertas áreas abiertas y otras protegidas por contraseñas. Tendremos que investigar e intentar averiguar por qué existen contraseñas para ciertas regiones y por qué otras son de libre acceso.[4]

Veamos algunas definiciones importantes para la buena comprensión de lo que expongo a continuación:

**Epigenética** es el estudio de las modificaciones en la expresión de los genes que no obedecen a una alteración de la secuencia del ADN y que son heredables. Una de las fuentes de mayores modificaciones de los genes es el factor ambiental, que puede afectar a uno o varios genes con múltiples funciones. Por medio de la regulación epigenética es posible observar cómo es la adaptación al medioambiente dada por la plasticidad del genoma, que da como resultado la formación de distintos fenotipos según el medioambiente al que sea expuesto el organismo. Estas modificaciones presentan un alto grado de estabilidad y, al ser heredables, se pueden mantener en un linaje celular durante muchas generaciones. Esto es importante, ya que cuando hay errores en las modificaciones, se pueden generar enfermedades que perduren mucho tiempo en una familia.

**Fenotipo** es cualquier característica o rasgo observable de un organismo, como su morfología, desarrollo, propiedades bioquímicas, fisiología y comportamiento. El fenotipo puede conocerse por medio de la observación de la apariencia externa de un organismo.

Por ejemplo, en Perú hay más de tres mil variedades de papas, es una explosión del fenotipo.

**Genotipo** es un marco de referencia dentro del cual se pueden expresar muchísimos fenotipos posibles, y el desarrollo de estos fenotipos es epigenético. Es toda la información de características genéticas que tenemos los seres humanos y también los organismos particulares, animales y vegetales.

Es importante destacar que el fenotipo no puede definirse como la «manifestación visible» del genotipo, pues a veces las características que se estudian no son visibles en el individuo, como es el caso de la presencia de una enzima. El fenotipo no solamente se expresa en la morfología, sino también en la conducta.

**Imagen obtenida de:** <http://definicion.mx/genotipo/ #ixzz3P4WJgsKs>.

La epigenética devuelve la causa adonde siempre ha estado, en el ambiente, pues la Naturaleza se va adaptando paulatinamente al medioambiente. En principio se pensó que la herencia estaba determinada por nuestros genes y que estos no podían cambiar: se mantenían inalterables como si estuvieran bloqueados por una gran cadena con su candado. Se llegó a pensar que nuestros genes determinaban hasta nuestra conducta y que si nacíamos con un gen de depresión, así iba a ser nuestra vida.

El ambiente no es simplemente las condiciones físicas, como el clima, la contaminación, los alimentos y bebidas que tomamos, sino también el estrés que acumulamos y los estados emocionales que subyacen a todas las vicisitudes diarias. Aquí interviene sobre todo el cómo nos tomamos la vida, lo que es fruto de nuestras creencias y educación. Debemos considerar como medioambiente todo lo relacionado con lo físico y lo emocional.

En una conferencia que usted, querido lector, podrá seguir en Youtube, titulada «Una revisión de los conocimientos fundamentales de la biología de la célula. La epigenética», la doctora Ana María Roa, de la Universidad Popular de Tres Cantos, Madrid, nos dice los siguiente:

> *Somos un ente, es todo muy holístico, no solo es una proteína aislada, no es únicamente la alimentación, no es solo el ambiente donde vives, ni lo que haces... con las emociones se producen en nuestro organismo unas reacciones fisiológicas que también tienen unas consecuencias patológicas. Se tiende a pensar que la mente va por un lado y el resto del cuerpo y la salud por otro, y no es así. Somos un ente: mente, sentimientos y el resto de la infraestructura celular a nivel individual o a nivel de sistemas más complejos. Somos una entidad y, efectivamente, las emociones influyen mucho más de lo que nosotros podamos llegar a imaginar.*[5]

En su famoso libro *La biología de la creencia,* el doctor Bruce H. Lipton[6] nos enseña y demuestra que los genes no son autoemergentes, sino que tiene que haber algo en el entorno que desencadene su actividad génica. El ambiente empieza a tomar su protagonismo. El doctor Lipton va más allá cuando también nos dice que «no son las hormonas ni los neurotransmisores producidos por los genes los que controlan nuestro cuerpo y nuestra mente; son nuestras creencias las que controlan nuestro cuerpo, nuestra mente y por tanto nuestra vida...».[7]

La psicóloga Rachel Yehuda, profesora de Psiquiatría en Mount Sinaí School of Medicine y directora de la división de estudios sobre estrés postraumático en Estados Unidos, que estudia los efectos transgeneracionales del estrés enfocándose en los supervivientes del holocausto, se sorprendió de que muchos de los hijos de los padres supervivientes también tenían los efectos del estrés.[8]

En Edimburgo, Jonathan Seckl, profesor de medicina molecular de la unidad de endocrinología del Centre for Cardiovascular Science perteneciente al Queen´s Medical Resarch Institute, se interesó por la exposición al estrés de mujeres embarazadas y se preguntaba si los efectos del estrés podían ser transmitidos a sus hijos.

Hizo algunos experimentos con ratas preñadas, exponiéndolas a hormona del estrés, y encontró que la siguiente generación era muy lábil al estrés. Para comprobar si esto afectaba a los mismos genes, decidieron criarlas y ver si los efectos del estrés podrían encontrarse en generaciones nunca expuestas a esta hormona. El resultado fue positivo: los hijos de estas ratas también tenían respuestas lábiles al estrés.[9]

¿Cómo es posible esto? Entonces el ambiente es la clave, el paradigma es al revés de lo que siempre nos han dicho. Por ambiente debemos entender también nuestros pensamientos, que son manifestaciones de nuestras creencias. ¡Fantástico! Por fin podemos ser dueños de nuestras vidas.

## El mecanismo biológico del nuevo paradigma

El doctor Lipton hizo un descubrimiento genial: se dio cuenta —en lo que él llamó su epifanía— de que el cerebro de la célula no es su núcleo, como hasta ahora se pensaba, sino la membrana, y desarrolló la teoría de la membrana mágica: *Hizo la comparación de la célula con un microchip de ordenador cuando un día se dio cuenta de que la definición de este se correspondía con su definición de aquella. Por principio, cuando los componentes de una estructura se disponen siguiendo un patrón regular y repetido, se la considera un cristal. Existen los cristales fluidos, que es lo que vendría a ser una célula. Su membrana está compuesta de fosfolípidos que se adaptan a cualquier movimiento, alterando su forma sin perder la integridad. El doctor Lipton tomó plena conciencia de que la membrana es un cristal líquido. Más adelante, B. A. Cornell publicó un artículo en* Nature *confirmando la hipótesis de Lipton: La membrana es el homólogo de un chip de ordenador* (Cornell y otros, 1997).[10]

Por definición, los ordenadores son programables. Por lo tanto, si decimos que podemos desprogramar y reprogramar cierta información, no estaríamos diciendo locuras. Es más, aquí reside una de las inspiraciones y demostraciones de que el método de la BNE funciona y tiene su sentido biológico y psicológico.

¡Los genes no son el destino! Las influencias medioambientales, entre las que se incluyen la nutrición, el estrés y las emociones, pueden modificar los genes sin alterar su configuración básica. Y los epigenetistas han descubierto que esas modificaciones pueden trasmitirse a las futuras generaciones de la misma forma que el patrón del ADN se transmite a través de la doble hélice (Reik y Walter, 2001; Surani, 2001).[11]

## La herencia epigenética

La herencia epigenética es el resultado de la transmisión de información no ADN a través de la meiosis y de la mitosis.

Algunas de las diferencias entre ambos procesos de división celular son:

**Mitosis:** es una sola división celular de duración corta que da dos células hijas con igual información genética destinadas al crecimiento y regeneración de células y tejidos. Favorece el mantenimiento de la vida del individuo.

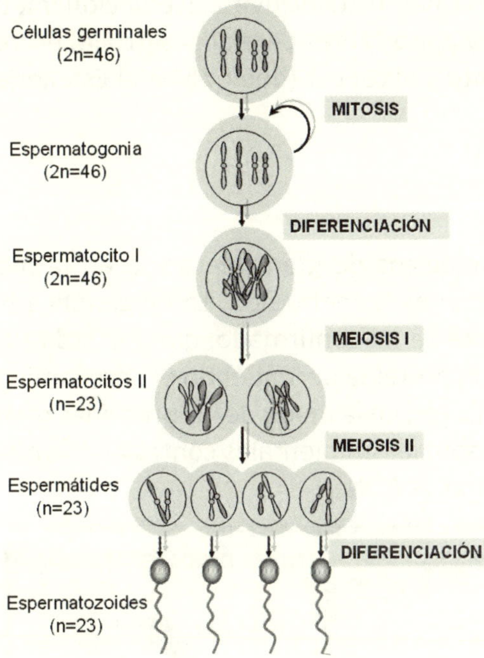


**Figura obtenida en** http://e-ducativa.catedu es/44700165/aula/archivos/repositorio/500/568/html/Unidad03/pagina_25.html.

**Meiosis:** dos divisiones celulares de larga duración que producen cuatro células hijas genéticamente distintas con la mitad de la información genética de la célula madre. Favorece la continuidad de la especie y el aumento de la variabilidad genética.

La información epigenética modula la expresión de los genes sin alterar la secuencia de ADN, y lo hace a través de diferentes mecanismos. Los más estudiados son:

1.º La metilación de la citosina del ADN: es una modificación del ADN en la que un grupo metilo es transferido, lo que tiene un importante papel en la regulación de la expresión del gen.

2.º La impronta genómica *(genomic imprinting).* Cuando se habla de impronta *(imprinting)*, se hace referencia a genes que pueden modificar su funcionamiento sin necesidad de que se produzca un cambio en la secuencia del ADN. Un gen con impronta se manifiesta de una manera cuando el origen de la misma es paterno y de otra cuando la impronta proviene del gameto materno. Una ratita puede ser más grande que otra, y la diferencia está en si los alelos son de origen paterno o materno. Parece ser que existe un mecanismo celular que de algún modo «marca» o deja una impronta en todos los genes «improntables» de acuerdo al sexo del individuo.

3.º Modificación de las histonas: esto incluye la acetilación, metilación y fosforilación, muy importantes para el desarrollo, el crecimiento, el envejecimiento y el cáncer (doctor Manel Esteller).

## La metilación

Uno de los procesos fisiológicos de gran relevancia en la modificación de la información es la metilación. La epigenética ha descubierto, y actualmente se ha confirmado, que los radicales metilo que se adhieren a la proteína permitiendo el enrollamiento del ADN (la histona) influyen en la unión de las proteínas reguladoras. ¡¡Atención!!: las señales ambientales controlan la unión de las proteínas reguladoras al ADN.

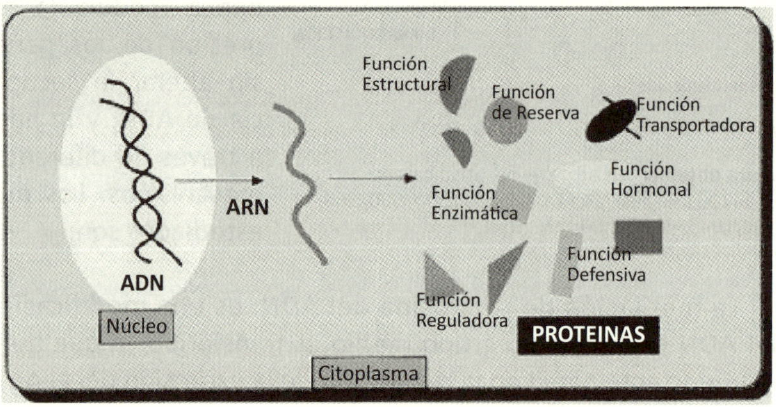


Dibujo obtenido de: <http://organelas011.blogspot.com.es/2011/04/sintesis-de-proteinas-y-lipidos.html>.

En los años setenta se descubrió que los radicales metilo (-CH3) son los principales artífices de la transmisión de patrones de información de los ancestros. Desde esa década los genetistas saben que el núcleo de las células utiliza un componente estructural de las moléculas orgánicas, el metilo, para saber qué piezas de información hacen qué, por así decirlo. El metilo ayuda a la célula a decidir si será una célula del corazón, del hígado o una neurona. El grupo metilo opera cerca del código genético, pero no es parte de él. En ocasiones, los grupos metilo se ajustan al ADN debido a cambios en la dieta o a la exposición a ciertas sustancias; sin embargo, el verdadero descubrimiento comenzó cuando Randy Jirtle, de la Universidad Duke, demostró que estos cambios podían ser transmitidos de generación en generación.[12]

Hay diversos tipos de proteínas:

Proteínas de trasporte: situadas en la membrana plasmática.
Proteínas estructurales: configuran nuestro organismo.
Proteínas de defensa: participan en el sistema inmune.
Proteínas reguladoras: hormonas.
Proteínas contráctiles: situadas en los músculos.

Resumiendo: la actividad de los genes está regulada por la presencia o ausencia de proteínas reguladoras, que a su vez están controladas por las señales del entorno. Las proteínas reguladoras conforman la mitad del contenido cromosómico, la otra mitad es el ADN propiamente dicho, y ambas juegan un papel fundamental en la herencia. Las proteínas recubren el ADN como una funda, y hasta ahora se habían descartado. Ahora se sabe que los radicales metilo se adhieren a estas proteínas y se comportan como si fueran un interruptor, bloqueando o desbloqueando el ADN.

## La herencia de nuestros progenitores

Antes de exponer toda una serie de estudios científicos sobre la herencia epigenética, que no herencia genética, quiero poner en su lugar a Jean Baptiste de Lamarck, que fue despreciado por sus teorías, una de las cuales decía que muchos de los rasgos adquiridos se debían a la influencia ambiental y se podían transmitir a la descendencia.

Lamarck formuló la primera teoría de la evolución. Propuso que la gran variedad de organismos —que en aquel tiempo se aceptaba que eran formas estáticas creadas por Dios— habían evolucionado desde formas simples. Postuló que los protagonistas de esa evolución habían sido los propios organismos, por su capacidad de adaptarse al ambiente: los cambios ambientales generaban nuevas necesidades en los organismos y esas nuevas necesidades conllevarían modificaciones orgánicas que serían heredables.[13]

Una vez que hemos puesto a Jean Baptiste de Lamarck en el lugar que le corresponde, paso a referenciar a un eminente oncólogo catalán, Manel Esteller, que nos explica que los radicales libres tienen mucho que ver con la génesis del cáncer. Para él, el cáncer no es solamente una enfermedad genética, sino una enfermedad epigenética. Estos radicales libres se adhieren a un fragmento del ADN y se comportan como un interruptor, haciendo que el gen quede silenciado; por ejemplo, algunos genes que evitarían el desarrollo de determinados tumores.[14]

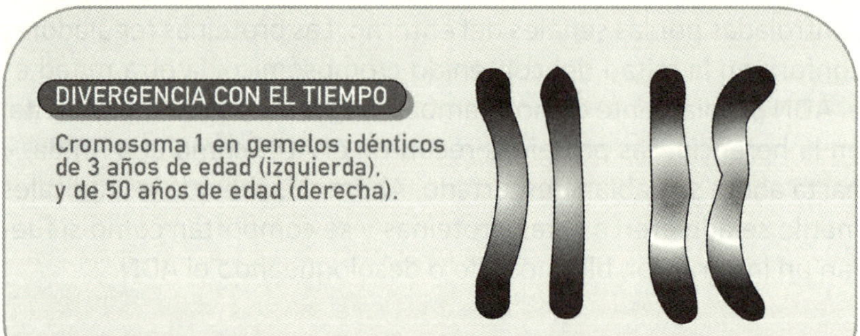


Figura obtenida de la conferencia que presentó la doctora Roa.

Él deja muy claro que la metilación es esencial para la vida, pues interviene en números procesos biológicos tales como el embarazo, el crecimiento y hasta en el envejecimiento. La epigenética marca la diferencia entre los individuos, incluso en el caso de los gemelos.

En el dibujo vemos los cromosomas de dos gemelos idénticos, a la izquierda cuando tienen tres años de edad y a la derecha cuando tienen cincuenta años. Se puede apreciar perfectamente que hay modificaciones genéticas. La explicación nos la da la epigenética.

Esto nos lleva a un paradigma que está muy lejos del que domina hoy en día. Si tu abuela murió por una intoxicación, sea de la índole que sea, tú puedes ser muy sensible a ella sin haber estado expuesto a esa sustancia.

El medioambiente en el que vivieron tus ancestros marcará a las futuras generaciones.

## Interruptores epigenéticos

En este apartado, voy hacer un resumen de los estudios y conclusiones a los que llegó el profesor Wolf Reik, del Babraham Institute de Cambrige. Sus estudios versaron sobre las familias que tenían hijos con el síndrome de Beck-with-Wiedemann.

Descubrió que poniendo un embrión de ratón en una platina, podía inducir al apagamiento de los genes. Entonces se preguntó si tal vez ocurriría lo mismo con los embriones humanos, pues el porcentaje más alto de niños que padecían el síndrome antes mencionado habían sido fecundados «in vitro». Teorizó con la posibilidad de que, al manipular los embriones en la platina, de alguna forma esto afectaba a los interruptores genéticos. Parece ser que el mero hecho de sacar al embrión de su entorno natural (ambioma intrauterino natural) puede desencadenar esta rara enfermedad.

Hasta ese momento, todo el mundo pensaba que cualquier gen alterado (mutado) no podía heredarse. Entonces el profesor tomó algunos ratones con interruptores genéticos alterados y los reprodujo. Para asombro de todos, el interruptor genético que poseía la primera generación estaba también claramente presente en la segunda. Esto confirma que cualquier cambio medioambiental afecta a la forma de actuar de los genes, y esto se puede heredar a través de las generaciones.[15]

Todo ello me lleva a una reflexión que pienso que debe ser generalizada:

*Si los genes determinan mi conducta y mi fisiología, cualquier cambio que yo haga a lo largo de mi vida afectará a mi propio material genético y al de mis futuras generaciones. El análisis transgeneracional se convierte en un estudio de la máxima prioridad de la mano de la epigenética.*

Voy a transcribir, por su interés, un magnífico artículo que se publicó en el número de mayo de 2013 en <DiscoverMagazine. com>. En él se explica perfectamente un estudio científico realizado en la universidad de McGill de Montreal, Canadá, titulado: «Las experiencias de tu abuela dejan una marca en tus genes».[16]

Veamos atentamente:

> *Darwin y Freud entran en un bar. Dos ratones alcohólicos —madre e hijo— están sentados en taburetes sorbiendo ginebra de dos dedales. La mamá ratón dice:*
>
> *—Oigan, genios, díganme cómo se ha metido mi hijo en este estado tan lamentable.*
>
> *—Mala herencia —dice Darwin—.*
>
> *—Mala maternidad —dice Freud—.*
>
> Durante más de cien años, estos dos puntos de vista —naturaleza o crianza, biología o psicología— ofrecían explicaciones opuestas de cómo persisten los comportamientos, no solo en un único individuo, sino a lo largo de generaciones.
>
> En 1992, siguiendo los pasos de Freud y Darwin, dos jóvenes científicos se metieron en un bar. Cuando salieron, un par de cervezas después, habían empezado a forjar una nueva y revolucionaria sín-

tesis de cómo las experiencias de nuestras vidas pueden afectar directamente a nuestros genes. Y no únicamente tus propias experiencias, sino también las de tu madre, tu abuela y más allá.

El bar estaba en Madrid, en el Instituto Cajal, el centro académico más antiguo de España para el estudio de la neurobiología, donde se celebraba una reunión internacional. Moshe Szyf, biólogo molecular y genetista de la Universidad McGill de Montreal nunca había estudiado psicología o neurología, pero fue convencido para asistir a la conferencia por un colega que creía que su trabajo podría tener alguna aplicación. El mismo colega también invitó a Michael Meaney, un neurobiólogo de McGill, porque pensó que la investigación de Meaney en modelos animales de negligencia materna podría beneficiarse de la perspectiva de Szyf.

Michael Meaney, neurobiólogo, Owen Egan/McGill University.

Moshe Szyf, biólogo molecular y genetista, McGill University.

Todavía puedo visualizar el lugar, un bar de una esquina especializado en pizza —dice Meaney—. Moshe, al ser kosher, estaba interesado en calorías kosher. La cerveza es kosher. Moshe puede beber cerveza en cualquier lugar. Y yo soy irlandés. Así que el sitio era perfecto.

Ambos se dedicaron a una animada conversación sobre una nueva línea de investigación en genética. Desde la década de 1970, los investigadores sabían que el enrollamiento correcto y ajustado del ADN dentro de un núcleo celular requiere algo más de información que les diga exactamente qué genes transcribir para formar una célula del corazón, del hígado o del cerebro.

Uno de estos elementos que proporcionan información extra a la maquinaria de transcripción es el grupo metilo, un componente estructural común de las moléculas orgánicas. El grupo metilo funciona como un marcador de posición en un libro de cocina:

## EPIGENÉTICA 101

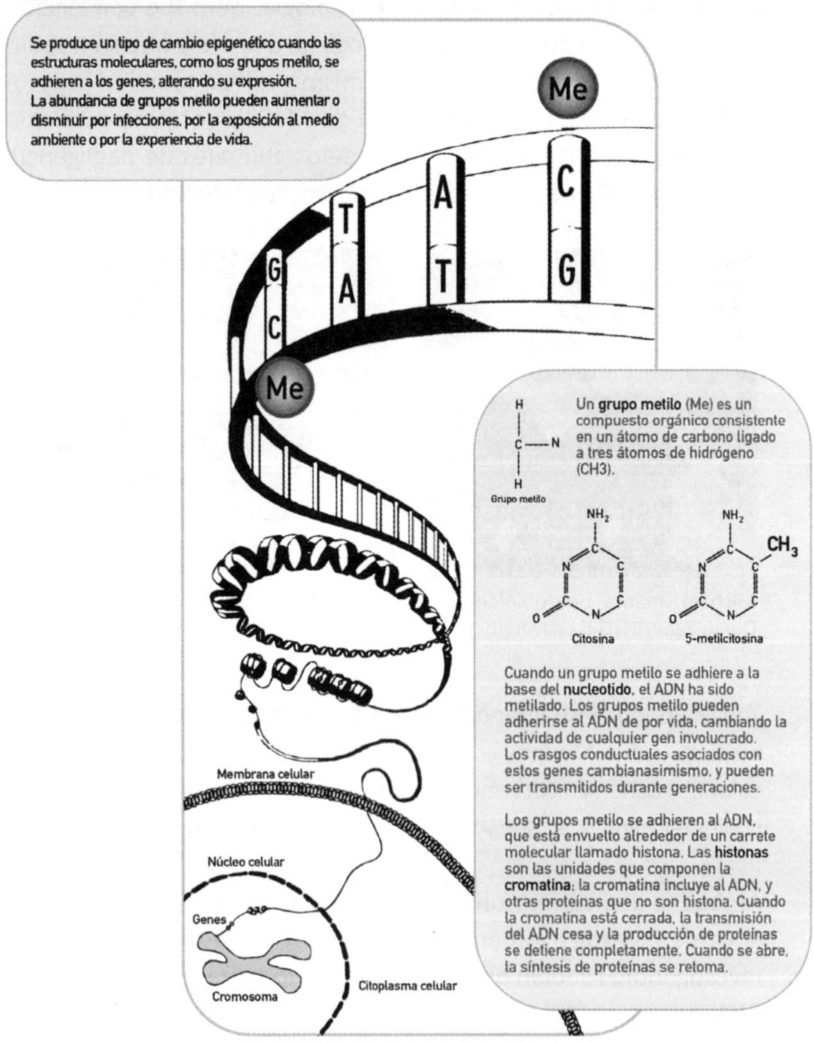

sujeta el ADN dentro de cada célula para seleccionar solo aquellas recetas —genes— necesarias para aquella proteína celular particular. Dado que los grupos metilo se unen a los genes, y dado que se encuentran cerca, pero separados, de la doble hélice de ADN, el campo se denominó epigenética, añadiendo el prefijo "epi" (del griego: 'encima de', 'exterior', 'arriba').

Originalmente se creyó que estos cambios epigenéticos se producían solo durante el desarrollo embrionario. Pero estudios pioneros demostraron que también pueden darse durante la edad adulta, desencadenando una cascada de señalización celular y provocando cambios celulares que pueden tener como resultado el desarrollo de cáncer. Unas veces cambios en la dieta y otras la exposición a ciertos productos químicos parecen ser la causa de esta unión. Szyf mostró que la corrección de los cambios epigenéticos con fármacos podría curar ciertos tipos de cáncer en animales.

Los genetistas se sorprendieron especialmente al descubrir que los cambios epigenéticos podrían ser transmitidos de padres a hijos, generación tras generación. Un estudio de Randy Jirtle, de la Universidad Duke, demostró que cuando los ratones hembra son alimentados con una dieta rica en grupos metilo, el pigmento de la piel de la descendencia queda alterado permanentemente. Los grupos metilo pueden añadirse o quitarse sin ningún cambio en el ADN , y estos cambios se heredan en forma de una mutación en un gen.

Ahora, en el Bar Madrid, Szyf y Meaney consideraban una hipótesis tan improbable como profunda: si la dieta y los productos químicos pueden causar cambios epigenéticos, ¿podrían ciertas experiencias —negligencia infantil, abuso de drogas y otros problemas graves— desencadenar también cambios epigenéticos en el ADN de las neuronas del cerebro de una persona? Esta cuestión resultó ser la base de un nuevo campo, **la epigenética del comportamiento**, actualmente tan vibrante que ha generado decenas de estudios y ha sugerido una serie de nuevos tratamientos para curar el cerebro.

De acuerdo con el nuevo entendimiento de la epigenética del comportamiento, experiencias traumáticas de nuestro pasado o del pasado de nuestros antepasados recientes dejan cicatrices moleculares codificadas en nuestro ADN. Judíos cuyos bisabuelos fueron expulsados de sus *shtetls* rusos, chinos cuyos abuelos vivieron los estragos de la Revolución Cultural, jóvenes inmigrantes provenientes de África cuyos padres sobrevivieron a masacres y adultos de todas las etnias que crecieron con padres alcohólicos o abusivos, todos llevan con ellos más que recuerdos.

Como sedimento depositado en los engranajes de una máquina finamente calibrada después del retroceso del agua de mar de un *tsunami,* nuestras experiencias y las de nuestros antepasados, incluso si ya han sido olvidados, nos acompañan. Se convierten en una parte de nosotros, un residuo molecular aferrado a nuestro andamiaje genético. Y aunque el ADN sigue siendo el mismo, las tendencias psicológicas y de comportamiento se van heredando. Es posible que hayas heredado no solo las rodillas huesudas de tu abuela, sino también su predisposición a la depresión causada por el abandono que sufrió cuando era una recién nacida.

O no. Si tu abuela fue adoptada por padres implicados en su crianza y educación, es posible que estés disfrutando del impulso que recibió gracias a su amor y apoyo. Los mecanismos de la epigenética del comportamiento subyacen no solo en los déficits y debilidades, sino también en las fortalezas. Para aquellos que tengan la mala suerte de descender de abuelos «desgraciados», los tratamientos farmacológicos emergentes podrían restablecer no solo el estado de ánimo, sino también los propios cambios epigenéticos. Tal como se haría con un vestido *vintage* de la abuela, puede usarse tal cual o alterarse de alguna manera. El genoma ha sido conocido como el proyecto de la vida, pero el epigenoma es la forma de adaptación a las nuevas situaciones, y si se sacude lo suficiente, se puede llegar a limpiar la maldición de la familia.

## Genética vudú

Meaney afirma que siempre ha estado interesado en qué es lo que hace que las personas nos diferenciemos una de otra. «La forma en que actuamos y nos comportamos: hay personas optimistas, pesimistas... ¿qué produce esta variación? La evolución selecciona aquella variación que tiene más éxito, pero, ¿qué produce que la leche se agrie?».

Meaney persiguió la cuestión de las diferencias individuales en el estudio de cómo los hábitos de crianza de ratas madre provocaron cambios en la vida de sus crías. Una investigación que se remonta a la década de 1950 ya había demostrado que las ratas manipuladas por seres humanos entre cinco y quince minutos al día, durante sus tres primeras semanas de vida, crecieron de manera más tranquila y menos reactiva a los ambientes estresantes en comparación con sus compañeras de camada que no habían tenido ningún tipo de manipulación humana. Tratando de desentrañar el mecanismo detrás de un efecto tan duradero, Meaney y otros establecieron que en realidad el beneficio no fue provocado por esta manipulación. Más bien, esto estimuló a las madres a lamer y acicalar a sus crías con más frecuencia al participar de un comportamiento llamado «amamantar con la espalda arqueada», en el que la madre da a los cachorros más espacio para amamantar en su vientre.

«Todo guarda relación con la estimulación táctil», dice Meaney.

Un artículo de referencia de 1997, publicado en *Science,* demostró que las variaciones naturales en la cantidad de lametones, aseo y contacto (el *grooming*) recibido durante la infancia tenía un efecto directo en cómo se expresan las hormonas del estrés, como la corticosterona, en la edad adulta. Cuanto más lamidas eran las crías, menores eran los niveles de hormonas del estrés durante la edad adulta. Es casi como si las madres ratas, al lamer a sus crías, les retiraran en cierta medida un regulador de intensidad genética. Lo que el trabajo no explicaba era cómo tal cosa podía ser posible.

«Lo que habíamos hecho hasta ese momento era identificar la atención materna y su influencia en genes específicos —dice Meaney—, pero la epigenética no era un tema del que se sabía mucho entonces». Y entonces conoció a Szyf.

Alison Mackey/DISCOVER.

## Herencia pos natal

«Iba a ser dentista», dice Szyf con una sonrisa. Delgado, pálido y calvo, se sienta en una pequeña oficina en el fondo de su ajetreado laboratorio, una habitación tan espartana que contiene una sola imagen: la fotografía de dos embriones en el útero.

Como necesitaba escribir una tesis a finales de 1970 para su doctorado en Odontología en la Universidad Hebrea de Jerusalén, se acercó a un joven profesor de Bioquímica llamado Aharon Razin, que recientemente había causado sensación con la publicación de sus primeros estudios en algunas de las principales revistas científicas del mundo. Estos estudios fueron los primeros en demostrar que la acción de los genes podía ser modulada por estructuras llamadas grupos metilo, un tema sobre el cual Szyf no sabía absolutamente nada. Pero necesitaba un director de tesis y Razin estaba allí. Szyf se vio arrastrado a la vanguardia del nuevo campo de la epigenética y nunca miró hacia atrás.

Hasta que llegaron los investigadores como Razin, la línea argumental básica de cómo se transcriben los genes en una célula ere nítida y simple. El ADN es el código maestro que reside en el interior del núcleo de cada célula; el ARN transcribe el código para construir toda clase de proteínas necesarias para las células. Pero, entonces, algunos de los colegas de Razin demostraron que los grupos metilo se pueden unir a la citosina, una de las bases químicas del ADN y el ARN.

Fueron Razin y Howard Cedar, su compañero bioquímico, quienes demostraron que estos accesorios no eran únicamente breves episodios sin sentido. Los grupos metilo pueden convertirse en compañeros permanentes del ADN, replicándose junto con él a lo largo de un centenar de generaciones. Por otra parte, la unión de los grupos metilo altera significativamente el comportamiento de cualquier gen al que se fijan, inhibiendo su transcripción. Así lo revelaron Razin y Cedar: los hilos que conforman el ADN se envuelven alrededor de un carrete molecular, denominado histona, situado en el interior del núcleo. Cuanto más se aprietan los hilos, más difícil es producir proteínas a partir del gen. De esta manera, los genes no se transforman en proteínas.

Consideremos lo que esto significa: sin ningún tipo de mutación del código ADN mismo, las uniones de grupos metilo causan cambios a largo plazo heredables en la función de los genes. Se encontró que otras moléculas, los grupos acetilos, juegan el rol opuesto, desenrollando el ADN de su carrete de histonas y, por lo tanto, facilitando que el ARN se transcriba a partir de un determinado gen.

Para cuando Szyf llegó a McGill, a finales de los años ochenta, se había convertido en un experto en los mecanismos de los cambios epigenéticos. Pero, hasta conocer a Meaney, nunca había escuchado a nadie sugerir que tales cambios pudiesen ocurrir en el cerebro, simplemente debido al cuidado maternal.

«Al principio sonaba como vudú» —admitió Szyf—. Para un biólogo molecular, cualquier cosa que no tuviese una vía clara de señalización no era ciencia seria. Pero, cuanto más avanzábamos, más nos dábamos cuenta de que, por sí solo, el cuidado materno podría ser capaz de causar cambios en la metilación del ADN, aunque sonara como una locura. Así que Michael y yo decidimos que tendríamos que hacer el experimento para averiguarlo.

De esa manera, terminaron haciendo una serie de experimentos complicados. Con la ayuda de investigadores pos doctorales empezaron a seleccionar ratas madres que eran muy atentas o bien nada atentas. Una vez que una cría había crecido hasta hacerse adulta, el equipo examinaba su hipocampo, una región del cerebro esencial para regular la respuesta al estrés. En las crías de las madres poco atentas, descubrieron que los genes reguladores de la producción de receptores de glucocorticoides, que regulan la susceptibilidad a hormonas de estrés, estaban metilados. En cambio, en las crías de madres meticulosas, los genes de los receptores de glucocorticoides raras veces estaban metilados.

La metilación solo atasca los procedimientos celulares. Así, cuando se trata de transcribir un gen afectado, cuanto menos mejor. En este caso, la metilación asociada a una maternidad lamentable impidió que el número normal de receptores de glucocorticoides se transcribiera al hipocampo de la cría. Y así, por falta de suficientes receptores de glucocorticoides, estas ratas crecieron hasta ser manojos de nervios.

Para demostrar que los efectos se debían únicamente a la conducta de la madre y no a sus genes, Meaney y sus colegas llevaron a cabo un segundo experimento. Tomaron crías nacidas de madres poco atentas y se las dieron a buenas madres, y viceversa. Como se predijo, las ratas nacidas de madres atentas, pero criadas por madres descuidadas, tenían niveles bajos de receptores de glucocorticoides en el hipocampo y se comportaban nerviosamente. Del mismo modo, las nacidas de madres malas, pero criadas por buenas madres, crecieron siendo más tranquilas, valientes y con altos niveles de receptores de glucocorticoides.

Antes de publicar sus hallazgos, Meaney y Szyf realizaron un tercer experimento crucial con la esperanza de acallar a los inevitables escépticos que cuestionarían sus resultados. Después de todo se podía argumentar: «¿Y si los cambios epigenéticos observados en los cerebros de las ratas no están causados directamente por los cambios de conducta en los adultos, sino que simplemente son hechos asilados que se producen simultáneamente?». Freud conocía el poder perdurable que las malas madres ejercían arruinando la vida de las personas. Pero tal vez los efectos emocionales no estaban relacionados con los cambios epigenéticos.

Para poner a prueba esta posibilidad, Meaney y Szyf tomaron otra camada de ratas criadas por madres infames. Esta vez, después de haberse hecho el daño habitual, inyectaron en sus cerebros tricostatina A, un fármaco que puede eliminar los grupos metilo. Estos animales no mostraron ninguno de los déficits de comportamiento vistos hasta ahora en la descendencia y sus cerebros tampoco mostraron ninguno de los cambios epigenéticos anteriores.

«Fue una locura pensar que inyectarlo directamente en el cerebro funcionaría —dice Szyf—; pero lo hizo. Fue como reiniciar un ordenador».

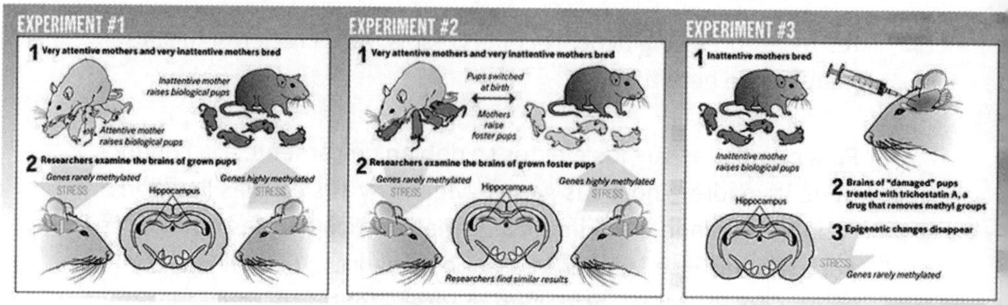


Jay Smith/DISCOVER

A pesar de esta evidencia abrumadora, cuando la pareja de investigadores escribió todo esto en un artículo, uno de los revisores de aquella revista científica, considerada como del más alto nivel, se negó a creer las pruebas afirmando que él nunca antes había visto signos de que el comportamiento de la madre pudiera causar cambios epigenéticos.

«Por supuesto que no —dice Szyf—: no nos hubiéramos molestado en informar del estudio si ya hubiese sido probado anteriormente».

Al final, su histórico artículo «La programación epigenética de la conducta maternal» [Epigenetic programming by maternal behavior] fue publicado en junio de 2004 en la revista *Nature Neurocience*.

Meaney y Szyf habían demostrado algo increíble que podría llamarse herencia postnatal: sin ningún cambio en su código genético, las crías de ratas adquirieron fijadores genéticos debido únicamente a su educación. Estas adiciones epigenéticas de grupos metilo se unen cubriendo las puertas del ascensor de sus histonas, atascando el trabajo intracelular y alterando la función del cerebro.

## La historia se repite

Meaney y Szyf juntos han llegado a publicar dos docenas de artículos en los que muestran evidencias de que los cambios en la epigenética modifican la expresión de los genes en el cerebro.

Tal vez lo más significativo sea un estudio dirigido por Frances Champagne —entonces una estudiante de grado del laboratorio de Meaney y ahora profesora asociada con su propio laboratorio en la Universidad de Columbia, Nueva York— que descubrió que una maternidad poco diligente en roedores provoca la metilación de los genes de los receptores de estrógeno en el cerebro. Cuando las crías crecen, el descenso de estos receptores las hace ser menos atentas con sus propias crías. Y así se repite la historia.

Como los experimentos con animales continuaban a buen ritmo, Szyf y Meaney dieron el próximo gran paso en el estudio de la epigenética del comportamiento: el estudio de seres humanos. En un artículo de 2008 compararon los cerebros de personas que se habían suicidado con cerebros de personas que habían muerto repentinamente por factores distintos al suicidio. Encontraron un exceso de metilación en los genes del hipocampo de los cerebros de los suicidas, una región crítica para la adquisición de la memoria y la respuesta al estrés. También encontraron otra relación: si las víctimas de suicidio habían sido abusadas de niños, sus cerebros estaban más metilados.

¿Por qué tu amigo no puede simplemente «superar» la educación recibida de una madre distante y enojada? ¿Por qué no puede animarse y recuperarse? La razón puede estar en los grupos metilo que se agregaron durante la infancia a los genes del cerebro, lo que lleva a esa persona a no poder despojarse de sus sentimientos de miedo y desesperación.

Por supuesto, por lo general, no es posible tomar muestras de cerebros de personas vivas para analizarlas. Sin embargo, el análisis de muestras de sangre humana es rutinario, de modo que Szyf ha buscado allí marcadores de metilación epigenética. Efectivamente, en 2011 se informó sobre el genoma analizado a partir de muestras de sangre de cuarenta hombres que habían participado en un estudio británico con personas nacidas en Inglaterra en 1958. En este estudio, todos los hombres pertenecían a uno de los extremos del nivel socioeconómico, habían sido muy adinerados o muy pobres en algún momento de sus vidas entre la primera infancia y mediados de la edad adulta. En total, Szyf analizó el estado de metilación de alrededor de veinte mil genes. De ellos, seis mil ciento setenta y seis variaban significativamente en función de la pobreza o la riqueza. Lo más sorprendente, sin embargo, fue el descubrimiento de que los genes eran más de dos veces más propensos a mostrar cambios en la metilación en función de los ingresos familiares en la infancia temprana frente a la situación económica en la edad adulta.

En otras palabras, el tiempo importa. Si tus padres hubiesen ganado la lotería o hubiesen quebrado cuando tenías dos años, probablemente eso afectaría al epigenoma de tu cerebro, y en consecuencia a tus tendencias emocionales, de manera mucho más intensa que cualquier fortuna que te encuentres en la edad adulta.

El año pasado, Szyf y los investigadores de la Universidad de Yale publicaron otro estudio de muestras de sangre humana en el que se comparaba a niños rusos: catorce criados en orfanatos y otros catorce criados por sus padres biológicos. Hallaron una mayor metilación en los genes de los huérfanos, incluyendo muchos que juegan un papel importante en la comunicación neuronal, el desarrollo y la función del cerebro.

«Nuestro estudio muestra que el estrés inicial de la separación de un padre biológico afecta a largo plazo a la programación de la función del genoma, lo que podría explicar por qué los niños adoptados pueden ser particularmente vulnerables cuando se encuentran con una crianza severa o más ruda, en términos de su salud física y mental —dijo la coautora de Szyf, la psicóloga Elena Grigorenko del Centro de Estudios Infantiles de Yale—. La crianza de niños adoptados pueden requerir una atención mucho más cuidadosa para revertir estos cambios en la regulación del genoma».

Un ejemplo de los efectos epigenéticos de la educación en los seres humanos podría ser el del propio Szyf y el de la colaboradora de Meaney, Frances Champagne, que dice: «Mi madre estudió la prolactina, una hormona implicada en el comportamiento maternal. Ella fue la fuerza impulsora que me animó a entrar en la Ciencia —recuerda—».

Ahora, como figura destacada en el estudio de la influencia materna, Champagne acaba de tener su primer hijo, una niña. Y la investigación epigenética le ha enseñado algo que no se encuentra en los libros: «Lo que he aprendido del trabajo que hago es que el estrés es un gran supresor de la conducta maternal —dice ella—. Lo vemos en los estudios con animales y también es aplicable a los seres humanos. Así que lo mejor que puedes hacer es no preocuparte constantemente de si estás haciendo lo correcto. Lo más importante es mantener los niveles de estrés bajos. Y la interacción táctil: eso es, sin duda, lo que las buenas madres ratas hacen con sus crías. Ese registro sensorial, el tacto, es muy importante para el cerebro en desarrollo».

## La marca de Caín

El mensaje de que el amor de una madre puede marcar la diferencia en la vida de un niño no es nada nuevo. Pero la capacidad del cambio epigenético de persistir a lo largo de generaciones sigue siendo objeto de debate. ¿La metilación es transmitida directamente a través del óvulo fecundado o cada bebé nace «puro», sin metilaciones, y estas las añaden exclusivamente los padres después del nacimiento?

El neurocientífico Eric Nestler, de la Escuela Icahn de Medicina del Hospital Monte Sinaí, en Nueva York, ha estado buscando esta respuesta durante años. En un estudio, expuso a ratones macho a diez días de intimidación por parte de ratones de mayor tamaño y más agresivos. Al final del experimento, estos ratones eran socialmente introvertidos.

Para probar si estos efectos podrían ser transmitidos a la siguiente generación, Nestler tomó otro grupo de ratones acosados y promovió su reproducción con hembras, pero les impidió encontrarse nunca con su descendencia.

A pesar de no tener contacto con sus padres deprimidos, los hijos llegaron a ser hipersensibles al estrés. Según él: «No fue un efecto sutil, las crías fueron dramáticamente más susceptibles a desarrollar síntomas de depresión».

En otros experimentos, Nestler tomó esperma de los machos y fertilizó a las hembras in vitro. La descendencia no mostró la mayor parte de las anomalías de comportamiento, lo que sugiere que es posible que la transmisión epigenética no se encuentre exactamente en este punto. A partir de los resultados obtenidos, Nestler sugiere: «La mujer puede saber que ella tuvo relaciones sexuales con un perdedor, por lo que cuida a sus crías de manera diferente».

Sin embargo, a pesar de sus resultados, no ha habido un consenso al respecto. La evidencia más reciente, publicada en la revista *Science,* sugiere que los cambios epigenéticos en los ratones suelen ser borrados, pero no siempre. El borrado es imperfecto, y a veces los genes afectados pueden quedarse así hasta la siguiente generación, preparando el escenario para la transmisión de los rasgos alterados también a sus descendientes.

## ¿Qué viene ahora?

Los estudios siguen acumulándose. Una línea de investigación rastrea la pérdida de memoria en la vejez debido a alteraciones epigenéticas en las neuronas del cerebro. Otra conecta trastornos de estrés postraumático con la metilación del gen que codifica el factor neurotrófico, una proteína que regula el crecimiento de las neuronas cerebrales.

Es cierto que los cambios epigenéticos de genes activan ciertas regiones del cerebro que subyacen a nuestra inteligencia emocional e intelectual —nuestra tendencia a estar en calma o con miedo, nuestra capacidad de aprender u olvidar—, y entonces surge la pregunta: «¿Por qué no podemos simplemente tomar un medicamento para enjuagar y limpiar los grupos metilo no deseados?».

La caza ha empezado. Gigantes farmacéuticos y empresas de biotecnología más pequeñas están buscando compuestos epigenéticos para impulsar el aprendizaje y la memoria. Se ha pasado por alto el hecho de que los medicamentos epigenéticos podrían tener éxito en el tratamiento de la depresión, la ansiedad y el trastorno de estrés postraumático, en lugar de las drogas psiquiátricas de hoy día, que han fracasado.

Pero este va a ser un salto. ¿Cómo podemos estar seguros de que los fármacos epigenéticos podrían limpiar solo las marcas peligrosas, dejando intactos los grupos de metilo beneficiosos y tal vez esenciales? ¿Y si pudiéramos crear una píldora lo suficientemente potente para limpiar la pizarra epigenética de todo lo que escribió la historia? Si tal píldora pudiese liberar los genes de tu cerebro del deterioro epigenético causado por todas las guerras, las violaciones, los abandonos, las infancias inestables y los engaños de tus antepasados, ¿lo aceptarías?

## Reflexión

Ahora ya es posible plantearse otras cuestiones más importantes, como la de pensar que todos heredamos traumas de nuestros antepasados. Estamos a las puertas de dar pleno sentido al estudio del árbol genealógico, tal como nos muestra la psicogenealogía, también llamado transgeneracional. Todos estos datos nos reafirman en el método de la BNE, que postula que para curarse de un síntoma físico —como los problemas conductuales— hay que estudiar el árbol genealógico y encontrar los programas tóxicos heredados para poder desprogramarlos mediante cambios de pensamientos, sentimientos y emociones. Entonces las células reciben esta nueva información gracias a su membrana, que la envía al núcleo, que a su vez produce los cambios genéticos pertinentes, empezando por las proteínas reguladoras. Todo este proceso de cambio de información se manifiesta mediante y gracias a la desmetilación.

## Cómo interpreta y aplica la BNE todos estos estudios y experimentos en su método

Daré una explicación sencilla y esquemática para su mayor comprensión:

1. La epigenética nos demuestra, que en el proceso de metilación del ADN, los radicales metilo (-CH3) que se unen a la proteína que permite enrollar todos los genes actúan como interruptores que bloquean la expresión del gen correspondiente. Veamos el caso de la metilación que bloquea la expresión del gen que evita el cáncer de pulmón. El esquema sería el siguiente:

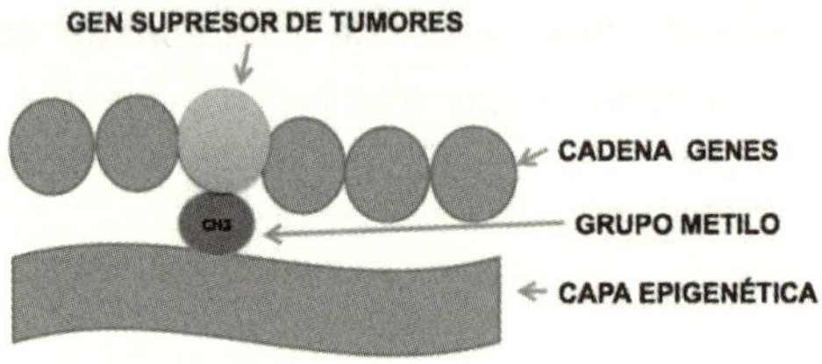


2. Cuando se produce un impacto ambiental, en nuestro caso un conflicto que amenaza con la pérdida de territorio, el gen no actuaría y el tumor se manifestaría en el individuo.

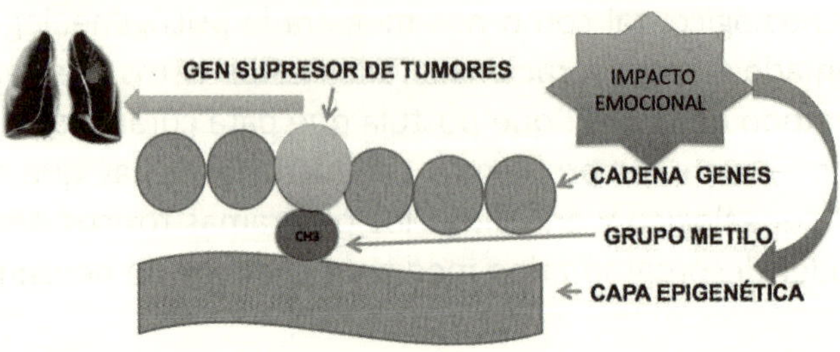

3. La Bioneuroemoción promueve una toma de conciencia en la que el individuo cambia sus percepciones, y por lo tanto sus emociones, permitiendo que el gen quede desbloqueado; este nuevo estado de conciencia (medioambiente mental) desmetilizaría el gen y permitiría su expresión génica, ayudando a la curación del tumor.

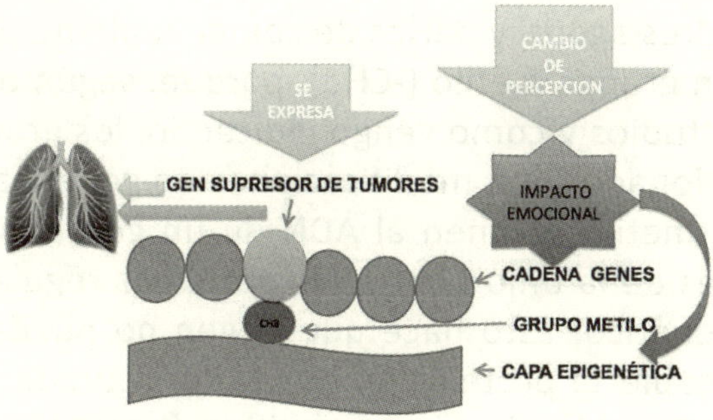


Finalmente quedaría:

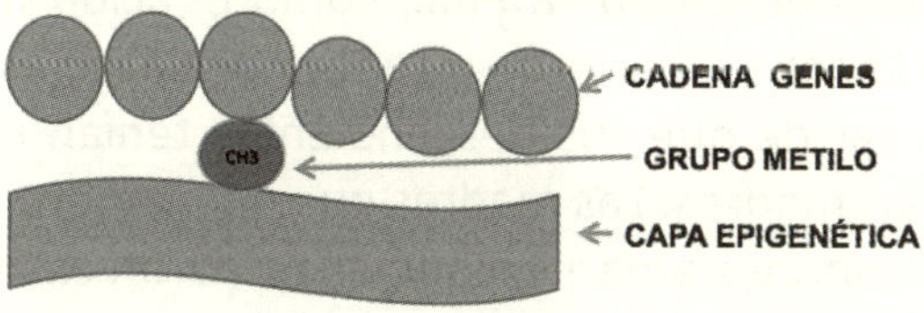


Veamos otros experimentos aclaratorios:

## EXPERIMENTO 1

Burce H. Lipton cuenta este experimento en su libro *La biología de la creencia*, donde relata un experimento realizado en la Universidad Duke, publicado el 1 de agosto de 2003 y titulado Biología celular y molecular, en el cual revela que un entorno enriquecido puede llegar a superar las mutaciones genéticas en los ratones (Wterland y Jirtle, 2003).[17]

Este estudio se concentra en los suplementos dietéticos administrados a ratonas preñadas que tienen el gen aberrante *agoutí*. Los ratones agoutí tienen un pelaje amarillento y son extremadamente obesos.

El primer paso consiste en tomar un grupo de obesas y amarillentas madres agoutí y darles de comer suplementos dietéticos ricos en grupos metilo (-CH3), porque, según un gran número de estudios y como vengo indicando, los grupos metilo están relacionados con modificaciones epigenéticas. Cuando los grupos metilo se unen al ADN de un gen, modifican las propiedades de la unión entre las proteínas reguladoras y el material genético. Esto hace que el gen no pueda ser leído porque la cubierta proteica no puede ser retirada. La metilación del ADN puede silenciar o modificar la actividad genética.

El resultado fue que las madres que tomaron estos suplementos dietéticos ricos en grupos metilo, como el ácido fólico, la vitamina B12 o la colina, parieron ratones normales, esbeltos y marrones, a pesar de que sus descendientes tenían el mismo gen *agoutí* que las madres. Las madres que no ingirieron grupos metilo parieron ratones amarillos que engordaron casi el doble que sus esbeltos compañeros.

Voy a exponer este estudio de manera más ampliada porque considero que las conclusiones que se derivan de él son muy importantes para entender mejor el objetivo de la BNE.

## Epigenética, Universidad Duke[18]

El término epigenética existe desde los años cuarenta. Pero el primer avance importante que la impulsó como ciencia se produjo en el año 2003 con la participación de un animalito insignificante cuya presencia es común en los laboratorios de investigación en biología.

El doctor Félix E. F. Larocca presenta el siguiente artículo:[19]

A todos, presento al ratón flacucho marrón. Este ratoncito sorprendió a la comunidad científica con el comportamiento de sus genes. El roedorcito en cuestión pertenecía a una cepa de ratones obesos amarillos que fueron criados específicamente para transportar un gen llamado agoutí que les confiere el color característico y les garantiza la tendencia a la obesidad.

Cuando dos ratones agoutí se aparean, producen indefectiblemente ratones amarillos y gordos, generación tras generación.

Pero, veamos lo que pasa cuando los ratones van a la Universidad Duke.

Un grupo de científicos de esta universidad separó un contingente de ratones agoutí en dos grupos. Uno era el grupo de control y el otro un grupo de ratonas preñadas.

Ratón agoutí amarillo y flacucho marrón

Con el grupo de control no se hizo nada especial. Se les alimentó con la dieta habitual en el laboratorio y se les permitió copular entre ellos.

No hubo sorpresas: las ratonas amarillas y gordas parieron ratoncitos amarillos y gordos. Sin embargo, los ratones del grupo experimental quedaron sujetos a ciertas alteraciones en su dieta: además de su ingesta normal, a este grupo se le administró un mejor cuidado prenatal, un régimen similar al de las mujeres embarazadas modernas. Recibieron vitamina B12, ácido fólico, betaína y colina.

Los resultados de este experimento sacudieron el de la genética por sus fundamentaciones. Ratones gordos y amarillos que se habían apareado con ratonas gordas y amarillas tuvieron bebés delgados y marrones.

Los resultados inesperados ponían en duda todas las creencias de la comunidad científica. Un análisis genético de los ratoncitos marrones complicó el misterio. Los genes eran exactamente los mismos que los de los padres, como se esperaba, estaban listos para enviar instrucciones para procrear ratones obesos y amarillos. Pero no lo hacían.

## ¿Qué sucedió?

La única explicación posible era que una o más substancias presentes en los suplementos vitamínicos que les administraron a las madres preñadas se habían trasladado dentro de los genes de los roedores y «habían apagado la expresión del gen *agouti*».

Cuando los bebés nacieron, todavía poseían el gen *agouti,* pero este no se había expresado: substancias químicas se habían afijado al gen, suprimiendo su expresión. Este proceso de supresión genética tiene un nombre, se llama metilación del ADN. La metilación ocurre cuando un compuesto —llamado grupo metilo— se une a un gen y cambia su modo de expresarse sin alterar la estructura del ADN.

## Pero, hay más...

Ser delgados y marrones no fueron los únicos rasgos que los ratones adquirieron por medio de la metilación. El gen *agouti* de los roedores guarda relación con una mayor incidencia del cáncer y la diabetes. Los ratones con el *agouti* apagado evidenciaron una reducción significativa en la aparición de cáncer y diabetes.

Según el líder del estudio, el doctor Randy Jirtle: «Por vez primera hemos demostrado de manera precisa que el uso de suplementos alimentarios en la madre puede alterar permanentemente la expresión de los genes en las crías sin alterar los genes mismos».

En otras palabras, **lo que comemos y cómo lo comemos tiene un impacto en generaciones venideras.** El efecto de este estudio fue enorme, las razones, aun siendo obvias, merecen ser examinadas:

1. La epigenética disipó la convicción existente de que los programas genéticos son fijos e indelebles. El mismo conjunto de genes puede producir resultados diferentes dependiendo de cuáles hayan experimentado el proceso de metilación y cuáles no. Lo que significa que hay que tomar en consideración un nuevo estrato de reacciones posibles que actúan fuera y por encima del código genético, porque cambia el resultado del programa genético sin alterar el código mismo.

De ese «fuera» y «por encima» es de donde la epigenética deriva su nombre. El prefijo griego "epi" significa 'sobre' o 'en adición'; y "genético" equivale a 'relacionado con la herencia'. Esto, de por sí, no debe suponer una gran sorpresa, puesto que muchos investigadores han señalado que con frecuencia los mismos genes producen distintos resultados. Mellizos idénticos que comparten el mismo ADN no poseen las mismas huellas digitales o no desarrollan las mismas enfermedades.

2. Embarazada saludable. El estudio de Duke resucitó el espíritu de Lamarck: se demostró que los factores del entorno que afectan a la madre afectan también los rasgos hereditarios de los hijos, sin cambiar la estructura del ADN.

Más adelante, otros experimentos con ratones, realizados también en Duke, señalaron que se podía sobrecargar los cerebros de ratones con la simple adición de colina en la dieta de la hembra preñada. La colina desencadena un patrón de metilación que apaga el gen que normalmente limita la división celular en el centro de la memoria cerebral.

Con el controlador de la división celular apagado en las células que regulan la memoria, los ratones comenzaron a producir células de memoria a toda velocidad, dando como resultado memorias enormes para los ratones en cuestión. De adultos, esos ratones rompieron todos los récords de retención en pruebas psicológicas estandarizadas.

Se han conducido investigaciones que corroboran estos hallazgos en una variedad de animales, incluyendo el ratón de campo, la pulga del agua fresca (daphnia), el saltamontes del desierto, algunas especies de lagartijas y otros animales en los que aspectos físicos y de comportamiento cambian ostensiblemente por la metilación, sin alterar el ADN.

## Mientras tanto, qué sucede en el ser humano...

El enfoque actual de la investigación epigenética en el ser humano está casi completamente limitado al estudio fetal. Ha quedado muy claro que los primeros días que siguen a la concepción, cuando la mujer aún no sabe que está encinta, son más críticos de lo que suponíamos. Precisamente en esta etapa es cuando genes importantes se encienden y se apagan, transmitiendo o no las primeras señales epigenéticas al feto en desarrollo.

El útero se constituye, entonces, en un verdadero laboratorio evolucionista donde se evalúan rasgos que pueden o no ayudar a la supervivencia del feto. Hay investigaciones que demuestran que en muchos abortos espontáneos el feto evidenciaba anormalidades genéticas.

He aquí cómo la epigenética puede explicar parcialmente la epidemia de obesidad, en particular la infantil.

El *fast food* (comida rápida]), que constituye la dieta de la mayoría de los americanos, tiene un alto contenido en calorías, pero un bajo contenido en nutrientes, especialmente de aquellos elementos que son esenciales para el desarrollo de un embrión en las etapas tempranas de su evolución. Si una mujer recién embarazada se pasa las primeras semanas de su gravidez comiendo la típica dieta de *junk food* (comida basura), el embrión puede recibir la señal de que va a nacer en un entorno hostil donde los alimentos esenciales escasean. Por medio de una combinación de efectos epigenéticos, diversos genes se encienden y se apagan, lo que da como resultado que el bebé nazca pequeño y necesite menos comida para la supervivencia. Se volverá obeso en el futuro.

## La hipótesis de Barker

David Barker, distinguido nutricionista británico, fue el primero en sugerir que existe una conexión entre la nutrición fetal deficiente y la obesidad posterior. Actualmente su teoría lleva su nombre, también se la conoce como la teoría del genotipo económico.

Los fetos que experimentan una nutrición deficiente desarrollan metabolismos económicos que son mucho más eficientes a la hora de almacenar energía. Cuando un bebé nacía con un fenotipo económico diez mil años atrás, durante un período de escasez de alimentos, su metabolismo conservacionista lo ayudaba a sobrevivir el hambre relativa. Pero, cuando un bebé nace en el siglo XXI, rodeado de un exceso de comida pobre nutricionalmente y rica en calorías, el bebé engorda.

Para los científicos de nuestro mundo que se toman en serio el estudio de los trastornos alimentarios, la hipótesis de Barker es de la mayor importancia, porque nos ayuda a entender cómo los hábitos alimenticios de la madre pueden afectar al esquema metabólico de los hijos.

Papá: mejor, no fumes...

Estudios muy recientes llevados a cabo en Gran Bretaña han descubierto que hombres que comenzaron a fumar antes de la pubertad tuvieron hijos que se volvían mucho más gordos de lo considerado normal cuando cumplían los nueve años. Lo sorprendente es que esta correlación afectaba exclusivamente a los hijos varones. Los expertos en epigenética deducen que, en este caso, los indicadores epigenéticos se transmiten a través del cromosoma Y.

Marcus Pembrey, un genético británico, llama este fenómeno «el principio de prueba». El esperma ha captado información dentro del entorno hereditario y ahora modifica el desarrollo y la salud del individuo en generaciones futuras.

Pero hay más. Debido a que las modificaciones del genoma son transgeneracionales, se están exponiendo evidencias que sustentan el impacto de la epigenética de abuelos y abuelas en sus nietos.

Veamos el mecanismo involucrado en el caso de la herencia de la madre a través de la abuela.

Cuando nace una hembra del género humano, ya posee en sus ovarios de bebé la cantidad total de óvulos que tendrá en toda su vida. Por extraño que parezca, esto significa que el óvulo del que uno se desarrolla, con la mitad de los cromosomas propios, fue creado en los ovarios de mamá cuando ella todavía estaba en el útero de la abuela. La evidencia científica señala que cuando la abuela transmite señales epigenéticas a nuestra madre, ella, a su vez, también nos transmite esas señales, que eventualmente constituirán la mitad de nuestro ADN.

¿Se trata de un dictamen genético?

Por ejemplo, se ha descubierto que los niños cuyas abuelas fumaron cuando estaban embarazadas tenían más predisposición a sufrir asma que los hijos de madres que fumaban cuando ellas estaban embarazadas. Muchas investigaciones continúan produciendo hallazgos similares que nos maravillan y sorprenden. Esto es importante, puesto que puede desempeñar un rol decisivo en el entendimiento de la obesidad como fenómeno de adaptación descarrilada. Sigamos.

La metilación del ADN ocurre durante todo el ciclo vital, y hay que tener en cuenta la totalidad de la vida.

Ahora, consideremos algo nuevo: los transposones o genes saltantes.

Las mazorcas de maíz indio pueden tener distintos colores: violeta, amarillo y blanco. A veces los granos son de color púrpura, con vetas blancas o manchas marrones. Este efecto de las manchas inesperadas contraviene los hallazgos de Mendel y desafía los principios básicos de la genética, porque los granos individuales pueden ser multicolores en lugar de monocromáticos. El movimiento de transposones en los cromosomas puede dar como resultado colores inesperados que no se ajustan al color y variedad de los granos esperable según las leyes de Mendel. La explicación de este fenómeno supone un «salto de genes», o transposones, e hizo que la doctora Barbara McClintock obtuviera el prestigioso Premio Nobel de Medicina en 1983 por su larga vida de investigación dedicada a la genética del maíz.

## ¿Qué es un transposón o gen saltante?

Un transposón es una secuencia de ADN capaz de replicarse e insertar una copia de sí misma en un nuevo lugar del genoma. Los transposones son secuencias repetitivas, se cree que proceden de ancestros. Se han descubierto en bacterias y en células eucariotas. Y, por extensión, en los virus de los ordenadores, aunque estos no afectan directamente a los seres vivos.

En otras palabras, la estabilidad que atribuíamos al código genético y que nos permitía aventurarnos a especular sobre la existencia del gen de la obesidad, el de la homosexualidad, el del lenguaje y aún el de dios, carece de corroboración científica (véanse las ponencias del doctor Félix Larocca, de la República Dominicana, especialmente: Del gen de la obesidad? "Of Mice and Men?", en <monografías.com>).

La herencia y la genética ya no son el destino, como antes creíamos.

Antes de concluir, veamos un poco de la historia de la nueva ciencia que aquí estudiamos. A menudo se atribuye a Conrad Waddington (1905-1975) el haber acuñado el término "epigenética" en el año 1942 como 'la rama de la biología que estudia las interacciones causales entre los genes y sus productos, que dan lugar al fenotipo'. Las primeras apariciones de la epigenética en la literatura datan de mediados del siglo XIX, aunque los orígenes del concepto ya se encuentran en Aristóteles (384-322 a de C.). Aristóteles creía en la epigénesis: el desarrollo de la forma orgánica del individuo a partir de la materia amorfa.

Esta controvertida creencia fue el principal argumento en contra de la hipótesis que mantenía que nos desarrollamos a partir de cuerpos minúsculos completamente formados. Incluso en nuestros días, aún no existe un consenso universal acerca de hasta qué punto estamos preprogramados o modelados por el ambiente. El campo de la epigenética ha surgido como un puente entre las influencias genéticas y ambientales. En el siglo XXI , la definición más común del término "epigenética" es: 'el estudio de cambios heredables en la función génica que se producen sin un cambio en la secuencia del ADN'.

### Aplicaciones clínicas

En el caso de la obesidad, puede decirse que, aunque no se haya encontrado el gen que la produce —como tantas industrias farmacológicas y genéticas ansían—, la metilación de los genes responsables de ella comienza mucho antes de que nazca el niño, y que la industria de la comida rápida —cuyos productos acarrean cantidades monstruosas de substancias nocivas y de elementos químicos que no solo son incompatibles, sino que afectan adversamente a quienes los consumen (véanse los colorantes artificiales y el glutamato monosódico)—, que sea responsable de la epidemia que nos flagela.

Para poder eliminar su presencia y su avance implacable hay que efectuar los esfuerzos en un nivel situado muy por encima del gen: el nivel epigenético. Este es un objetivo que muy pocos logran porque, en su ignorancia, no lo reconocen.

Mientras tanto: mujeres embarazadas, sean conscientes de lo que comen, porque el efecto de esa comida puede reflejarse en los nietos y aún más allá...[20]

## EXPERIMENTO 2

Para ilustrar lo que venimos diciendo sobre los comportamientos aprendidos por los padres y transmitidos a los hijos, veamos este magnífico experimento recuperado por mi amigo el doctor Jon Jaureguizar Núñez de *Nature Neuroscience*, y luego simplificado magníficamente con sus dibujos aclaratorios. El experimento se titula: «Parental olfactory experience influences behavior and neural structure in subsequent generations» [La experiencia olfativa de los padres influye en la conducta y estructura neural de las generaciones subsiguientes].[21]

## Comportamientos aprendidos por los padres y transmitidos a los hijos

### Investigación

1) En primer lugar se escogieron varios ratones macho.

2) A cada uno se le colocó en una jaula especial.

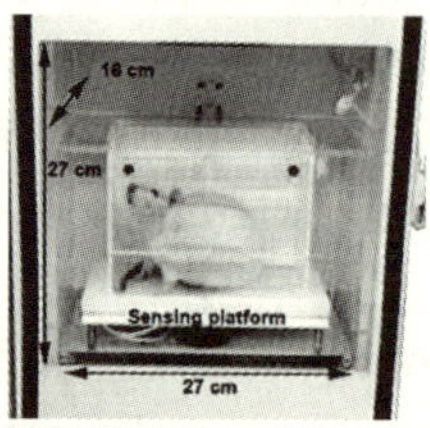


3) Luego se introdujo un olor parecido al de los cerezos en flor durante diez segundos.

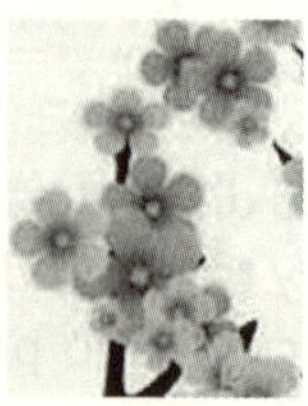

4) A continuación se le dio una suave descarga eléctrica (desagradable) en los pies a través del suelo de la jaula durante 0,25 segundos.

5) Esto les producía un sobresalto traumático con manifestaciones corporales, como por ejemplo el aumento de la frecuencia cardiaca.

6) Después de repetir esta secuencia una serie de veces durante varios días, se conseguía que el ratón asociara el olor con la descarga. Se creaba un anclaje entre los dos estímulos, el olor a cerezo en flor y la descarga eléctrica, junto con sus efectos corporales. Esta es una respuesta asociada al miedo y gestionada por la amígdala cerebral. Por lo tanto, se había conseguido que el ratón incorporara, o aprendiera rápidamente, un nuevo programa mental, un programa de supervivencia, a través de la vivencia de una emoción intensa y repetida en un contexto determinado. Llamaré a estos ratones macho F1M (familia de primera generación).

7) De esta forma, en situaciones posteriores al aprendizaje, la mera presencia del olor desencadenaba una reacción de miedo con manifestaciones físicas similares a las aprendidas.

8) Además, se descubrió que cierta parte del bulbo olfatorio cerebral de estos ratones macho, F1M, tenían unas características neurológicas diferentes de las de ratones macho sin este aprendizaje.

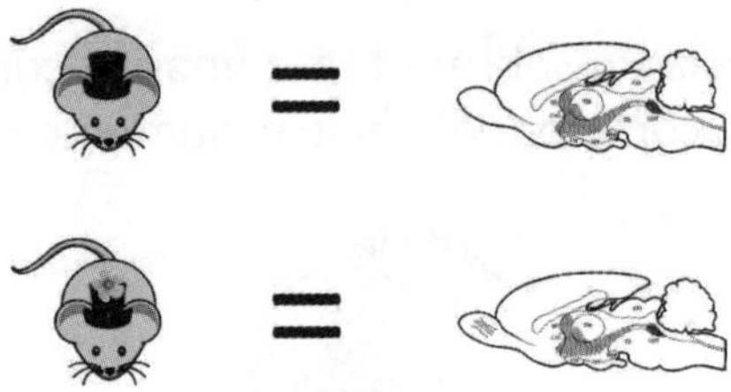

9) Posteriormente, se emparejó a cada uno de estos ratones macho, F1M, con un ratón hembra sin este aprendizaje.

10) Y nacieron sus hijos. Llamaré a los hijos ratones macho F2M (familia de segunda generación).

11) ¿Habrían heredado el aprendizaje de sus padres machos o no?

12) Para descubrirlo, se colocó a los ratones macho F2M en una plataforma especial con forma de cruz donde dos de los segmentos tenían paredes y otros dos segmentos no las tenían.

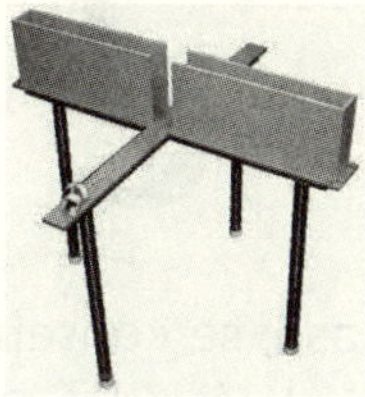

13) A continuación, se colocó en un extremo un frasco con olor a cerezo en flor y en el otro extremo un frasco sin olor. Y se comprobó que estos ratones evitaban el extremo donde estaba el frasco con olor a cerezo en flor. De alguna forma, habían heredado el programa de supervivencia de sus padres machos: «el olor del cerezo en flor es peligroso».

14) Posteriormente, se emparejó a ratones macho F2M con ratones hembra sin este aprendizaje, y salieron los nietos de los F1M. Llamaré a estos nietos ratones macho F3M (familia de tercera generación). Tras realizar las comprobaciones pertinentes en la jaula, resultó que también habían heredado el programa de supervivencia de sus padres y de sus abuelos.

15) ¿Y qué sucedía si los ratones eran hembras?

16) En este caso, se «enseñó» a ratones hembra F1H a sentir peligro ante el olor del cerezo en flor antes de tener contacto sexual con un ratón macho sin este aprendizaje. Luego se emparejó a estos ratones hembra con ratones macho sin este aprendizaje. Y los ratones hembra descendientes, F2H, colocados en la plataforma en forma de cruz, mostraron que evitaban el extremo donde estaba el frasco con olor a cerezo en flor. Es decir, al igual que los ratones macho F2M, de alguna forma habían heredado el programa de supervivencia de sus madres: «el olor del cerezo en flor es peligroso».

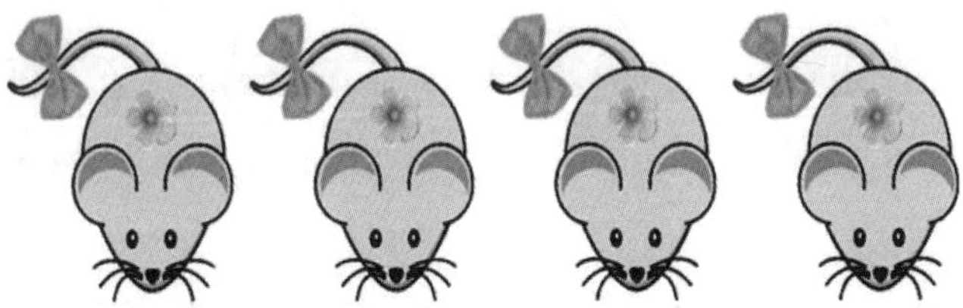

17) A continuación, los investigadores se plantearon la siguiente cuestión: «¿Se transmitirá esta información por la *cultura* (comportamientos aprendidos de observar a sus padres) o por la *biología* (información transmitida directamente por el cuerpo, las células, la bioquímica de cada individuo)?».

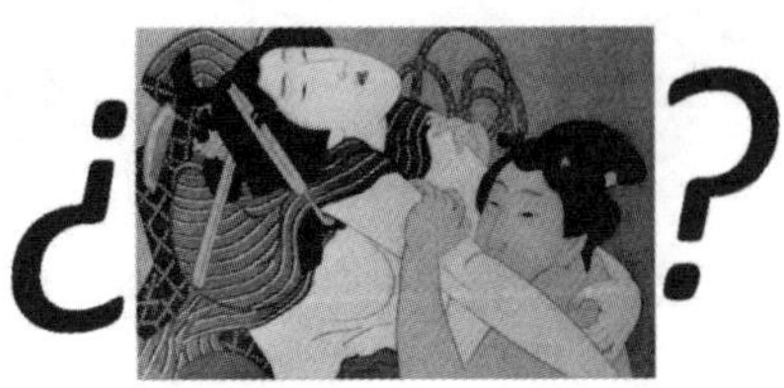

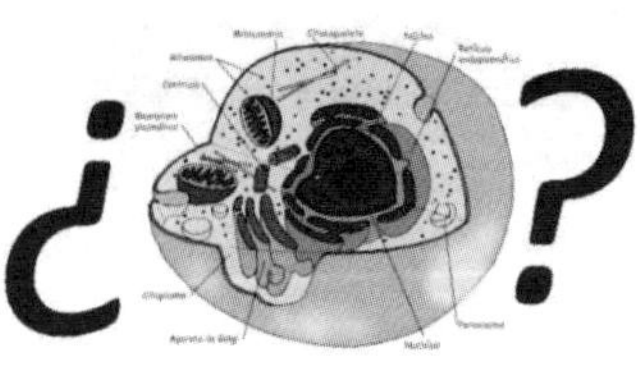

18) Para responder a esta pregunta, por un lado —en una primera localización—, a los ratones machos F1M se les extrajo espermatozoides diez días después de haber recibido la última «clase» de asociación del estímulo del olor del cerezo en flor con la descarga eléctrica.

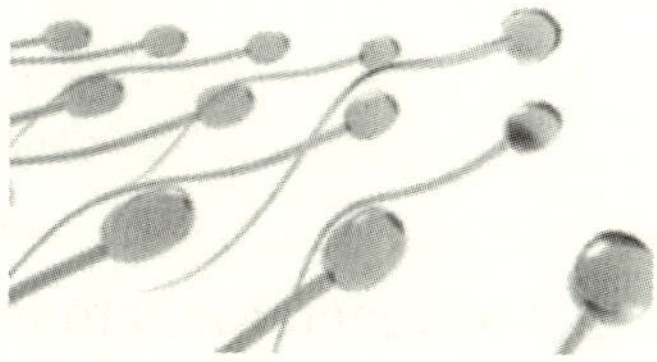

19) Por otro lado, en una segunda localización, a ratones hembras sin este aprendizaje y sin contacto previo con los ratones macho F1M, se les extrajo óvulos.

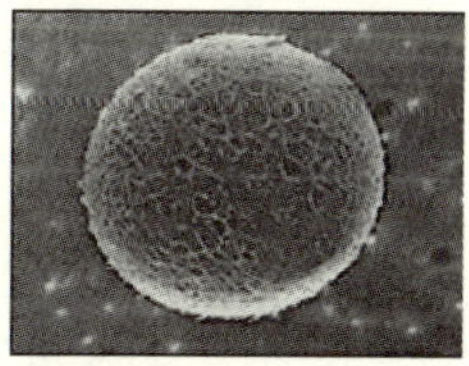

20) También en la segunda localización se realizó la fertilización de estos óvulos por aquellos espermatozoides y se les dejó crecer hasta convertirse en cigotos.

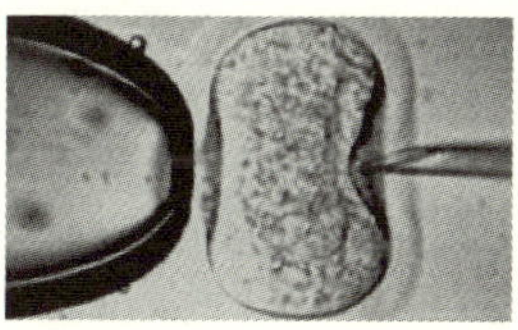
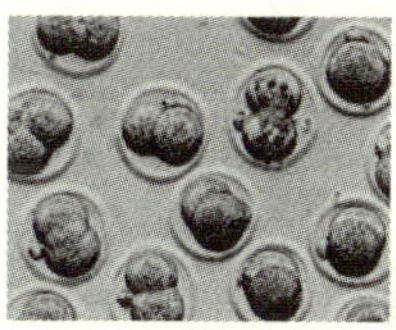

21) Igualmente, en la segunda localización, estos cigotos fueron implantados en nuevos ratones hembra que tampoco tenía este aprendizaje ni contacto previo con los ratones macho F1M.

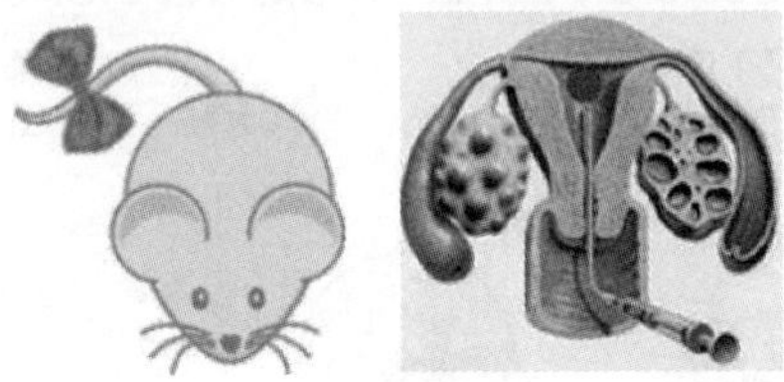

22) Y se generaron ratones macho que tenían las mismas características neurológicas que las de los ratones con aprendizaje de peligro al olor del cerezo en flor. Llamaré a estos hijos ratones macho F2MV (familia de segunda generación creada in vitro).

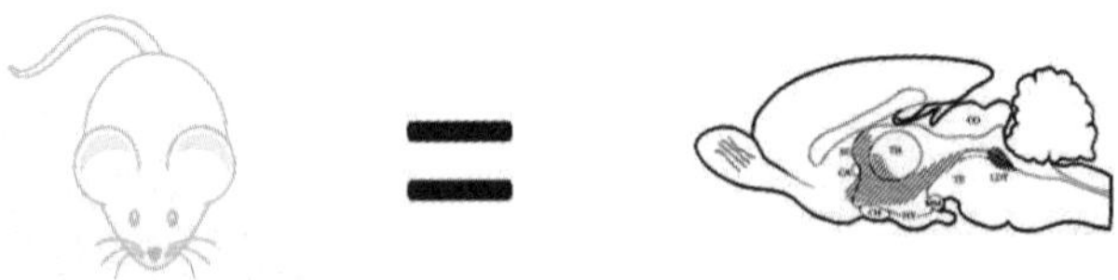

23) Todo lo anterior sugería que tanto el comportamiento como las alteraciones neuronales eran consecuencia de un proceso de herencia biológica. Sin embargo, este tipo de información no es la que se transmite por la combinación mendeliana de genes u otras alteraciones genéticas típicas. Entonces, cabía preguntarse: «¿Cómo se transmite esta información de padres a hijos?».

24) Para responder a esta pregunta, se estudió el ADN de los espermatozoides de F1M y F2M.

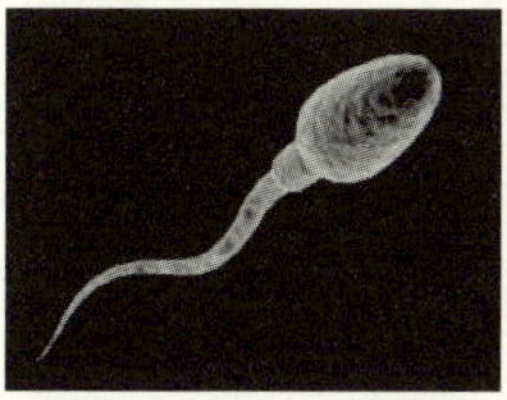

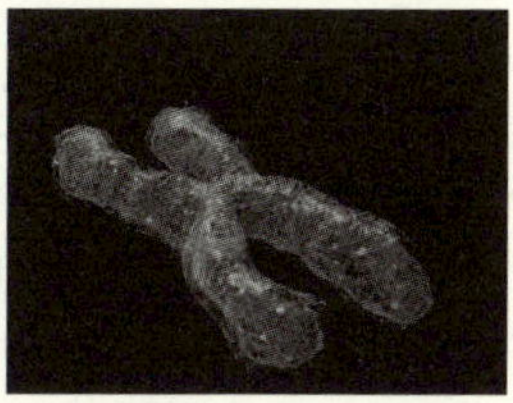

25) Y se encontraron cambios epigenéticos en zonas concretas del ADN que podían explicar esta mayor sensibilidad al olor de los cerezos en flor.

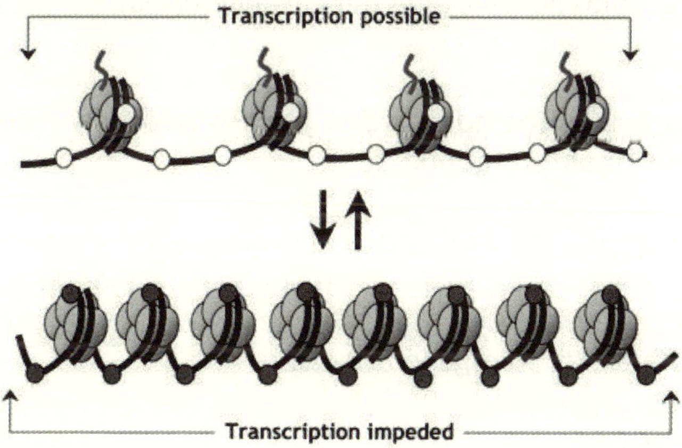


## Reflexiones

Este artículo ha suscitado polémica entre los científicos, que varían en sus reacciones: desde los que aceptan este estudio de laboratorio como el más riguroso sobre epigenética transgeneracional realizado hasta la fecha, hasta los que muestran su mayor incredulidad.[22] Asimismo, para algunos científicos la información es insuficiente en algunos aspectos.[23] Y, como muchos otros estudios de investigación, plantea más preguntas de las que es capaz de responder:

- ¿Cómo es posible que la exposición repetida a un estímulo neutro (por ejemplo el olor de un cerezo en flor), asociado a otro estímulo generador de estrés corporal de baja intensidad (por ejemplo una descarga eléctrica), pueda modificar específicamente la expresión de los genes?

- La exposición a un estímulo neutro asociado con otro estímulo generador de estrés corporal de muy alta intensidad ¿también puede transmitirse por herencia transgeneracional?

- ¿Cómo puede deshacerse esta herencia en los descendientes?

- ¿Cuántas generaciones dura esta herencia?

## **Comportamientos aprendidos por los padres y transmitidos a los hijos** —segunda parte—[24]

A continuación, voy a extrapolar el experimento transgeneracional de los ratones a los comportamientos humanos. En el ejemplo que presento en este artículo, me ciño a un caso simple de comportamiento transgeneracional.

### El caso de Iván

Iván era director de una gran empresa relacionada con el cuidado de personas. Llevaba una temporada trabajando duro y estaba pensando en tomarse unos días de descanso con su familia. Los días fríos y duros del invierno habían concluido y la primavera estaba comenzando a manifestarse con su calor y vitalidad característicos.

Unos amigos le sugirieron que fuese con su familia al valle de Asahohan, en Sukiyaki. Es un valle precioso, con bosques, calveros esmeralda y un precioso río. Y, por si eso fuese poco, en primavera la magia toca las riberas del río.

Uno de los amigos le enseñó una foto del valle.

Iván confiaba en sus amigos, así que, sin más preguntas ni indagaciones, hizo la propuesta a su mujer, Yumiko. A ella le encantó la idea y comenzaron a organizar el viaje. Cuando todo estuvo listo, subieron al coche y se dirigieron al valle.

Una vez allí, estacionaron el coche en la entrada del valle y fueron todos caminando hacia el interior. Finalmente llegaron a un calvero del bosque que les encantó. Tras acomodar los pertrechos de la excursión, comenzaron a jugar. Y después de una intensa mañana de juegos y exploración del bosque, vino la hora del pícnic.

Después de comer, Iván se sintió contento y cansado, así que decidió hacer una pequeña siesta campestre. Al cabo de un rato, se despertó con sensación de frío, un ligero dolor de estómago, cierto malestar difuso y un grado de enfado. Se percató que se había levantado un poco de brisa. Pensó que con lo que había sudado por la mañana, la comida, ponerse a dormir a pierna suelta y el viento había cogido frío. Y le vinieron las palabras de su madre: «Cuando duermas en el campo, ponte una rebeca para no coger frío».

Como no se encontraba bien, regresó al coche y continuó la siesta al amparo del viento. Después de un buen rato, se despertó contento y con nuevas energías. Salió del coche y se dio cuenta de que el aire se había calmado por completo. Y volvió al interior de ese valle tan maravilloso.

En cuanto llegase al lugar donde se hallaba su familia, se irían a ver el río, para así poder experimentar la «magia que tocaba sus riberas», como sus amigos le habían comentado. Por el camino iba imaginándose cómo sería ese lugar tan especial.

Tras encontrarse con su familia, se dirigieron todos al río. El camino estaba repleto de árboles frondosos que lo ocultaban de la vista. Iván y Yumiko iban cogidos de la mano. En un momento dado, en medio de risas, se dieron un beso. Y después del beso, de improviso, se encontraron en un puente sobre el río. Así pudieron observar la magia de sus riberas. Era primavera y los cerezos en flor que bordeaban sus flancos estaban en el apogeo de su floración.

Tanto los niños como Yumiko expresaron su fascinación y maravillamiento ante el espectáculo que la naturaleza les ofrecía. Sin embargo, a Iván le sucedía algo extraño. Tenía una sensación que no sabía describir. Por un lado, la sorpresa agradable del regalo visual; por otro, cierta sensación de rabia y, por un tercero, la dicha de ver a sus hijos y a Yumiko entusiasmados. Volvió a sentir escalofríos y un malestar muy intenso en el estómago. Así que les dijo que de nuevo se sentía indispuesto y que prefería adelantarse y regresar al coche mientras ellos seguían disfrutando del espectáculo.

Al cabo de un rato en el coche, volvió a encontrarse estupendamente. Este fue un viaje que le impactó mucho y siempre lo guardó en su memoria. Tanto por sus mejores momentos, como por sus extrañas indisposiciones.

Tiempo después, a raíz de ciertas circunstancias, Iván realizó algunas consultas conmigo. Al explorar el tema que lo había conducido hasta mí, Iván me explicó el episodio previo. Y, en la indagación que realizó sobre ciertas personas de su familia, encontró una historia muy especial que desconocía por completo y que le explicó un familiar lejano.

En concreto, era un episodio de la vida de su abuelo Juan, de quien hasta ese momento solo conocía lo que había hecho en los últimos siete años de su vida. Juan había emigrado a Cuba bastante joven con su hermano mayor Txomin. Allí aprendió el oficio de carpintero y ebanista, y, gracias a su habilidad con la madera y su trato extremadamente cuidadoso con las personas, pronto levantó junto a su hermano una carpintería de éxito y renombre en La Habana.

Gracias a su profesionalidad, sus servicios fueron requeridos por un rico hacendado de Santiago de Cuba para realizar el mantenimiento de diversas edificaciones de madera que poseía. Como era un proyecto grande que requería medio año de dedicación, Juan y Txomin se trasladaron a la hacienda principal de quien les contrató.

Mientras hacia algunos trabajos en la casa principal, Juan conoció a Aki, la hija del acaudalado terrateniente. El dueño de la hacienda se había casado con una mujer japonesa y su hija había heredado todos los rasgos de la madre.

Juan se enamoró locamente de esta muchacha. De vez en cuando, en los descansos, conversaba con ella animosamente y le hacía pequeños regalos de madera que ella agradecía. Aki era de una amabilidad exquisita con todo el mundo, pero Juan se imaginó que con él tenía una amabilidad especial, más íntima.

Después de acabar los trabajos en la casa principal, se trasladaron a la casa El Cerezal. Era una pequeña casa de descanso del hacendado, a los pies de la sierra, que requería bastante trabajo de mantenimiento. El nombre de la casa le había sido dado por la enorme plantación de cerezos que tenía enfrente. Cuando Juan y Txomin llegaron allí, faltaba poco para que estos árboles florecieran.

A la semana de haber iniciado los trabajos allí y con el servicio de los cuidadores de la casa a su plena disposición, Juan casi se sentía el amo de esa parcela. Por si eso fuera poco, Aki se presentó para pasar unos días en esa casa. Juan estaba radiante.

Sin embargo, a los tres días de la llegada de Aki, inesperadamente, llegó otro hombre a la casa, que Aki presentó como su prometido. Juan sintió como si le hubiesen arrebatado algo suyo.

Txomin se dio cuenta del drama que estaba viviendo su hermano e intentó ayudarlo procurando sacarle la idea de la cabeza y del corazón. Para ello focalizaron toda su atención en el trabajo y en conversaciones sobre su querida tierra natal, allá en la lejana Europa. Durante unos días, el plan de Txomin funcionó perfectamente; sin embargo, cuando Juan se puso a trabajar en el gran salón de la casa, su carácter volvió a agriarse. Txomin no sabía qué sucedía, pues Juan no le explicaba nada.

Desde el gran salón de la casa se veía el cerezal, ahora los cerezos estaban en plena floración. El viento matinal de poniente impregnaba la estancia con la fragancia de los cerezos en flor. Y ahí, bajo los cerezos, Juan veía como cada día Aki paseaba con su prometido, cogidos de la mano, y era besada por él. Y esto se repitió varios días. Juan sentía la sangre hervir en su interior.

Aunque Juan no explicaba nada de esto a Txomin, este observaba que a su hermano le pasaba algo, pues cuando se reunía con él a medio día se quejaba de frío y venía con un humor de perros. Finalmente, Juan explicó a

Txomin lo que le sucedía, entonces Txomin llevó su hermano a la hacienda principal. Conversó con el dueño y acordaron que el resto del trabajo pendiente lo completarían algunos de los operarios que trabajaban con ellos.

De vuelta a la ciudad, Juan tuvo una mala temporada, con dolores de estómago y sangre en las heces. Txomin cuidó de él y siempre se las ingeniaba para mantenerlo muy ocupado en multitud de temas para que no rumiase lo sucedido. Finalmente, Juan recuperó la salud y su carácter alegre y enérgico.

**Reflexiones:** En primer lugar, quiero remarcar que este caso que he presentado está compuesto por varias historias reales de diversos clientes con el objeto de ocultar sus identidades y de ajustar su contenido real a las características didácticas de este artículo.

En segundo lugar, es necesario observar que, en los humanos, «un simple caso de comportamiento transgeneracional» puede ser algo más complejo que en un experimento con ratones.

En tercer lugar, es interesante apreciar las coincidencias, conexiones, antecedentes, consecuentes y giros que existen entre ambas situaciones.

En cuarto lugar, aunque no hubiésemos contado con la excepcional aportación del familiar de Iván, los hechos seguirían enlazados, solo que no habríamos podido alcanzar una comprensión similar a la que tenemos ahora gracias a él.

Aunque esta historia no es el experimento de los ratones, es fácil apreciar la similitud de líneas existente entre ambos sucesos. En los ratones existe un condicionamiento claro: asociaciones repetidas de olor a cerezos en flor y descargas eléctricas que producen desagradables efectos corporales. Una asociación clara entre un estímulo y un conflicto real.

En el caso de Juan, existen asociaciones, por un lado, con el contexto de ver los cerezos en flor, el olor de estos, dos personas paseando cogidas de la mano, los besos y una interpretación mental de «poseer» algo muy querido. Y, por el otro lado, están las interpretaciones mentales de algo muy querido que es arrebatado por un competidor, una sensación corporal de «sentir hervir la sangre», sensación de frío y humor de perros. Esta asociación es mucho más compleja que la de los ratones; pero hay una clara secuencia de sucesos que se producen en muy poco tiempo, e incluso se repiten, que activan los sistemas de aprendizaje automático del individuo para protegerlo de situaciones similares en el futuro. Básicamente, y con todas las salvaguardas que se quieran poner debido al salto de complejidad, parece existir una conexión entre el evento inicial de Juan en Cuba y el evento final de Iván en el valle.

Cuando Iván está en el valle, se produce una asociación. En primer lugar, el olor de los cerezos debió llegarle con el viento mientras dormía la siesta. Y eso solo ya le produjo el efecto simpaticotónico de frío en la periferia de su cuerpo, malestar y carga en el estómago. Posteriormente, el caminar con su mujer japonesa de la mano, un beso, encontrarse de repente en un «cerezal» con el olor intenso que debía haber allí (aunque entonces no hubiera viento), activó todos los recuerdos básicos de aquel episodio transgeneracional de peligro. Y esto activó en el cuerpo una reacción específica (el porqué de esa reacción ahora no viene al caso y será abordado en un artículo posterior).

Y desde lo más evidente surgen otras preguntas interesantes: ¿cómo es que él acaba casándose con una chica japonesa? ¿El negocio de éxito que dirige de cuidado de personas tiene que ver con el trato extremadamente cuidadoso que Juan dispensaba a sus clientes? Y esto último, ¿tiene alguna relación con la atracción de Juan por Aki, una persona de una amabilidad exquisita con todo el mundo?

Es fácil observar que realizar investigaciones con seres humanos sobre el transgeneracional se vuelve algo realmente complejo. Hay multitud de variables que pueden interaccionar (en el ejemplo anterior solo hemos supuesto algunas de ellas en base a ciertos datos narrados de unas historias. Es posible que existan otras muchas variables de las cuales no nos hemos percatado). Además de lo anterior, existen aspectos importantes a tener en cuenta. Uno de ellos es el tiempo que los humanos requieren para apreciar efectos transgeneracionales. Otro es que debido a que nosotros, los seres humanos, somos capaces de interactuar con el mundo de forma figurada a través del lenguaje y los símbolos, también podemos experimentar los conflictos en un sentido figurado, y no solo real.

Una de las consecuencias de estos estudios puede ser la comprensión de la tremenda mecanización del comportamiento que los humanos podemos tener. ¿Es la elección de pareja algo casual o está tremendamente mediada por recuerdos transgeneracionales ventajosos en algún sentido? ¿Es mi predilección por la independencia algo programado en algún ancestro mío y destapado por alguna circunstancia actual?

Independientemente de que en el transgeneracional influyan más factores de los que empiezan a esbozarse en los estudios experimentales, está claro que poco a poco iremos adquiriendo más conocimiento de los mecanismos que se ocultan en esta herramienta de la evolución para la adaptación al contexto. Y no me cabe duda de que, pese a lo intrincado de los seres humanos, los investigadores seguirán profundizando en la comprensión de estos mecanismos en nosotros, ideando experimentos que aporten nueva luz en esta área.

Pese a toda la aparente mecanización de los comportamientos heredados que todos parecemos exhibir de una forma u otra, tengo claro que los seres animados podemos «salir» de la materia inanimada y ser muchísimo más de lo que estamos siendo ahora.

## REFLEXIONES

Lamentablemente, y siempre desde mi punto de vista, la solución se sigue buscando en el exterior, bien en forma de fármacos o de cambios conductuales. Mi propuesta, tal como la vengo exponiendo y demostrando, es buscar la solución en nosotros mismos. Es un trabajo de conciencia, de despertar, de saber que acarreamos una información tóxica y que, lejos de ser víctimas de ella, podemos limpiarla.

Mi hipótesis es: si se pueden dejar programadas unas conductas tóxicas, entonces también se pueden desprogramar y reprogramar conductas menos nocivas. Si mi ADN puede guardar ambientes, traumas, abusos, conductas —dicho de otro modo, aprendizajes—, entonces el camino de la salud —al margen de la correspondiente toma de fármacos o medicamentos complementarios— es y será desarrollar el arte de desaprenderlo y reaprender nuevas formas de vida. Y todo ello como resultado de la toma de Conciencia que nos lleva a percibir el mundo que nos rodea como el reflejo de nuestros programas inconscientes. La propuesta es un estado mental de inocencia y no juicio.

### ¿Para qué heredo estas experiencias?

¿Qué sentido tiene guardar las experiencias traumáticas? Pienso que esta pregunta tiene multitud de respuestas, y también que si se guarda la información de situaciones traumáticas, su sentido debe ser salvaguardar la especie; debe ser, sin duda, la supervivencia.

Si un ancestro mío, supongamos una abuela, ha vivido experiencias traumáticas con relación a tener hijos —ha tenido trece hijos—, me parece lógico que sus descendientes no tengan hijos, tengan dificultades para encontrar pareja o no deseen tenerlos, pues para su inconsciente biológico tenerlos implica «no vivir», «ser esclava».

Para ello es necesario que el inconsciente no tenga la capacidad de hacer juicios de valor, que no sepa qué es lo bueno y lo malo con respecto a algo, que simplemente guarde memoria de las situaciones y hechos traumáticos para que de esta forma los descendientes no tengan que pasarlos.

Tal como he mostrado, los estudios epigenéticos en general, y los conductuales en particular, nos demuestran que cualquier cosa puede ser transmitida de padres a hijos, y que los acontecimientos más dolorosos, como no ser deseado o deseada por nuestros padres, puede llevarnos a conductas adictivas, a buscar reconocimiento por doquier, a soportar encadenamientos sociales con personas que nos maltratan o no nos respetan, por la simple razón de no sentirnos queridos en lo más profundo de nuestro ser. En casos así, en nuestra experiencia clínica, encontramos depresiones, fobias, anorexias y bulimias, además de multitud de enfermedades autoinmunes y degenerativas, como las esclerosis. Todas ellas nos hablan de pasados turbulentos, de grandes secretos, de abortos, de incestos, de abusos sexuales, de todo tipo de calamidades que los humanos solemos hacer; y, cuando nos lo cuentan, no damos crédito a nuestros oídos.

La mente humana es tan rebuscada que el inconsciente procesa la información de una forma simple, sin juzgar, sin tomar partido. Cualquier dolor emocional queda guardado para expresarse en el momento oportuno. Somos la expresión de nuestros genes —genoma—, pero, sobre todo, somos la expresión de nuestro epigenoma. De alguna forma, nuestras vidas son la expresión de estos programas; y cuanto antes tomemos conciencia de ello, antes tendremos las herramientas para poder sanarnos de una forma simple, llana y plena de sentido que nos permitirá ser más dueños de nuestro destino.

Para mí, y para muchos autores, guardar la información tiene otro para qué: poder desaprender programas tóxicos a fin de que así nuestros hijos queden libres de ellos y puedan alcanzar niveles de conciencia que hasta ahora no había sido posible lograr. Muchas veces, encontrar estos programas tan duros hace que la persona que viene a la consulta quede liberada de ellos por el simple hecho de tomar conciencia. Sus caras, sus cuerpos reflejan un bienestar que nunca antes habían sentido ni expresado. Recuerdo el caso clínico de una chica joven que vino a una consulta grupal con una cara que lo decía todo. Siempre se había sentido deprimida y nadie sabía explicarle por qué. Miramos su árbol y, al preguntarle por su madre, ella me contesta que siempre ha sido una «cripta» (término que se emplea en psicoanálisis para indicar el lugar donde se guardan grandes secretos). Le pregunto por su padre y me dice que él ha sido y es un hombre alegre, optimista y maravilloso. Entonces le hago la tercera pregunta, que es clave:

—¿Para qué se casa un hombre como tu padre con una mujer como tu madre? Mira esto es un exceso —sigo diciéndole— y una reparación del clan. Algún ancestro hizo alguna muy «gorda» para que tú estés todo el día pendiente de tu madre, no te hayas casado y solamente estés a su lado, como si fueras una vigilante que hubiera recibido algún mandato.

Ella me recuerda que su abuelo fue un general ruso y su trabajo era la limpieza étnica. Ni que decir tiene que, cuando me dijo esto, se dio cuenta de todo. Ella, que estaba relacionada por fechas con este abuelo, así como con su padre, buscaba solución para enterrar a todos los muertos en una «cripta». Decir esto y verle cambiar de cara fue todo uno. Exclamó:

—¡Por fin!, por fin he encontrado la respuesta, ahora ya me puedo liberar de este encargo, ahora ya no reparo más! Gracias —y se fue dándome un abrazo—.

## ¿Cómo se guarda esta información?

Para contestar a esta pregunta me referiré en diversas ocasiones al eminente doctor Bruce H. Lipton y a su maravilloso libro *La biología de la creencia*. El doctor Bruce Lipton impartió clases de biología celular en la Facultad de Medicina de la Universidad de Wisconsin y más tarde realizó estudios pioneros en la Facultad de Medicina de la Universidad de Stanford. Lo que más destaco de él, en especial para poder explicar y responder a la pregunta, es su descubrimiento del funcionamiento de la membrana celular.

Él demuestra de una forma magistral que el verdadero cerebro de la célula no es el núcleo, sino la membrana, pues es ella, y solo ella, la que mantiene contacto con el exterior y la que ordena al núcleo que fabrique ciertas proteínas para así poder adaptarse. Como ejemplo podemos poner a la bacteria, que se adapta a cualquier ambiente; para ello algo o alguien tiene que valorarlo y dar las órdenes oportunas para realizar la adaptación. Todos sabemos que la capacidad de adaptación de estos seres vivos viene determinada por la estructura no polar de su membrana; en ella hay toda una serie de proteínas receptoras y efectoras. El doctor Lipton nos demuestra que las proteínas receptoras pueden percibir campos de energía ondulatoria, como la luz y las frecuencias de radio. Si la proteína receptora se encuentra con un entorno cambiante, cambiará su forma debido a la alteración de la carga proteica. Luego entran en acción las proteínas efectoras que envían la información al núcleo. De esta manera, ambas se convierten en una especie de interruptor que convierte las señales extracelulares en acciones celulares.

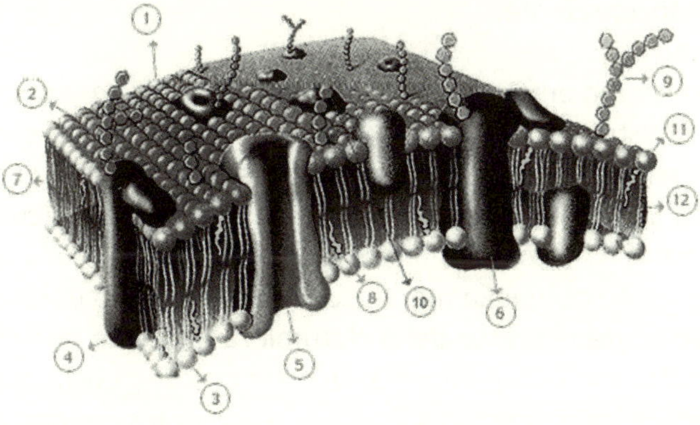


Dibujo de una membrana celular con sus proteínas receptoras y efectoras, sus canales de entrada y de salida y, sobre todo, su estructura no polar que le permite adaptase a cualquier posición sin perder sus propiedades.

Por eso el doctor Lipton nos dice: «El comportamiento biológico puede ser controlado por fuerzas invisibles entre las que se incluyen los pensamientos, un hecho que apoya científicamente la medicina basada en la energía que no utiliza fármacos».[25]

A diferencia de lo que se creía antes, los genes no controlan su propia actividad. Son las proteínas efectoras de la membrana —que operan en respuesta a las señales del entorno captadas por los receptores de membrana— las que de verdad regulan la «lectura» de los genes a fin de que las proteínas deterioradas por el uso puedan ser reemplazadas o se puedan crear otras nuevas.[26]

¿He leído bien? ¿Ha dicho pensamientos? Sí, hemos leído bien. Es más, podemos añadir sentimientos y emociones. Las emociones son el sentir del lenguaje de la célula. Nuestros pensamientos son el fruto del raciocinio de nuestros sentimientos y emociones. Nuestra forma de pensar nos llevará a una forma de sentir y de vivenciar las experiencias que vivimos. Nuestro sistema límbico reacciona a todo ello; es más, es el responsable de gestionar las emociones básicas para la supervivencia. Nuestro córtex las racionaliza y les da forma: son nuestros pensamientos. Por eso, los pensamientos positivos no funcionan a no ser que estén en coherencia con los sentimientos y emociones que se hallan en nuestro inconsciente.

Nuestro cuerpo enfermará cuando nuestras acciones, que se derivan de nuestros pensamientos, no estén en coherencia con nuestras emociones inconscientes. Si tus deseos entran en contradicción con la programación de tu mente inconsciente, ¿cuál crees que ganará? El inconsciente procesa la información millones de veces más rápido que la mente consciente. Esto no es un problema, sino el gran recurso de la Naturaleza para que podamos sobrevivir. Por eso es tan importante estar en coherencia, pues esta nos permite mantenernos sanos. Ser conscientes de todo ello nos permitirá controlar, de alguna forma, los efectos que las circunstancias diarias provocan en nuestras vidas y en nuestra biología.

Nuestros programas inconscientes se proyectan en la pantalla del mundo sin percatarnos de que lo que percibimos y experimentamos tiene que ver con ellos. La física cuántica viene en nuestra ayuda para darnos una explicación de ello. Comprendemos por qué repetimos relaciones, por qué vivimos ciertas experiencias, por qué experimentamos ciertas patologías que llamamos hereditarias, etcétera. Todo ello se explica a través de la física cuántica: cómo nuestros programas atraen a nuestras vidas todas estas circunstancias para que de esta forma podamos hacerlas conscientes y así nos sea posible cambiarlas. Este es para mí el gran secreto de la salud y de la enfermedad: ambas se hallan en el mismo lugar, en nuestra mente. Percatarnos de ello nos hará más libres y nos enseñará a comunicarnos con nosotros mismos haciendo caso a estas señales biológicas que llamamos enfermedad.

Mente, cuerpo y espíritu deben estar entrelazados y comunicándose constantemente. Cuando nombro espíritu, me refiero a la energía inteligente del Campo o Matriz, eso que el mismísimo Einstein definió como «lo único que gobierna la materia».[27]

Ignorar la física cuántica es un grandísimo error que cometen muchos biólogos. En palabras del doctor Lipton: «Comprendí que la física cuántica es muy importante para la biología y que los biólogos cometen un colosal error científico al ignorar sus leyes».[28]

Hay que alejarse del modelo reduccionista para comprender la enfermedad, dejar de pensar que si hay un problema en el sistema biológico es por causa de un desequilibrio —por ejemplo hormonal— o por una alteración en una serie de reacciones químicas de las miles de millones que se realizan continuamente.

En el universo solamente existe inteligencia, el azar no tiene cabida en él. Todo tiene un sentido y este se expresará en relación directa al receptor que somos cada uno de nosotros. Por eso es tan importante tomar conciencia de ello, dejarnos de victimismo y saber que nuestras vidas llevan unos programas que luchan por ser conscientes, para así poder cambiarlos si lo deseamos. Este es el máximo objetivo que persigue este libro *El arte de desaprender*.

## El árbol genealógico, un código más

Estoy seguro de que el árbol genealógico, con toda su información, no es el único camino para acceder al inconsciente. También estoy seguro de que es un camino de exploración y práctica para acceder a él. Su estudio y las diferentes formas de emplearlo para encontrar las respuestas que se hallan en nuestro inconsciente nos serán útiles. Si, además, a la hora de elaborarlo lo hacemos con una visión cuántica, el trabajo es mucho más simple y podemos obtener información perdida en la memoria colectiva o no expresada. Recomiendo la lectura del libro escrito por un servidor, con la colaboración de mi amiga Rosa Rubio, *La visión cuántica del transgeneracional*. En él indico la manera de obtener información empleando recursos como el árbol espejo, el concepto de espejo y la imagen especular, la proyección de nuestras vidas en las relaciones diarias y que lo que atraemos a nuestras vidas está en relación directa con nuestros programas inconscientes. También el concepto de polaridad, cómo los programas se expresan de una forma u otra en función de si se es hombre o mujer, y cómo se produce la complementariedad, al igual que en un simple puzle.

En el universo todo tiene un sentido y un para qué, y «¡descífralo!» se ha convertido en mi máxima. La física cuántica es la gran ciencia que nos abre y nos abrirá a nuevas formas de entender y comprender la enfermedad. Nuevas formas de tomar conciencia de que todo es información y de que esta se expresa en nuestras vidas en forma de experiencias y relaciones. No somos víctimas, pero sí que podemos ser maestros: todo depende de nuestra aptitud y capacidad para cambiar nuestras creencias y valores, y con ello nuestras percepciones.

«Somos organismos con capacidad de aprendizaje, podemos incorporar las experiencias vividas en nuestros genomas y pasárselas a nuestros descendientes, quienes, a su vez, incorporarán sus experiencias vitales a su genoma para continuar la evolución humana».[29]

Cuando nos hallamos en su útero, los patrones emocionales de nuestras madres determinan en nosotros unas percepciones que nos llevarán a vivir ciertos aspectos de la vida de una forma determinada. El mismo doctor Lipton lo reconoce así cuando dice: «La madre no solo proporciona nutrición al feto. Las complejas sustancias químicas derivadas de las señales emocionales de la madre, las hormonas y los factores estresantes, también atraviesan la barrera placentaria e influyen sobre el desarrollo y la fisiología fetal. Cuando la madre está feliz, también lo está el feto. Cuando la madre tiene miedo, también lo tiene el feto. Cuando la madre alberga pensamientos de rechazo con respecto al feto, el sistema nervioso fetal graba la programación de rechazo».[30]

A este proceso tan importante nosotros le llamamos Proyecto Sentido, y mediante técnicas de relajación y de hipnosis llevamos a nuestro consultante al útero materno, contando con el recurso previamente obtenido de haber comprendido su árbol genealógico. Una vez allí, le ayudamos a cambiar las emociones y los sentimientos de rechazo —por ejemplo— por otros de comprensión y amor. En la medida en que nuestro consultante ponga énfasis emocional en este proceso de viaje al inconsciente, en esa misma medida desprograma —desaprende— para reaprender de nuevo, y esto le llevará a tener otro tipo de percepciones. Las percepciones sobre las experiencias vitales cambian la información epigenética, y por lo tanto la información genética, debido a un profundo cambio emocional.

Los experimentos expuestos anteriormente junto con las conclusiones más vanguardistas sobre la percepción nos demuestran que el estudio del árbol genealógico tiene su razón de ser y que, aunque está lejos de darnos todas las soluciones a lo que consideramos los problemas de nuestra vida, sí que es una manera de tomar conciencia y de desarrollarla cada vez más para poder liberarnos de programas tóxicos. Asimismo, gracias a la física cuántica, podemos comprender como se llevan a cabo estos cambios. Este trabajo deja de ser magia, deja de ser brujería o superstición, o vete a saber qué, para convertirse en una aplicación vanguardista de la ciencia que actualmente lleva el nombre de epigenética conductual.

# REFERENCIAS DEL CAPÍTULO VII


1. Celnikier, Fabio, «Historia y actualidad», en *Epigenética*, <http://www.epigenética.org/historia>.
2. Barlow, Denise, CeMM – Centro de investigación de medicina molecular, Viena, Austria, <http://epigenome.eu/es/4,14,360>.

3, 4. Celnikier, Fabio, ob. cit.

5. Roa, Ana María, *Epigenética,* en Youtube: <http://es.slideshare.net/universidadpopularc3c/conferencia-sobre-epigentica-2013>, una revisión de los conocimientos fundamentales de la biología de la célula.
6. Lipton, Bruce H., *La biología de la creencia*, Palmyra, Barcelona, 2007.
7. <http://www.neuralterapeuticum.org/neuralterapia/artículo.aspex?id =1134>, p.8.

8, 9. Celniker, Fabio, «Lo transgeneracional», en *Epigenética,* <http://www.epigenética.org/psicoterapia-integrativa/>.

10. Lipton, Bruce H., ob. cit.
11. <http://cienciasenergeticas.blogspot.com.es/2013/06/epigenética-conductual.html>, consulta hecha el 28.5.2014, fuente Discover Magazine.
12. *Wikipedia,* <http://en.wikipedia.org/wiki/Randy_Jirtle>. El doctor Jirtle destaca por sus investigaciones sobre la impronta genética y por su uso del modelo de ratón agouti para investigar el efecto de los agentes medioambientales sobre el epigenoma mamífero y la susceptibilidad a la enfermedad.
13. Lipton, Bruce H., ob. cit.
14. El doctor Manel Esteller es director del Laboratorio de Epigenética del Cáncer, <http://en.wikipedia.org/wiki/Manel_Esteller>.
15. Celnikier, Fabio, «Interruptores epigenéticos», <www.epigenética.org/wolf-reik-y-los-interruptores-epigeneticos/>.
16. Hurley, Dan, extraído del n.º de mayo (2013) de <DiscoverMagazine.com>: <http://discovermagazine.com/2013/may/13-grandmas-experiences-leave-epigenetic-mark-on-

your-genes#.UlZVnoGyBjH.gmail>, traducido al español por Iraida Gil profesora del ieBNE.

17. LIPTON, Bruce H., ob. cit.
18. Universidad Duke, información obtenida en: <http://www.monografias.com/trabajos62/ciencia-epigenética-embarazo-obesidad/ciencia-epigenética-embarazo-obesidad.shtml>.
19, 20. LAROCCA, Félix E. F., de República Dominicana, presenta esta información en: <http://www.monografias.com/trabajos62/ciencia-epigenética-embarazo-obesidad/ciencia-epigenética-embarazo-obesidad2.shtml#ixzz37QNuxUBc>.
21. *Nature Neuroscience*, ISSN: 1097-6256EISSN: 1546-1726, «Parental olfactory experience influences behavior and neural structure in subsequent generations» [La experiencia olfativa de los padres influye en la conducta y en la estructura neural de las generaciones subsiguientes], <http://www.nature.com/neuro/journal/v17/n1/full/nn.3594.html>, publicado en línea el 1 de diciembre de 2013 y corregido el 9 diciembre de 2013.
22. <http://sciencedigg.blogspot.com.es/2013/12/parental-olfactory-experience.html>.
23. *<http://www.ncbi.nlm.nih.gov/pubmed/?term=Parental+olfactory+experience+influences+behavior+and+neural+structure+in+subsequent+generations>.*
24. <http://caminandoconenergia.net/blog/comportamientos-aprendidos-por-los-padres-y-transmitidos-los-hijos-transgeneracional-3>.
25. LIPTON, Bruce H., ob. cit.
26. LIPTON, Bruce H., *La biología de la transformación*, La Esfera de los Libros, Madrid, 2010.
27. LIPTON, Bruce H., *La biología de la creencia*, Palmyra, Barcelona, 2007.
28. LIPTON, Bruce H., *La biología de la transformación*, La Esfera de los Libros, Madrid, 2010.
29. Loc. cit.
30. Loc. cit.

## Capítulo VIII

# DESARROLLO DEL MÉTODO *EL ARTE DE DESAPRENDER* Y SU APLICACIÓN

### Teorías científicas, su aplicación y método

Antes de empezar a explicar el desarrollo del método y cómo aplicarlo, es muy importante hacer una recopilación de las teorías científicas que pueden avalarlo y que he venido exponiendo hasta ahora. Este capítulo vendría a ser una recapitulación de todo lo visto hasta ahora y de su aplicación práctica. Estas teorías dan al método una filosofía y un soporte científico que permiten explicar por qué funciona y por qué lo hace de una manera tan rápida en la mayoría de los casos, independientemente del síntoma o enfermedad que se trate. Vemos la importancia de todas estas teorías para reafirmar y dar peso a la predisposición del cliente o consultante de cambiar su vida de forma profunda. Quiero recalcar la importancia de la mente de cada persona a la hora de afrontar su curación. Es importante cambiar de creencias, renunciar a unas formas de verdad y realizar el esfuerzo necesario para comprender y aceptar que —al margen de los tratamientos convencionales o no, que considero muy importante hacer— está la plena toma de conciencia de que la solución final siempre reside en uno mismo, y todo lo demás está como soporte y ayuda a la curación.

Creo que donde hay que hacer más énfasis y dar apoyo científico al método es en todas las teorías que pueden dar explicación al Proyecto Sentido y al desarrollo del árbol genealógico.

## Teorías que avalan el Proyecto Sentido

Empecemos por la teorías que avalan el Proyecto Sentido, que, como ya se ha explicado, son las que nos hacen tomar conciencia de la importancia del estado emocional de la madre desde cuando tiene a su bebé en el útero hasta la edad de tres años, cuando fisiológicamente ya está formado y tiene conciencia del yo.

- En 1649, en su libro *Las pasiones del alma*, René Descartes explicó:

- «... es fácil imaginar que las extrañas aversiones de algunos, que les impiden soportar el olor de las rosas o la presencia de un gato y otras cosas parecidas, provienen solamente de que, en los comienzos de su vida, han sido molestadas en gran manera por algunos de estos objetos; o bien porque han participado en el sentimiento de su madre, que ha sido molestada por ellos estando embarazada. Porque es cierto que hay una relación entre los movimientos de la madre y del niño que está en su vientre, de modo que, lo que es contrario al uno, daña al otro... y queda impreso en su cerebro hasta el fin de su vida...».

- Este es el testimonio de Thomas Verny, pionero en el campo de la psiquiatría pre y perinatal: «Los descubrimientos expuestos en la literatura elaborada por expertos a lo largo de décadas establecen más allá de toda duda que los padres ejercen una influencia abrumadora sobre los atributos físicos y mentales de los hijos durante su desarrollo».[1] Y esa influencia comienza, según Verny, no tras el nacimiento de los niños, sino antes de que los niños nazcan. En 1981, en su libro *La vida secreta del niño antes de nacer,* propuso que la influencia de los padres se extendía incluso durante el período de embarazo.[2]

- En su libro *La mente del bebé recién nacido: una nueva dimensión de la conciencia humana a través de la experiencia del nacimiento,* David Chamberlain escribió: «La verdad es que muchas de las creencias que albergábamos sobre los bebés son falsas. No son seres sencillos, sino complejas criaturas sin edad con una asombrosa cantidad de pensamientos».[3]

- El doctor Peter W. Nathaniels, en su libro *Life in the Womb: The Origin of Health and Disease,* escribió: «La calidad de la vida en el útero, nuestro hogar temporal antes de nacer, establece nuestra susceptibilidad a las enfermedades coronarias, a los infartos, a las diabetes, a la obesidad y a otras muchas enfermedades durante la vida posterior».[4] Y continúa diciendo: «Cada vez son más las pruebas que demuestran que las condiciones de vida en el útero tienen tanta importancia como los genes a la hora de determinar cuál será el desarrollo mental y físico durante la vida. Esto hace referencia a los mecanismos epigenéticos».[5]

- La doctora Rima Laibow, en su libro *Quantittive EEG and Neurofeedback,* describe la progresión de estas etapas de desarrollo en la actividad cerebral (Laibow, 1999 y 2002). Entre el nacimiento y los dos años de edad, el cerebro humano opera predominantemente con frecuencias electroencefálicas más bajas (de 0,5 a 4 ciclos por segundo o herzios, conocidas como ondas delta). Están en estado hipnótico, estado que dura más o menos hasta los seis años. Es un estado programable, pues su mente se halla en estado *delta o theta.*[6]

- Sue Gerhardr, en *Why Love Matters [Por qué el amor importa]* hace hincapié en que el sistema nervioso fetal registra las experiencias vividas en el útero. Para el momento en el que llega el nacimiento del niño, ¡la información emocional derivada de las experiencias maternas conforma la mitad de la personalidad del individuo![7]

Lo que hace el padre afecta profundamente a la madre, lo que a su vez afecta al hijo en desarrollo. ¡Atención! Hay que ser padres conscientes de cómo nuestras conductas afectan a nuestros hijos directa o indirectamente.

Los obstetras del mundo deberían tomar plena conciencia de que no solamente hay que vigilar la salud física de la madre, su peso, nutrición, si hace ejercicio, etcétera, sino también su salud emocional. Es un hecho relevante que el cuidado emocional, el apoyo psicológico para saber gestionar emociones y problemas durante el embarazo, facilitará que la salud emocional del bebé sea más óptima y equilibrada cuando llegue a la madurez.

- *Todo el sistema nervioso del niño crece por quimiotaxis del estado emocional de la madre. Cuando una madre está con estrés, el exceso de cortisol hace que el niño se ponga neurológicamente a la defensiva.*[8]

- Y voy a terminar este apartado con unas palabras iluminadores del insigne, y admirado por un servidor, Carl G. Jung: «El bebé no es un papel en blanco para ser escrito. Él viene con una historia, con dramas profundos y neurosis».

## Entrando en la física cuántica

### Psicología cuántica

Actualmente no es posible entender los procesos de curación, sobre todo los casos de remisiones espontáneas y los efectos placebo y nocebo, sin comprender como actúa la física cuántica en todos ellos. Dejémonos de milagros: lo que se llama milagro es nuestra capacidad de cambiar nuestras condiciones físicas, emocionales y mentales. El milagro es tomar conciencia de que nosotros mismos, y cada persona, tenemos *el poder* de transformar nuestras vidas cuando, en vez de buscar afuera la causa de nuestros males, reflexionamos y miramos dentro de nosotros mismos. Cuando comprendemos que las causas de los efectos que vemos en nuestras vidas se encuentran en nuestra *psique* y que es necesario hacernos plenamente conscientes de ellas para así poder cambiar los programas que condicionan constantemente nuestras vidas.

Por eso, cabe preguntarnos cuál es el medio, qué es lo que influye y cuáles son sus leyes. La física cuántica puede iluminarnos en cuanto a cómo funcionan realmente las cosas en el mundo subatómico y cómo nuestro mundo está soportado, sostenido y alimentado por él.

No podremos entender, al menos con cierta profundidad, cómo funciona el mundo cuántico si queremos comprenderlo con una mente dual, una mente determinista. El mundo cuántico es un mundo de probabilidades, son ondas de información, y es necesario un *observador* para que esta información colapse (se manifieste como partículas) y aparezca en nuestras vidas en forma de situaciones concretas y vivencias particulares.

Cómo psicólogo, mi propuesta sería una especie de *psicología cuántica*, que podríamos definir como aquella que nos permite hacer un salto cuántico en el pensamiento, lo que hará que se manifieste en nuestra neurología y nos permita percibir el mundo en que vivimos sin las fronteras mentales que se nos han impuesto hasta ahora.

Para mí, Carl G. Jung sería el precursor de esta psicología cuántica, pues él ya nos decía: «Hasta que lo inconsciente no se haga consciente, el subconsciente seguirá dirigiendo tu vida, y tú le llamarás destino».

Max Planck descubrió que la energía salta de un estado a otro, dando o tomando paquetes discretos de energía e información llamados «cuantos»; de ahí el llamado salto cuántico, y más tarde la mecánica cuántica.

Lo primero que hay que entender es la evolución dentro de la biología. La ciencia ya ha demostrado en más de una ocasión que la evolución no se produce por transiciones graduales, sino por saltos súbitos, que muy bien podríamos llamar saltos cuánticos.

Estos saltos cuánticos se dan en la conciencia de cada uno de nosotros cuando recibimos una información que nos impacta y nos hace cambiar de vida. Decimos: «He tomado conciencia de cómo era aquello y eso ha hecho que yo sea otra persona»; «no veo la vida de la misma manera». No hay un proceso gradual: se va del paso A al B sin pasos intermedios.

Para que se den estos saltos cuánticos es necesario un profundo cambio de conciencia, y, para mí, uno de los más importantes, por no decir el único, es la respuesta que damos a la siguiente pregunta: «¿Es el universo, el cosmos el que ha hecho la vida, la Conciencia? ¿O bien es la Conciencia, la vida, la que ha hecho el universo?».

Recomiendo encarecidamente al lector que lea el libro *Biocentrismo,* del doctor Robert Lanza, en el cual expone precisamente esta premisa: «la vida y la conciencia son las claves para comprender la naturaleza del universo». Está en la mente de cada uno de nosotros el decidir cómo queremos ver el mundo y cómo queremos interpretar todo lo que nos sucede.

## La medicina entra en la física cuántica

«Nuestros cuerpos interactúan con el universo». «La verdad está en Todo».

(Doctor Boukaram, médico oncólogo libanés de 35 años, especialista en física nuclear y en neuropsicología)[9]

En el capítulo sobre biología cuántica ya hemos expuesto que la medicina empieza a cuestionarse las soluciones deterministas y que se está entrando en el campo de la plena interacción entre cuerpo, mente y conciencia.

Ahora entremos de lleno en la propuesta que hago en el primer capítulo: la integración de las ciencias en BNE. No se puede diferenciar entre mente, cuerpo y las situaciones que vivimos considerándolas producto del azar. Todo está relacionado con todos y en cada uno. Así, el hecho diferencial estaría en cómo cada *observador* quiere percibir lo que llamamos «realidad». El observador es la clave de todo este embrollo que se percibe desde la mente dual. Se hace evidente, entonces, que mis estados emocionales son la clave que expresa la interpretación que yo tengo de mi mundo. Y que mi psique se encontrará relajada y en paz cuando alinee en mi mente consciente los programas heredados, los traumas emocionales vividos por mis padres y mi coherencia en el día a día.

*La coherencia cuántica nos lleva a la coherencia emocional, y esta a la salud física.*[10]

Los paleontólogos Jay Gould y Niles Elderge han comprobado que la evolución deriva de largos períodos de estabilidad salpicados periódicamente por alteraciones catastróficas. En su teoría de la evolución, denominada *teoría del equilibrio puntuado*, afirman que cada catástrofe viene seguida por un incremento explosivo de nuevas especies que evolucionan a un ritmo mucho más rápido del que podría producirse mediante mecanismos darwinianos.[11] Esto nos indica que lo que llamamos evolución tiene el sentido, el pleno sentido, de ir adaptándose a las condiciones ambientales, siendo las crisis los momentos catalizadores que activan estos «saltos». La medicina sería, por tanto, el testimonio de estas adaptaciones.

## La teoría del holograma de Dennis Gabor

El termino holograma fue acuñado por el inventor de la holografía (1947), el científico húngaro Dennis Gabor, a partir de las palabras "grama" ('mensaje') y "halos" ('todo', 'completo'). Recibió el Premio Nobel en 1971. Originalmente, Gabor solo quería encontrar la manera de mejorar la resolución y definición de las imágenes del microscopio electrónico.

El holograma n*os demuestra que la parte está en el Todo y el Todo en cada parte*. También nos da una explicación cuántica de dónde se almacena la información: en las sinapsis, en forma de ondas de información. Cuando tenemos una idea, se produce un colapso de onda y la idea se materializa produciéndose un destello en las sinapsis.

¿Es el universo un holograma? El premio nobel danés Gerard 'tHooft y el físico de la Universidad de California Raphael Bousso afirman que el origen de la Naturaleza podría haber sido únicamente unos paquetes ultrapequeños de información pura.

Según explica *NewsFactor,* esta teoría, basada en el principio holográfico, establece que la información ("información" en este caso significa bits fundamentales de materia y las leyes físicas que los gobiernan') especifica el cuándo, dónde, cómo y cuánto del espacio, del tiempo y de la materia. Así pues, la información sería la variable que permitiría llegar a una teoría del todo.

Esto quiere decir, en definitiva, que la Naturaleza sería un conjunto de bits preprogramados. De ser cierto, el *big bang* que dio lugar al nacimiento del universo tendría más que ver con una gigantesca «bajada» de bytes de información por parte de un superordenador que con una explosión masiva de materia. En 1993, dos físicos de partículas, trabajando separadamente, llegaron a la conclusión de que el universo en sí tendría que almacenar información de esta misma manera. El mundo sería, pues, un holograma.

Recientemente, Raphael Bousso ha ayudado a formular de un modo más preciso este principio. En declaraciones a *Scientific American,* afirma que el mundo no aparece ante nosotros como un holograma; pero, en términos de la información necesaria para describirlo, sí que se puede afirmar que el mundo es un holograma.

Es posible que el detector de Hannover se haya topado con el límite fundamental del espacio/tiempo. Un extraño ruido detectado por el GEO600 trajo de cabeza a los investigadores, hasta que un físico llamado Craig Hogan —director del Fermi National Accelerator Laboratory (Fermilab), de Estados Unidos— afirmó que el GEO600 se había tropezado con el límite fundamental del espacio/tiempo, es decir, el punto en el que el espacio/tiempo deja de comportarse como el suave continuo descrito por Einstein para disolverse en «granos» (más o menos de la misma forma en que una imagen fotográfica puede verse granulada a medida que la observamos más de cerca).

Según Hogan: «Parece como si el GEO600 hubiese sido golpeado por las microscópicas convulsiones cuánticas del espacio/tiempo». El físico afirma que, si esto fuera cierto, se habría encontrado la evidencia necesaria para afirmar que vivimos en un gigantesco holograma cósmico.

La teoría de que vivimos en un holograma se deriva de la comprensión de la naturaleza de los agujeros negros y, aunque pueda parecer una teoría absurda, tiene una base teórica bastante firme.

Según publicó recientemente el sitio web del GEO600, para probar la teoría del ruido holográfico, la sensibilidad máxima del detector ha sido modificada hacia frecuencias más altas. Los científicos consideran que el experimento del GEO600 es el único en el mundo capaz de probar esta controvertida teoría, al menos en la actualidad.[12]

¿La vida es sueño? Se están hallando pruebas de que el universo puede ser un gran holograma. La teoría del holograma explicada por el doctor Gabor nos dice que el holograma tridimensional es proyectado desde una dimensión inferior.

En 1997, el físico teórico argentino Juan Maldacena propuso un sorprendente modelo del universo según el cual la gravedad surge de cuerdas infinitesimales, delgadas y vibrantes, y puede ser «reinterpretada» en términos físicos.

Así, este mundo de cuerdas matemáticamente intrincado, que existe en diez dimensiones espaciales, no sería más que un holograma: la acción real se desarrollaría en un cosmos plano, más simple y en el que no hay gravedad.

Según un artículo publicado en la revista científica *Nature,* Yoshifumi Hyakutake, de la Universidad de Ibaraki (Japón), y sus colegas han publicado dos estudios en los que proporcionan, si no una prueba real, al menos una muestra convincente de que la conjetura de Maldacena es cierta.

«Han confirmado numéricamente, tal vez por primera vez, algo de lo que estábamos bastante seguros, pero que todavía era una conjetura: que la termodinámica de ciertos agujeros negros puede ser reproducida desde un universo dimensional inferior», explica Leonard Susskind, físico teórico de la Universidad de Stanford, en California, que fue uno de los primeros teóricos en explorar la idea de universos holográficos.[13]

## El universo implicado y la totalidad

David Bohm, discípulo de Einstein y amigo personal de Krishnamurti, en su intento de conjugar la física relativista (velocidades cercanas a la luz, espacio y tiempo) con la física cuántica (el átomo y las partículas en las que se puede dividir), ha elaborado una teoría: La Totalidad y el orden implicado. Sin embargo, para él, esto no es más que una excusa. En realidad, el propio Bohm reconoce que lo que intenta es llamar la atención y encontrar una explicación al problema general de la fragmentación de la conciencia humana para aunar materia y conciencia.

David Bohm considera que en realidad todo está ordenado según un orden preestablecido. De hecho, la palabra "cosmos" significa 'orden', un todo ordenado. De este orden nosotros podemos conocer, a través de nuestros sentidos e instrumentos, el orden que él llama explicado. Sin embargo, subyacente a este orden existe otro que él llama orden implicado. Lo llama así porque considera que está plegado sobre sí y, mientras no se despliegue, no podemos conocerlo. La suma de los dos formaría la Totalidad.

Al Intentar adentrarse en este orden implicado, los físicos han descubierto que, en realidad, cada átomo de este orden implicado contiene la información de la Totalidad. Es como si cada átomo contuviera una imagen holográfica del todo. Y cuando han intentado rastrear este orden en las partículas más pequeñas en que se puede dividir el átomo, los hadrones y los quarks, han descubierto que este orden implicado es multidimensional; es decir, que tiene acceso a otras dimensiones que no conocemos.

Si ahora nos centramos en nuestra conciencia (como suma de nuestros pensamientos, sentimientos, deseos, voluntad, etcétera), vemos que en ella también hay un orden explicado y un orden implicado. Nuestros pensamientos, sentimientos y deseos corrientes forman parte de este orden explicado. Pero por debajo de ellos subyace el orden implicado, que por similitud llamaríamos el inconsciente, en el cual se encuentran todos los programas heredados y no expresados. No obstante, intentan expresarse mostrándose en nuestra vida diaria a través de todas sus circunstancias, es decir, del orden explicado. Cuando tomo conciencia, esto quiere decir que parte del orden implicado se ha expresado en mi vida en forma de orden explicado, y en ese momento puedo interaccionar con el orden implicado, dejando que se exprese de otra manera. A este proceso se le puede llamar despertar, o también tomar conciencia. No hay que olvidar nunca que, para toma de conciencia, hay que «soltar», convertirse en un observador sin apegos ni expectativas de este mundo explicado, que es la proyección del mundo implicado.

La física moderna es rotunda: nuestros pensamientos, deseos, sentimientos —es decir, nuestra conciencia— son fracciones, pequeñas partes de una Totalidad, una minúscula parte. Nuestra consciencia es una pequeña fracción de una Totalidad multidimensional.

Nuestros sentimientos y deseos no son buenos ni malos, sencillamente son limitados, y por ello buscamos fuera —en otras personas— esta Totalidad, con la esperanza de que ellas desplieguen en nosotros este orden implicado que nos lleve a la plenitud, a la unidad. Nos estamos proyectando constantemente, y lo que proyectamos es esta parte del orden implicado que llamamos inconsciente, para llegar a tomar conciencia. Buscamos la unión con nuestros semejantes, pero esta nunca llega porque todos somos fracciones. Solamente cuando hayamos desplegado este orden implicado que duerme en nuestra conciencia y formemos parte de la Totalidad dispondremos de los verdaderos sentimientos, deseos y voluntad, y de un pensamiento no fraccionado.

Cuando llegamos a tomar conciencia de que nuestro estado mental consciente está desconectado o fraccionado del estado mental inconsciente, y de que ambos forman nuestro estado mental total, entonces estamos capacitados para preguntarnos:

«¿Cómo hacer que mi Consciencia se manifieste plenamente en mi Conciencia?». La física nos dice que en un átomo de este orden implicado, por sus características holográficas, se halla inscrita la información de la Totalidad. Si dirigimos nuestro foco hacia el punto de donde emanan todos los sentimientos, nuestro corazón, hallaremos allí un átomo que contiene toda la información. Se le llama átomo primordial y genera un campo magnético acorde a la toma de conciencia de cada individuo.[14] Para esa plena manifestación de la Consciencia hay que ser coherente, es decir, que lo que pienso y lo que expreso en mi visceralidad (emociones subyacentes u ocultas) se filtre a través de mis sentimientos, expresados a través de mi corazón. Los sentimientos son la unión entre la mente consciente y la mente biológica, que me permitirá conectarme con ese átomo primordial para así poder expresar la unidad en mi vida.[15]

## La Consciencia, ese enigma

Siguiendo el pensamiento de David Bohm podríamos preguntarnos qué es la Consciencia. Esta pregunta no tiene que ver con la filosofía, por eso quiero diferenciar entre la Consciencia y la Conciencia. La Consciencia vendría ser el orden implicado del Todo, y despertar a la Conciencia es la manifestación de la parte. Para comprenderlo es necesario pensar y entender que hay una mente que subyace a todo, a la que podríamos llamar Matriz o Campo. De hecho, la Conciencia es la manifestación de la Consciencia, es el despliegue de la mente y la materia a partir de esa fuente llamada Consciencia.

Para Bohm es muy importante considerar un estado cerebral cuántico, donde la experiencia de la Conciencia vendría a ser no local debido a dicho estado cerebral. Dicho de otra manera: la información está en todas partes a disposición de cada parte. Por eso todos podemos adquirir cada vez más Conciencia, lo cual producirá un salto cuántico en nuestro modo de ver y de percibir nuestro entorno. Nuestro cerebro, o masa cerebral, es un receptor/emisor de fotones que nos permite enviar fotones al Campo, y este reacciona en función de ellos dándonos unas experiencias que nosotros llamamos vida diaria. Tener Conciencia de ello nos despierta cada vez más a la Consciencia.

Sigamos la siguiente reflexión que planteo:

- «Hay un océano de consciencia pura vibrante dentro de cada uno de nosotros. Y está justamente en la fuente del pensamiento, en la base de la mente. Y también está en el origen de toda la materia».[16]

- La física moderna da a esta Consciencia pura el nombre de campo unificado. Se encuentra en la base de toda mente y toda materia. Y ahora la ciencia moderna dice que todo lo que existe en el universo surge de este campo.

- Este es un campo de conocimiento puro. Uno se zambulle en él y, por así decirlo, sabe por dónde ir, sabe cómo encontrar soluciones, es como un océano de soluciones. Y uno puede ver que esta capacidad crece.[17]

- Toda materia tiene su origen y existe en virtud de una fuerza...

- «Debemos presuponer la existencia de una mente inteligente y consciente tras esa fuerza. Esta mente es la Matriz de toda la materia» (Max Planck). La constante de Plank es la relación entre la mente y la energía. Entendiendo que la constante de Planck (representada por la letra h) relaciona la energía (E) de los fotones (información) con la frecuencia (v —letra griega nu—) de la onda lumínica según la fórmula: E = h v.

- La diversidad, u orden explicado, es la expresión de la unidad u orden implicado. La Conciencia estaría en la diversidad y la Consciencia sería esta unidad, *el Todo que sustenta a todo.*

## Teorías que avalan el árbol genealógico

### El psicoanálisis

En nuestro libro *Fundamentación teórica de la Bioneuroemoción,* se pueden encontrar diversos estudios realizados sobre los programas que heredamos de nuestros antepasados.

Por ejemplo: «El síndrome del aniversario», que fue presentado por Hilgard Josephine en 1953 en una revista psiquiátrica; y también «Reacciones a los aniversarios que se proyectan sobre los hijos», de la misma autora. También «Aniversarios y suicidios», de Pollock (1975, 1976); «La cripta y el fantasma», de Nicolas Abraham y María Torok, y los trabajos clínicos de Monique Bydlowski, directora de psicopatología y psicoanálisis de la Universidad de París, como «La problemática inconsciente de la reproducción humana». El lector encontrará en este librito las fuentes de las que obtener más información, si esa es su intención.

### La epigenética conductual

En el capítulo desarrollado sobre este tema, demuestro con la explicación práctica del doctor Jon que el estudio del árbol genealógico tiene su razón de ser y que aporta un apoyo científico a nuestras teorías. La diferencia puede estar en la forma de abordar la desprogramación de estos programas que heredamos de nuestros antepasados. Nosotros aplicamos técnicas que nos permiten adentrarnos en el inconsciente y, sobre todo, hacemos uso de una mente cuántica: desarrollamos conscientemente la masa cerebral cuántica.

Para ampliar un poco lo expuesto hasta ahora en el capítulo VII de este libro, podemos remitirnos a la siguiente noticia:

«Revolución científica al descubrir que no hay ADN "basura", sino un segundo ADN sensible a la vibración».[18]

En este artículo, entre otras cosas que ya se sabían, se explican los experimentos rusos del doctor Pjotr Garjajev sobre cómo afectan las vibraciones al ADN y a la transmisión de información, algo a lo que también hago referencia en este libro. Esto da apoyo y sentido a nuestro método de aplicar la relajación y la hipnosis, así como todo lo relacionado con la epigenética:

> «Esto explicaría final y científicamente por qué el entrenamiento autógeno, la hipnosis y similares pueden tener efectos tan grandes en los seres humanos y en sus cuerpos».

Y también:

> «Muchos cambios en el ADN que aparecen para alterar las secuencias de proteínas pueden causar realmente la enfermedad mediante la interrupción de programas de control de gen, o incluso mediante ambos mecanismos simultáneamente».[19]

## La teoría de los campos mórficos de Ruper Sheldrake

Ruper Sheldrake nos aporta el conocimiento de la resonancia mórfica, de cómo se transmite la memoria entre generaciones: *«Los Campos mórficos reverberan a lo largo de las generaciones con una memoria inherente de la forma y el contorno correctos»*. Esto permite dar una explicación al inconsciente colectivo de Jung y a cómo se hereda la memoria de generación en generación.

Ese campo mental —denominado morfogenético— afectaría a las mentes de los individuos y las mentes de estos también afectarían al campo. «Cada especie animal, vegetal o mineral posee una memoria colectiva a la que contribuyen y que conforman todos los miembros de la especie», afirma Sheldrake. En esta explicación vemos claramente la sintonía con el inconsciente colectivo de Carl G. Jung. Así, si un individuo de una especie animal aprende una nueva habilidad, les será más fácil aprenderla a todos los individuos de dicha especie, porque la habilidad «resuena» en cada uno, sin importar la distancia a la que se encuentre. En los seres humanos, es necesario transmitir los traumas, los conflictos, los arquetipos, los complejos y las soluciones a determinados problemas —como tener un exceso de hijos, convivir forzadamente con una persona, el sometimiento de las mujeres, etcétera— de generación en generación para que, cuantos más individuos la aprendan, o se hagan conscientes, tanto más fácil y rápido les resulte al resto adaptarse a las diversas situaciones. Por eso, en el árbol genealógico hay individuos que expresan ciertos programas y otros no.

La transmisión transgeneracional podría ocurrir en este campo mórfico, porque hay una memoria común compartida por todos los miembros del clan, hayan o no convivido en las mismas coordenadas espaciotemporales. Aplicando el principio holográfico, del cual ya he hablado, todos los miembros del clan llevan toda la información y son solamente unos pocos los que expresan la problemática para que los demás se puedan liberar.

Cuando se me pregunta por qué esto es así, contesto que eso se lo pregunten al alma de cada cual. Son temas metafísicos, nosotros en BNE estudiamos las leyes de la transmisión generacional, no por qué son así. El método se basa en la observación, día tras día, de cómo los programas de nuestros ancestros se expresan en las siguientes generaciones; y cómo estos programas tienen pleno sentido —sentido irracional—, aunque con una lógica que está fuera de la comprensión de la mente dual. De ahí el desarrollo de una mente cuántica.

## Características de una mente cuántica

### Coherencia cuántica

En los libros *El experimento de la intención* y *El campo,* Lynne Mc Taggart nos dice: «La coherencia cuántica ocurre cuando las partículas cuánticas individuales, como los fotones, pierden su individualidad y empiezan a actuar como una única unidad; algo parecido a un ejército llamando al frente a todos sus soldados. Como cada movimiento de cada partícula cargada de cada proceso biológico queda reflejado en el Campo Punto Cero, nuestra coherencia se extiende hacia el mundo. Según las leyes de la física clásica, y particularmente la ley de entropía, el movimiento del mundo inanimado se orienta siempre hacia el caos y el desorden. Sin embargo, la coherencia de la conciencia representa la mayor forma de orden conocida en la naturaleza, y los estudios sugieren que este orden puede ayudar a conformar y crear orden en el mundo. Cuando deseamos algo o tenemos la intención de hacer algo, un acto que requiere una gran unidad de pensamiento, nuestra coherencia podría ser, en algún sentido, contagiosa.[20]

Cuando el observador está en coherencia emocional —pensamiento, sentimiento y acción alineados—, el campo cuántico y sus partículas subatómicas se ordenan manifestando coherencia en el mundo físico del observador. El desarrollo de esta capacidad, la de mantenernos en coherencia emocional para poder alcanzar el estado de salud física, es uno de los objetivos de la BNE. Siempre digo que la persona enferma tiene un estado de incoherencia emocional, y ciertos experimentos que se explican en el libro de Mc Taggart lo demuestran. También digo que para sanarse hay que recuperar este estado de coherencia, y que si una persona que está en coherencia enferma, por los motivos emocionales que sean, se recupera enseguida, precisamente por su coherencia. Una persona coherente es la que observa sus reacciones emocionales frente a cualquier acontecimiento impactante que pueda producirse en su vida, disociándose del evento y permitiéndose desprenderse de dicha reacción emocional, por lo que la afectación queda minimizada. Dicho de otra manera, la persona se convierte en un observador de lo que acontece, se permite experimentarse a sí misma a través de sus emociones y las libera porque comprende que todo lo que sucede tiene su razón de ser.

## El desarrollo de una mente cuántica

Para poder explicar el desarrollo de una mente cuántica que se sustenta en un cerebro cuántico es necesario comprender que no hay dos realidades diferentes y separadas: la mente newtoniana y determinista, y la mente cuántica u holística. Todo está interaccionando constantemente, por eso mis pensamientos, mis sentimientos y mis emociones —basadas en una serie de percepciones— crean una realidad o experiencia de vida. Obviamente esta información viaja o es llevada por los fotones, que se desplazan desde el cerebro a toda nuestra corporalidad gracias a los microtúbulos. Los microtúbulos son tubos cilíndricos de veinte/veinticinco milímetros de diámetro; el conjunto de microtúbulos sería —para lograr entender algo abstracto que escapa al entendimiento racional— un sistema computacional cuántico dentro del cerebro. Solo es posible distinguir estos microtúbulos con el microscopio electrónico. Están formados por dos proteínas: la a-tubulina y la b-tubulina, y cada molécula de tubulina tiene forma de maní, con un hueco central ocupado por un electrón que es el que participa en los saltos cuánticos entre la dimensión mental y la dimensión física cerebral. Estos electrones — uno dentro del espacio de cada microtúbulo neuronal—pueden estar en dos lugares a la vez, lo que en el lenguaje electrónico equivale a bits que pueden estar encendidos y apagados simultáneamente.

En *El observador en Bioneuroemoción* explico:

> *En su libro* La nueva mente del emperador, *Roger Penrose, bajo la sugerencia de Stuart Hameroff, describe los microtúbulos como mecanismos cuánticos del cerebro. La*

> *idea de Penrose es que los microtúbulos pueden ser el lugar ideal para el colapso de la función de onda, el lugar donde las posibilidades se convierten en expresión de nuevos pensamientos e ideas que estaban potencialmente allí, como ondas de interferencia. El modelo Penrose-Hameroff supone que la información física del medio queda registrada cuánticamente en las tubulinas.*[21]

Por todo ello, podemos llegar al a conclusión de que nuestro cerebro es un emisor/receptor cuántico: cuando observo, envío fotones, y estos llevan información que interacciona con el Campo, dándonos la experiencia que nosotros llamamos nuestras circunstancias. Por eso, todo lo que aparece en nuestra vida está directamente relacionado con nuestra forma de entender y, en consecuencia, de ver la vida. Proyectamos en la pantalla del mundo —Campo cuántico— nuestros programas inconscientes, creyendo que nosotros no tenemos nada que ver con lo que ocurre en nuestra vida. Pero es justo al contrario: nuestra masa cerebral, que es cuántica, procesa la información de entrada y de salida, y solo nuestra Conciencia de ello puede permitirnos cambiar estos programas.

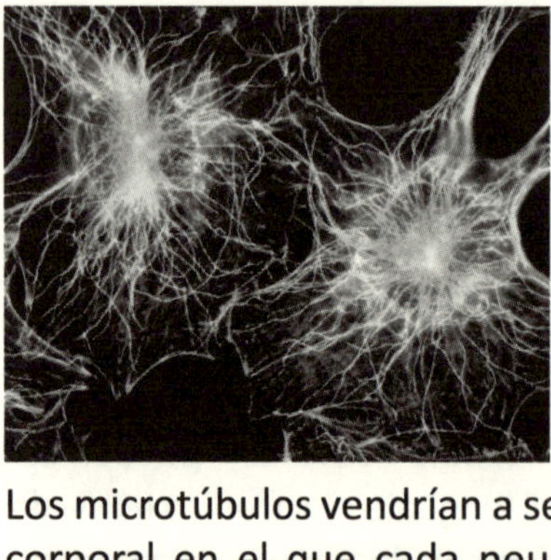

En la figura[22] vemos dos neuronas en las que se aprecian las ramificaciones, que son como canales, constituidas por los microtúbulos.

Los microtúbulos vendrían a ser como una microred o «internet» corporal en el que cada neurona puede conectarse al mismo tiempo, e interconectarse con todas las demás simultáneamente. Esta idea fue desarrollada por Karl Pibram, Yasue, Hameroff y Scot Hagan, del departamento de Física de la Universidad McGill.[23] Esto nos permite orientar nuestro pensamiento hacia la compresión de que la conciencia humana está estrechamente relacionada con el operar de los microtúbulos.

## Variaciones del experimento de la doble rendija

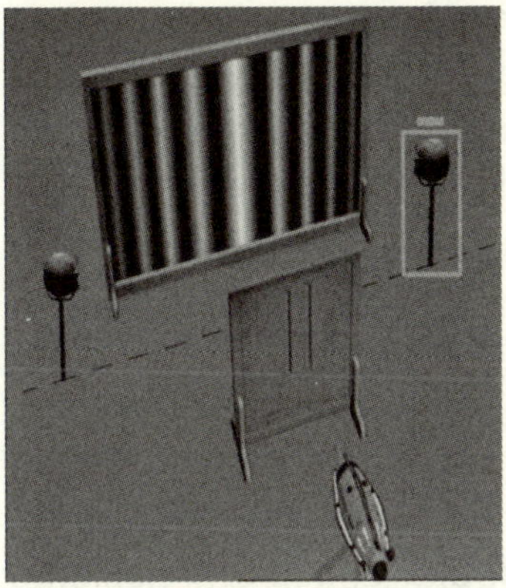

Hay otro hecho comprobado que está basado en una variante del experimento de la doble rendija. La placa tiene una doble rendija, como en el experimento original, la diferencia está en que los aparatos observadores se ponen detrás de esta y no delante, como se realizó en el original. En función de dónde se active el observador, la pantalla reflejará o una doble columna (el electrón se comporta como materia) u ondas de interferencia (el electrón se comporta como onda). Este experimento demuestra que el Campo, el fotón, sabe con antelación la decisión que vas a tomar. Dicho de otra manera: el haz de luz sale en forma de electrón/partícula y cuando llega a la placa se comporta como fotón/onda según que aparato esté activado. Ello hace pensar que la Consciencia del observador afecta al electrón, porque el observador espera un resultado poniéndose en el aparato que medirá una u otra cosa. Esto también demuestra que en el Campo o Matriz el tiempo no existe: todo está, y está en un ahora en forma de probabilidades.[24]

En el esquema que muestro, el aparato u observador de la derecha (inscrito en el rectángulo) está para mirar ondas de interferencia. Por lo tanto, el electrón se comportará como tal, es decir, en forma de onda.

Un nuevo experimento realizado por el doctor Dean Radin sugiere que no existe una realidad independiente de su observación. Aparentemente, la conciencia actúa sobre las partículas subatómicas, modificando sus estados cuánticos.

Recordamos a Dean Radin por su participación en el *Global Consciousness Project* de la Universidad de Princeton, que mide justamente, con enorme elegancia, la capacidad de la conciencia colectiva de modificar un aparato de medición y, por lo tanto, de manifestarse materialmente; y también por su trabajo en el estudio de la telepatía. Este lobo solitario de las fronteras de la ciencia ha realizado un nuevo experimento en colaboración con una serie de científicos del Instituto de Ciencias Noéticas, publicado en *Physics Essays,* el cual sugiere que la conciencia afecta la medición de un fenómeno. Veamos su descripción:

Se realizó un experimento de la doble rendija (o experimento de Young, famoso por haber revelado la dualidad onda/corpúsculo de la luz) y se predijo que la proporción del patrón de interferencia de la energía espectral de la doble rendija en relación a la energía espectral de una sola rendija disminuiría cuando se enfocase la atención a la doble rendija, en comparación a cuando no se dirigía la atención. El experimento constó de doscientas cincuenta sesiones con ciento treinta y siete personas que enfocaron su atención en las rendijas por las que atravesaban fotones. Se diferenciaron intervalos de tiempo en los que se dirigió esta atención y en los que no se dirigió atención. Radin dice que, mientras que se erradicaron todo tipo de variables que pudieran influir en el experimento, factores asociados a la conciencia, como experiencia en meditación, apertura emocional y otros factores psicológicos «correlacionaron significativamente con las perturbaciones del patrón de interferencia de la doble rendija». Esto parece ser «consistente con la interpretación relacionada con la conciencia en el problema de medición cuántica».[25]

Puedo llegar a comprender que todos estos experimentos no salgan en el telediario de la noche, lo importante es que lleguen a enseñarse en las universidades para que puedan inspirar a futuros científicos, y que dejemos de enseñar a nuestros alumnos el pensamiento newtoniano de que el observador no afecta lo observado. Y si se enseña, enseñémosles que no hay dos realidades separadas, que hay una interacción entre ellas y que la ciencia más vanguardista ya lo ha demostrado. Por ello, en el Instituto

Español de Bioneuroemoción (ieBNE), hemos declarado:

*Desarrollar la mente cuántica es uno de los principales objetivos que nos hemos propuesto en el método de la BNE en general y del arte de desaprender en particular.*

Nunca deberíamos olvidar que nuestras creencias crean la realidad que queremos medir: es decir, que la realidad se reafirma a sí misma. Cuando la ciencia oficial refuta nuevas ideas y teorías sobre la realidad, está proyectando un paradigma que es el que el experimento de la doble rendija demuestra; entonces, la enseñanza oficial es la confirmación de ello: *la realidad se convierte en una imagen de su modelo de realidad*. Vemos aquello que queremos ver, y el ejercicio muy saludable de cuestionarse a uno mismo está ausente en muchos centros de enseñanza y de formación.

Entonces, ¿por qué vemos el mundo que vemos? La repuesta podría muy bien ser: porque hay un paradigma dominante que planea sobre otras formas de ver y entender la vida. Cuando alguien se atreve a cuestionar la realidad oficial, aunque lo demuestre científicamente con experiencias o casos, se le tilda a la ligera de practicar la pseudociencia.

La buena noticia es que si uno toma conciencia de que puede decidir tener otra forma de ver la vida, esta conciencia influirá plenamente en su vida, por mucho que otros crean o piensen lo contrario. Lo importante es no hacer lo que ellos hacen: «luchar u oponerse a las nuevas ideas o creencias». Por fin, sabemos que podemos ser libres.

## El pensamiento cuántico

Una mente cuántica se proyecta a través del observador, que manifiesta una manera de pensar cuántica. El pensamiento ha de ser puro, inocente, libre de buscar culpables y victimas. Un pensamiento que expresa la cualidad más íntima de la mente cuántica es: *Todo tiene su sentido de ser, y la causa de ello está en uno mismo.*

El pensamiento cuántico es la proyección de que lo que se percibe debe estar libre de todo juicio. Esto permite que nuestro cliente o consultante se sienta protegido y libre de expresar sus sentimientos y emociones más profundos.

Este pensamiento evita proyectarse en los demás, deja las suposiciones aparte, no permite que la mente dual divague y se apropie de la percepción. Evita contaminarse con la historia que nos quiere contar nuestro cliente o consultante.

El pensamiento cuántico pregunta como un niño inocente, no sabe, no quiere saber nada de historias, prejuicios, justificaciones de por qué sí y por qué no. Solamente permite que la mente cuántica se proyecte en el *contexto* donde surgió el problema y deja que se exprese libremente, sin tabúes, sin juicios, sin culpabilidades, para poder ver las creencias y los programas que se expresan en la vida de nuestro cliente o de la persona que viene a consultarnos su árbol genealógico.

En la consulta, tal como expongo a continuación, solamente analizamos un síntoma o una situación. Dejamos todo lo demás libre, porque los entrelazamientos entre causas y efectos están todos en nuestro inconsciente, por el cual tenemos que andar de puntillas.

## El desarrollo del método

Hasta ahora he ido explicando y fundamentando las teorías científicas que pueden avalar por qué el método desarrollado en el marco de la Bioneuroemoción —El Arte de Desaprender— funciona.

La idea fundamental es: no puedo cambiar las situaciones que viví en el pasado, los hechos concretos, pero sí puedo cambiar mi forma de verlos, de sentirlos; puedo hacer un cambio emocional profundo en mi percepción de la realidad.

El sujeto que puede hacer todo esto es «el observador», entendiendo que él es el hacedor de cuanto le sucede y que a través de él se proyectan una serie de informaciones que aparentemente provienen de un pasado, considerando que el tiempo es lineal.

La *influencia retroactiva* se convierte en una teoría importante, cuando no fundamental, para comprender que el método funciona. Poder cambiar el pasado nos libera del presente, pues si cambio las condiciones de aquel, el presente del cual parto deja de existir y vivo un presente alternativo.

En el capítulo que hablo de «El arte de observar», menciono a William Braud, un psicólogo que se plantea la pregunta: «¿Es posible reescribir nuestra propia reacción emocional ante un acontecimiento?». Este método responde a esa pregunta. He visto cómo centenares de clientes solucionan sus vidas haciendo este viaje emocional a través del tiempo mental hacia un teórico pasado con la información nueva del presente en el cual viven.

Para comprender todo esto es importante, como vengo recalcando a lo largo de todo el libro, contar con una mente que salga del paradigma newtoniano y entre de lleno en el paradigma cuántico u holístico.

**Premisas:**

- Vivimos en un contínuum espacio/tiempo.
- El *observador* es fundamental para deshacer este contínuum en pasado, presente y futuro.

- Toda la información se halla presente en cualquier momento. Cuando aportamos energía al sistema mediante un acto de percepción, creamos situaciones que percibimos separadas en el espacio/tiempo.

- La *influencia retroactiva* nos lleva a tomar conciencia de que la intención es capaz de retroceder en el tiempo para cambiar situaciones pasadas mediante un profundo cambio emocional.

- La emoción será la *nave espacial* que nos llevará al tiempo que deseemos para cambiar los acontecimientos que nos molestan en nuestro presente.

- Para hacer este viaje es necesario llevar una nueva información, un *recurso* que sustituya el programa tóxico.

- Este *recurso de vida* se obtendrá mediante el estudio del árbol genealógico, buscando en él los programas que afectan a la persona que viene a nuestra consulta. Se busca la «comprensión» de lo sucedido y una posterior toma de consciencia.

- La toma de conciencia afectará al campo cuántico, que en su esencia está formado de Consciencia.

- Nuestro cuerpo reaccionará a todos estos cambios emocionales profundos, por ello hay que prever su cuidado tanto a nivel psicológico como físico, mediante acompañamientos y tratamientos.

- Todas las decisiones que tomamos afectan a este contínuum espacio/tiempo. De ello se deriva que nuestro futuro es nuestro pasado, pues el futuro es consecuencia de decisiones que tomamos en un mal llamado presente, que más tarde llamaremos pasado. Los cambios que realizo en mi presente (que es el futuro de un pasado anterior) afectaran a mi pasado creando un nuevo futuro, que es el objetivo que busca este método. Pongamos un ejemplo: vivo un presente en el cual hay un tirano que esclaviza a la sociedad. Me convierto en un justiciero, pero, para hacer justicia, viajo al pasado para matar a la abuela de este tirano. Si mato a la abuela, mato a la madre del tirano y este no existe. De ser así en este espacio/tiempo, tampoco existe la necesidad de que yo viaje en el tiempo para matar a la abuela del tirano, puesto que no hay tirano. Para que esto sea posible hay que cambiar de línea espaciotemporal, es decir, vivir en un colapso de ondas paralelo. A este proceso yo le llamo «doblar el tiempo» y lo explico en una conferencia que lleva este nombre.

- Lo que buscamos en este método es precisamente doblar el tiempo: doblar, dar esquinazo a una línea espacio/tiempo que nos lleva sin remedio a un fin como consecuencia de una enfermedad. Crear unas condiciones emocionales lo suficientemente potentes y llenas de energía para cambiar los acontecimientos.

- La ley física que demuestra esta posibilidad es el principio de no localidad, que observamos en un experimento que la revista *New Scientist* incluyó en portada: «El entrelazamiento cuántico: cómo el futuro puede influir sobre el pasado», que concluye así: *La mecánica cuántica parece desafiar las leyes de causa y efecto... El entrelazamiento en el tiempo pone al espacio y al tiempo en igualdad de condiciones dentro de la teoría cuántica... Los resultados de Bruckner sugieren que podemos estar pasando por alto algo importante en nuestra comprensión de cómo funciona el mundo.*[26]

- Este experimento nos demuestra cómo podemos afectar no tanto al pasado sino al futuro, pues no debemos olvidar el contínuum espacio--temporal en el que vivimos.

- Tomar Conciencia de que cada instante presente puede cambiar programas pasados que nos harán vivir un futuro diferente. Este instante presente contiene todas las posibilidades, y el mejor uso que podemos hacer de él es tomar decisiones plenamente coherentes.

- La coherencia emocional es la mejor conexión con este Campo lleno de posibilidades o Matriz inteligente, madre de todo lo creado y de todo lo que queda por crear. Tu mente consciente es la semilla que fecunda este Campo de Consciencia que manifestará tu universo personal dentro de un universo general.

- Una vida llena de sucesos impactantes se puede convertir en el motor necesario para esta toma de conciencia y para producir cambios fundamentales en nuestra vida. Una vida anodina, repetitiva, rutinaria es una vida desperdiciada. Cuando me cuestiono mi realidad, cuando dejo de buscar la causa afuera y la busco en mi interior, empiezo un viaje fuera de la linealidad, entro en el campo cuántico no lineal y mi vida se convierte en un sinfín de oportunidades para manifestar mi mente creativa. Entonces puedo decir: «¡¡Sí, ahora estoy vivo!!».

## La influencia retroactiva

Antes que nada, voy hacer una reflexión matemática que puede demostrar que todo ocurre en un instante o contínuum presente. Dicho de otra manera, que todo tiempo es «ahora» y ahora mismo, a fin de ser redundante.

Según la teoría de la relatividad de Einstein, cuando la velocidad de un objeto se acerca a la velocidad de la luz, el espacio/tiempo cambia, se reduce. Si aplico la formula matemática que relaciona velocidad, espacio y tiempo, una fórmula archiconocida, veremos que esta posibilidad deja de serlo para convertirse en alternativa.

$$E = V \cdot T$$ (espacio es igual a velocidad por tiempo)

Si V tiende a infinito, entonces E tiende a cero. Para que la ecuación tenga sentido y $E = 0$, es necesario que $T = 0$.

Conclusiones:

- A una velocidad infinita, espacio y tiempo no existen.
- Para que el tiempo y el espacio se manifiesten, se necesita un observador que tome conciencia de los sucesos. El observador es el que crea separación entre los sucesos, y por eso la percepción del tiempo es relativa, es un proceso mental.

El físico Evan Harris Walker, autor del libro *La mente cuántica y el significado de la vida,* fue el primero en proponer que la física cuántica puede explicar la influencia retroactiva. Para ello es necesario tener en cuenta el tan molesto, para algunos, efecto observador.

*Los físicos ya no consideran que la retrocausalidad sea inconsistente con las leyes del universo. Más de cien artículos de la literatura científica proponen formas en que las leyes de la física pueden explicar el desplazamiento temporal. Varios científicos han sugerido que las ondas escalares, ondas secundarias en el Campo Punto Cero, permiten producir cambios en el espacio/tiempo. Estos campos secundarios, provocados por el movimiento de las partículas subatómicas que interactúa con el Campo Punto Cero, son ondulaciones en el espacio/tiempo –ondas que pueden viajar más rápido que la velocidad de la luz–. Las ondas del Campo escalar poseen un poder asombroso: una sola unidad de energía producida por un láser en este estado supondría una cantidad de energía mayor que la creada por todas las centrales de energía del planeta juntas.*[27]

Hablemos un poco sobre las ondas escalares, un concepto muy poco conocido, pero uno de los mayores descubrimientos realizados hasta ahora.

Las *ondas escalares* son un nuevo tipo de ondas electromagnéticas que existen solamente en el vacío del espacio llamado Campo Punto Cero, en el vacío que existe entre las partículas atómicas entre los átomos de nuestro cuerpo. Es la energía esencial, la que siempre ha existido antes que nada. Es un océano de energía infinita en el cual se encuentran todas las posibilidades, todas las soluciones a cualquier problema del mundo tridimensional en el que vivimos. Es un Campo al que se accede mediante un cambio de Consciencia. Una característica de estas ondas, de este electromagnetismo, es que el tiempo está comprimido. Sí querido lector, este descubrimiento está hecho, y seguidamente fue silenciado. Pocos son los que hablan de estas ondas escalares, y yo me quiero sumar a ellos en este libro. Este descubrimiento fue anunciado y descrito por el famoso científico Tom Bearden en su sitio web <Cheniere.org>.[28]

Estas ondas nos demuestran que el tiempo es un instante y ese instante es ahora, tal como he demostrado al principio con la sencilla ecuación matemática $E = V \cdot T$. La mecánica cuántica es un sistema lineal por excelencia. Para que se convierta en un sistema no lineal es necesario el colapso de la función de onda, y el observador sobre un sistema cuántico implicado por el principio de incertidumbre de Heisenberg es un efecto claramente no lineal. El principio de Heisenberg nos dice que si queremos medir la posición y la velocidad de una partícula atómica, solamente podremos medir una magnitud, o la posición o la velocidad, no ambas cosas a la vez. Esto es debido al efecto observador. El acto de ver u observar modifica lo que se quiere medir. La medición en sí modifica la realidad. El sistema siempre será no lineal cuando interviene el observador.

Aclaremos, para el buen entendimiento del lector, lo que quiere decir que un sistema es lineal o no lineal. En matemáticas, los *sistemas no lineales* son aquellos cuyo comportamiento no es expresable como la suma de las partes. Dicho de otro modo, 2 + 2 puede ser 5 o más. En física, un sistema lineal está sujeto al principio de superposición: 2 + 2 = 4. Algunos ejemplos de ecuaciones no lineales serían las de la teoría general de la relatividad o las del sistema del clima de la Tierra.

La mecánica cuántica no lineal puede explicar la influencia retroactiva, tal como nos indica el eminente físico Henry Stapp de la universidad de California en Berkeley: «El comportamiento de un sistema no lineal es mayor que la suma de sus partes, y muchas veces no se pude predecir cuánto mayor».[29]

La mecánica cuántica lineal nos indica que todo está en todo y que no se puede superar esta magnitud. La magnitud sería el Todo como potencial de infinitas posibilidades no lineales (que son las colapsadas, en principio 2 + 2 = 4). Cuando trabajamos la mecánica cuántica no lineal, las posibilidades superan a la magnitud que queremos medir (en contra de lo previsto 2 + 2 = 5 o más). En principio, las posibilidades que tiene el observador de colapsar una función de onda pueden ser infinitas.

La mente humana es la clave, porque esta determina consciente o inconscientemente la realidad, que sería la manifestación no lineal. Dicho de otra manera, al colapsar la información, esta está en función directa de la consciencia con la que la mente observe. Vemos aquello que creemos que podemos ver, y nuestra realidad está manifestando nuestra consciencia. La mecánica cuántica lineal contiene todas las posibilidades, lo contiene Todo, pero nuestra consciencia puede convertir cualquier posibilidad en infinitas situaciones o realidades.

Por eso los físicos Walker y Stapp nos dicen que para convertir la mecánica cuántica en un sistema no lineal es importante introducir un factor que es la mente humana y, entre muchas posibilidades, esta tiene la cualidad de manifestar actos conscientes. Cuando la mente humana presta atención a algo por motivos emocionales profundos, está alterando el Campo de Consciencia y puede influir en acontecimientos que nosotros ubicamos en el pasado por nuestro estado dual de la mente. En realidad todos los acontecimientos están congelados en un ahora eterno, a la espera de descongelarse gracias al observador.

Esta mente tiene que ser adiestrada de alguna manera para pensar de forma cuántica, y este es uno de los objetivos que perseguimos en el método de la Bioneuroemoción: que nuestros especialistas desarrollen una mente cuántica.

Una mente que sabe que cada instante es una posibilidad, que sabe que está creando a cada momento, que sabe que su voluntad interacciona en todo el contínuum espaciotemporal, que sabe que todos los sucesos que se expresan en su vida tienen que ver con ella, y que sabe que todo tiene un sentido superior a los factores que intervienen en sus circunstancias. Por eso, una mente cuántica es una mente no lineal, una mente que demuestra que la Totalidad, suma de sus partes, siempre es mayor en posibilidades que la suma de los factores que intervienen en una situación. Una mente cuántica es un mente abierta a la infinidad de posibilidades, sabiendo que todas tienen su razón de ser.

## El entrelazamiento cuántico

Recordemos lo que nos dice el entrelazamiento cuántico, pues ya he hablado de él en diversos párrafos de esta obra. Está basado en el principio de la no localidad: tomemos dos partículas que han conectado entre sí; a continuación separamos una de otra a una distancia de millones de años luz y comprobamos que al incidir sobre una de ellas mediante una medición, la otra muestra al instante la medición complementaria.

Este principio nos permite explicar la transmisión de información desde el presente a un pasado, alterando el futuro.

Tomemos dos partículas: A y B; cuando se conocen, ambas llevan la misma información. Si A conoce a C, entonces A llevará información de B y C. Si mido (destruyo) a C , la información se manifestará de forma complementaria en B.

El esquema es: **TELETRANSPORTACIÓN**

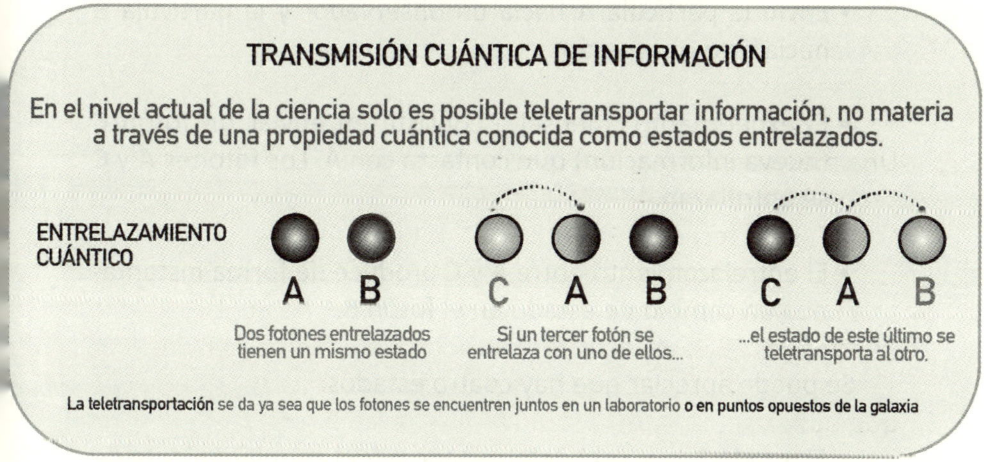


Este experimento es particularmente importante, pues es sabido que por el hecho de medir una partícula atómica esta queda destruida, por lo que: «podemos entrelazar las partículas del pasado aunque en el presente una de ellas ya no esté. Las partículas que estuvieron en el pasado pueden estar destruidas, pero la información no. La información se halla guardada en la partícula que midió la función de onda, y la manifiesta en un tiempo futuro». Haciendo una aplicación de lo expuesto: podemos entonces influir en el pasado enviando información desde un teórico futuro, que es lo que ahora llamamos presente (la que sería la nueva información, para destruir la vieja). Dicho de otro modo: mi presente es futuro para este pasado que quiero cambiar, y mediante este principio cuántico puedo cambiar la información que me está afectando en el presente. Ello es debido a un acto de conciencia que me permite cambiar mis percepciones y cambiar la información parásita. Dicho de un modo más popular: «Donde dije digo, digo Diego».

## ¿Cómo funciona este experimento?

- Primero se generan dos partículas entrelazadas al pasar un rayo láser por un polarizador: de él surgen dos partículas A y B con idéntico estado (polaridad).

- Envío la partícula A hacia un observador y la partícula B hacia otro observador.

- El experimento (mensaje) consiste en enviar un fotón C (nueva información) que contacta con A. Los fotones A y C se entrelazan.

- El entrelazamiento entre A y C produce de forma instantánea un cambio de estado en el fotón B.

Se puede apreciar que hay cuatro estados:

- El estado 1, que está determinado por el entrelazamiento de A y B.

- El estado 2, que es el estado de C.

- El estado 3, que es el nuevo estado de A y C.

- El estado 4, que es el nuevo estado de B, complementario del que tenía previamente C.

Quédese, amigo lector, con todo lo expuesto y lo que sigue, porque es una parte fundamental del funcionamiento del método de *El Arte de Desaprender*. Lo veremos seguidamente cuando desarrollemos el método dentro de la consulta.

También quiero hacer hincapié en que la física cuántica nos dice que por el hecho de medir una partícula, esta queda destruida. Por eso se hace necesario enviar otra partícula para recuperar la información. La partícula destruida adopta un estado que es el que queremos medir, y la otra, que está entrelazada, adopta el estado opuesto. El lector comprenderá esta explicación, repito, cuando estemos en consulta.

En esencia, los investigadores han conseguido demostrar que acciones llevadas a cabo en el futuro pueden ejercer influencia en eventos del pasado. Esto es válido siempre y cuando —¡claro!— se limite la experiencia al ámbito de la física cuántica. Exacto, y entonces mi reflexión o pregunta es: «¿Cómo viajan nuestros pensamientos o, mejor dicho, nuestras emociones? ¿En qué medio se mueven? ¿No es esta la base de los futuros ordenadores cuánticos? ¿No sabemos ya que la información siempre permanece y que no es nada descabellado pensar que se almacena en el campo cuántico, en el campo de las partículas? ¡¿Entonces?!».

Recordemos que solamente queremos cambiar información sobre un hecho pasado que está afectando a mi presente. Para ello tengo que llevar a este pasado una nueva información que destruya la anterior. Por el acto mismo de hacer consciente esta información pasada que se halla oculta en mi inconsciente, este ya queda alterado. Esto me permite proyectar sobre él una nueva percepción de la situación, con la emoción que la acompaña. Al destruir mi pasado (la información o forma de percibir la situación), se me permite cambiar la información antigua por la nueva y liberar el futuro para que pueda darse otro estado de cosas, porque vivo en otra realidad. Con ello he conseguido que mi cliente cambie su línea espaciotemporal. Este futuro que he cambiado cuando me hallaba mentalmente en mi pasado se convierte en el presente, un nuevo presente libre de los programas tóxicos que envenenaban mi vida.

## El árbol genealógico como portador de toda la Información

El árbol genealógico lleva toda la información de mi inconsciente familiar y, por el principio holográfico, cada uno de sus miembros lleva toda la información y manifestará parte de ella.

A la pregunta: «¿Por qué son tan importantes las fechas, sean de nacimiento, de defunción o de concepción?». Una respuesta más que posible, y en la que siempre trabajo junto a mis colaboradores es: «Las fechas que se relacionan —sean de defunción, concepción o nacimiento— tienen el mismo sentido, marcando la diferencia del estado en el que se encuentra el ente pensante, es decir, cada uno de nosotros». Cuando somos concebidos, nacemos a un espacio cerrado, vendría a ser como una nave espacial. Allí la información de la que somos portadores nos lleva a desarrollar un cuerpo, que una vez completo nace a otro estado, que es el de la Tierra. En la Tierra desarrollamos los programas inconscientes de nuestros ancestros, que se graban cuando estamos en el útero materno y que expresamos y aprendemos en nuestra edad cronológica. Las fechas «colapsan» la información en cada uno de estos estados (concepción, nacimiento), es una información que expresa y determina uniones entre diferentes seres del clan. Las fechas vendrían a ser como un código de identificación que nos relaciona preferentemente con determinados miembros del clan. Tal como yo «colapso» (percibo) en este mundo, también expreso la información que llevo y que se manifiesta en mi vida.

Otra posible pregunta es: «¿Qué sentido tiene todo esto, cuál es el para qué?». Y, una vez más, la respuesta, o las respuestas, tienen un significado holográfico y no newtoniano. Que yo exprese en mi vida situaciones que han vivido mis ancestros no es para pasarlo mal, tampoco es un castigo, simplemente es para dar solución (cambio de información) a algo que ellos no pudieron o no supieron hacer.

Hemos observado que la relación que tengo con alguien por motivo de fechas me hace vivir situaciones parecidas, y el objetivo fundamental es reparar en la medida de lo posible lo que mis ancestros hicieron o no supieron hacer.

Siempre hay que tener en cuenta que el inconsciente que conecta con el campo cuántico es totalmente inocente y no juzga nada. Los razonamientos que emplea la mente consciente no sirven para nada; el inconsciente solamente capta la información que lleva una gran carga emocional.

Otra pregunta más: «¿Y si no tengo fechas o no las puedo conseguir todas?». Aquí es donde realmente el método que estoy desarrollando, llamado visión cuántica del transgeneracional, viene totalmente en nuestra ayuda. En el campo cuántico todo tiene una razón de ser y la información nunca se pierde, sencillamente se manifiesta de una manera u otra. Por ello siempre tendré en cuenta que lo que estoy viviendo, mis circunstancias, mis relaciones, mis situaciones y todo lo que me rodea tiene que ver conmigo y con la información que llevo y que estoy proyectando en la pantalla del mundo. La mayoría de las veces no nos damos cuenta por una simple razón: porque vemos la imagen especular de nuestros programas. Sabiendo esto, puedo pedir a mi cliente o consultante que me hable de todo lo que le rodea, de cuáles son sus problemas y cuáles se repiten con más asiduidad. Veamos algunos ejemplos: siempre me encuentro con parejas que no se comprometen conmigo; gano mucho dinero, pero lo pierdo igualmente rápido; no consigo quedarme embarazada; no quiero tener hijos y no se por qué; siempre vivo situaciones de deslealtad y traición; siempre busco parejas que están ausentes; tengo una madre súpercontroladora que no me deja vivir; todos mis hijos tienen problemas con las drogas, etcétera.

Y otra pregunta que se repite es: «Tengo un hijo adoptado, o soy una hija/o adoptada/o?, ¿y entonces qué?». Hay que tener en cuenta que la casualidad no existe. Si tu hijo adoptado entra en tú familia, eso tiene un sentido. Tus historias como padre o madre de él tienen que ver con su historia inconsciente. Tú, si eres adoptado/a sabrás de tus programas viendo como te proyectas en tu vida, viendo y analizando las circunstancias, igual que todo el mundo. Ser adoptado lleva implícita una historia, un trauma que obviamente llevas en tu inconsciente. Al entrar en otra familia, también adoptas la información de esta. Recuerdo algo que mi mujer me dice muchas veces: «¡Hay que ver!, mi hija se parece en muchas cosas a ti». Mi mujer me adoptó a mí como padre y educador de sus hijas, y así me recibieron ellas. Sobre todo la pequeña, que tenía dos años.

Esta información me permite buscar en el árbol quién o quiénes vivieron situaciones parecidas o complementarias, y entonces sabré que ellos son los que están relacionados con mi cliente. Él toma conciencia, busca, pregunta y se informa. Es el paso fundamental para encontrar y desprogramar estos programas tóxicos.

Para mayor claridad, voy a exponer mi ejemplo personal y verán de lo que es capaz el campo cuántico cuando uno busca y toma conciencia:

Ahora mismo, mientras estoy escribiendo, estamos en el año 2014, la fecha es el 26.12.2014. El año está terminando: así lo siento y así me lo manifiestan las circunstancias que vivo.

En este año he vivido una serie de deslealtades, de engaños y de traiciones que creo que batiría el récord Guinness. Ya a primeros de año, personas con las que llevaba más de cinco años colaborando tomaron decisiones unilateralmente, sin decirme hola ni adiós: ahí te quedas y ya te enterarás. Al mismo tiempo, una persona que para mí era como un hermano desaparece y me cuestiona, dando credibilidad a los otros y olvidándose de más de quince años de relación y camaradería.

Decido buscar profundamente en mi árbol y dedico el mes de julio, y sobre todo el de agosto, a buscar y buscar. Voy a los juzgados de paz, pregunto por tal o cual pariente, busco fechas de nacimiento, voy a cementerios, contacto con familiares que hacía más de treinta años que no veía, reúno datos y más datos, hago memoria con mi hermano Luis y tomamos conciencia de algo muy importante. Entre nuestros ancestros por parte de padre, nuestro abuelo se llamaba Enric Corbera y tenía un hermano que se llamaba Luis Corbera, y ambos se llevaban el mismo tiempo que mi hermano y yo. Nuestra madre entregó a mi hermano un anillo de oro, tipo sello, en memoria de Luis Corbera, que era el portador de este fantasma, y por eso mi hermano siempre estaba algo deprimido. Este tal Luis, que era sacerdote, fue traicionado y posteriormente fusilado. La familia sufrió profundamente esta pérdida y temieron por la vida del abuelo.

Por el lado materno descubro que mis fechas están relacionadas con la madre de mi madre, que tuvo que pasar mucho miedo por la vida de su hermano y por la suya, pues este fue traicionado y denunciado a los republicanos durante la Guerra Civil española; más adelante fue traicionado y denunciado por los nacionales. En ambos casos fue golpeado, maltratado y encerrado.

Toda esta toma de conciencia aceleró el proceso, que lejos de calmarse cobró mucha más fuerza. Las deslealtades siguieron, las traiciones también. Ahora caía lo que parecía que no iba a caer: se destaparon profundas deslealtades de personas muy cercanas a mí en el proyecto que llevo a cabo, dejándose llevar por la codicia y la megalomanía. Renuevo toda la estructura, aparecen nuevas personas, otra vibración, otra manera de ser, todo parece ponerse en orden. Aparece la tranquilidad dentro de un orden; algunas personas toman el timón que yo les cedo. Mi hijo y su pareja aparecen como grandes entes dispuestos a capear cualquier temporal, ambos bien mentorizados, mentes abiertas y corazones puros. Después de la tormenta siempre viene la calma, todo parece tranquilo; y aquel día, un día más, doy una conferencia sobre la importancia de ser madres. En ella cuento que no recuerdo cuándo fue la última vez que mi madre me abrazó, tuve que hacer una hipnosis profunda para tomar conciencia de que fue a los once meses de vida. Hablé de lo tranquilo que estaba mi corazón y la plena aceptación de que todo tiene su razón de ser; me encuentro en paz y me siento libre de cualquier atadura.

Una vez terminada la conferencia, la gente se acerca, pregunta, me abraza, me besa. De repente, frente a mí, una señora con bastón me dice: «¡Hola Enric!, tienes toda la razón con lo que has comentado de tu madre. Yo soy su prima, la hija menor de la hermana de su madre, nuestras madres eran hermanas. Ella no te cuidaba, siempre estaba ocupada en no se qué; la que te cuidaba era yo, te llevaba a pasear, te acunaba, te abrazaba. Hoy, al escucharte, me has quitado un peso y un resentimiento que llevo arrastrando todo este tiempo. Muchas gracias, Enric, estoy a tu disposición para hablarte de muchas cosas que tú, a buen seguro, quieres saber».

Unos días más tarde fui hablar con ella. Me enseñó un montón de fotografías y me dijo algo que resonó profundamente en mí: «Enric, tú eres igual que mi abuela. Ella era una gran médium y vidente. Cuando te veo en tus videos, la veo a ella. Creo que tienes que saberlo».

Vi la fotografía, si le quitas el moño, nos parecemos mucho físicamente. También me dejó claro que ella (la prima de mi madre), me estuvo cuidando los dos primeros años de mi vida. De ella recibí los abrazos, los cuidados y el cariño tan fundamental en estos primeros años de la vida de todo ser humano.

Queridos lectores, estoy seguro de que todos comprenderán lo que viví, que es muy difícil explicarlo aquí con palabras. Deciros que la vida es así: cuando alguien busca sin rencor, sin resentimiento, solamente para liberar y poner paz donde hay dolor y lucha, la vida responde, seguro que responde, por muchos años que hayan pasado. El final de este año lo recordaré siempre porque se ha convertido en un año de limpieza para afianzar un nuevo comienzo, cual ave fénix.

## La gran dificultad para desaprender

Después de lo que he venido exponiendo hasta ahora en este libro, debería haber quedado claro algo fundamental: «mi forma de ver y entender el mundo afecta a mi realidad y a mi vida». Otro aspecto a tener siempre en cuenta es: «mi vida es la proyección de unos programas inconscientes heredados de múltiples formas». Y siempre tenemos que tener presente que mis programas inconscientes están mediatizados y son alimentados por mis creencias.

El mundo se convierte entonces en la pantalla donde me proyecto a mí mismo. En él veo lo que quiero ver; es una interpretación regida por todos estos programas y las creencias que los alimentan.

El primer paso, por no decir el único, para que mi historia cambie es: «debo cuestionar cada verdad, cada creencia, mi forma de entender la vida. Saber que mi verdad es simplemente eso, mi verdad».

Si no cuestiono mis creencias, si no las cambio, entonces cambiar o desaprender los programas tóxicos que afectan a mis relaciones personales y a mi salud será imposible. Por eso, cuando en mi centro de consultas en BNE alguien quiere ser visitado, quiere pasar consulta, se le recomienda que tome plena conciencia de lo que viene a hacer; se le pide que revise los videos en los cuales hablo de cómo funciona todo y de cómo enfocarse para sacar el máximo provecho de la consulta. De alguna forma, la persona que pide una consulta debe ser consciente de que viene a cambiar sus creencias y su forma de vida, no a que la curen o a que le den soluciones; estas aparecerán en su vida cuando la persona cambie su forma de verla y entenderla y, sobre todo ,cuando cambie sus creencias.

### Encontrar las creencias

Las creencias tienen un poder limitante, y una de las pistas para encontrarlas es mediante el lenguaje. Nuestra forma de hablar con relación a las personas y a las circunstancias nos muestran estas creencias.

Hay que prestar especial atención a las frases que empiezan por: «tengo que» y «debería de»; también a las que empiezan por «no puedo».

Las creencias determinan de una forma inconsciente nuestra conducta. Una frase que resume lo que estoy diciendo es: «el ser humano puede hacer lo que quiera, pero no decide lo que quiere». El gran problema de las creencias *es creer que lo que creo es verdad*. Además, buscaré constantemente refrendarlas en todo lo que vea a mi alrededor.

Muchas creencias se basan en la experiencia personal. La verdad es que una misma situación es vivida de forma diferente por distintos individuos. Entonces, ¿es real la experiencia o son mis creencias las que la alimentan? Lo cierto es que la creencia siempre es poder. Lo que nosotros lleguemos a creer sobre algo puede darnos la fuerza necesaria para superar cualquier muralla o cualquier impedimento. No en vano se dice: «Creer es poder».

Por eso se hace imprescindible encontrar en consulta esas creencias limitantes, las que nos impiden sanarnos y cambiar nuestras vidas.

No voy a extenderme mucho en la explicación del efecto nocebo y del efecto placebo, porque son muy conocidos por todo el mundo. Lo que piense o crea el terapeuta en relación a la enfermedad de su paciente adquiere una importancia crucial. Por eso es tan importante, y en la formación de nuestros especialistas nunca dejamos de recalcarlo, el desarrollo de una mente cuántica: una mente que sabe que el «poder» está en cada uno, y que nosotros ayudamos a activarlo con nuestra forma de ver y entender la enfermedad y las problemáticas diarias. Cuando mis clientes vienen a consulta, siempre les hablo de vida, no de enfermedad o de muerte. Les enseño a encontrar esos programas inconscientes, a encontrar sus creencias limitantes, a cuestionarlas y a tomarse un tiempo de reflexión y de aislamiento para poder encontrarse a sí mismos. De esta manera podrán tomar las decisiones oportunas escuchando siempre a su corazón, que es el lugar donde se encuentran las auténticas creencias.

Todos conocemos casos de curaciones espontáneas, de curaciones milagrosas. Muchas veces he oído a médicos decir a sus clientes: «No entiendo lo que ha ocurrido, pero esto es un milagro». Siempre pienso que la ciencia ortodoxa no cree en Dios ni en los milagros, y que antes de reconocer el poder que todos y cada uno de nosotros tenemos de curarnos, prefiere decir que es un milagro. Dicen que la capacidad de autocuración no está demostrada científicamente, y para explicarlo argumentan que la existencia de Dios no es científica. Yo veo aquí la creencia de que no es posible que uno mismo se pueda curar, y que la enfermedad es algo externo a uno. Esto sí que es una creencia limitante y se hace urgente cambiarla.

**Conclusión**

La creencia que hay que cambiar urgentemente es nuestra forma de ver y de entender la vida. Tenemos que escoger entre estas dos opciones:

a) Ver la enfermedad con una visión newtoniana, determinista, en la que el observador no afecta a lo observado. Por lo tanto lo que nos ocurre es consecuencia de la mala suerte, de mi cruz, de mi karma, de factores externos a mí, etcétera. Entonces se cae en el victimismo y hay luchar contra la enfermedad porque no tiene que ver nada con nosotros.

b) Ver la enfermedad como que todo está interrelacionado, que todo tiene un sentido, un para qué. Que nuestras circunstancias tienen que ver con nosotros. Que hay que comprender la enfermedad porque tiene un sentido biológico, y después tratarla. Esta es una visión holística, integral, sustentada por una inteligencia, una fuerza primordial que muchos llaman Matriz.

Ambas premisas condicionarán nuestra forma de afrontar cada instante de nuestra vida. La primera nos aísla de nosotros mismos y la segunda nos conecta con nuestro poder interno.

Los que aplican *El Arte de Desaprender* son personas educadas en una visión holística del mundo. Saben que el poder que subyace a todas las cosas está alineado con cada uno de nosotros. Es algo que siempre hemos sabido dentro de nuestros corazones. Desarrollar este desaprendizaje, para luego reaprender, nos permite cambiar situaciones de dolor, sufrimiento, guerras y carencia; y hacerlo de una forma plenamente consciente mediante una elección totalmente libre de condicionamientos externos o de las creencias que nos han inculcado.

*El Arte de Desaprender* trata de hacernos a todos conscientes de nuestro poder mediante la búsqueda de los programas y creencias que limitan nuestra vida.

## En consulta

El especialista siempre tendrá presente que, por el principio holográfico, su cliente o consultante lleva toda la información. Que la persona que viene a nuestra consulta tiene su propia historia, su propia explicación de por qué le ocurre tal o cual cosa. Debemos evitar que nos la explique, pues, si lo permitimos, se contamina nuestro inconsciente y entonces no vemos lo que nadie ve.

La mente del especialista debe ser una mente pura, una mente inocente, una mente que no presupone nada. En definitiva, una mente de detective que busca en la escena del «crimen» todas las señales que le permitan guiar a su cliente a la salida de sus problemas.

Nuestro consultante está perdido en su laberinto. Él es la única persona que no nos puede decir como salir de allí. Si le escuchamos, nos perderemos en conjeturas, en presuposiciones y en justificaciones.

Antes de empezar situaremos a nuestro cliente en el *contexto* en el que se le manifestó el síntoma o el problema. Buscaremos y analizaremos todo lo que hay: personas, animales, cosas, ambiente familiar, etcétera. Todo es importante. No hay que dejar el más mínimo detalle sin analizar, pues todo tiene que ver con los programas inconscientes. Sabemos que esto es así gracias a la física cuántica, pues nuestro inconsciente guarda toda la información relacionada con hechos traumáticos de nuestros ancestros (epigenética conductual).

Analizando profundamente el *contexto*, empezamos a ver las creencias limitantes que lo conforman. Vemos lo que vengo llamando *excesos*, aspectos conductuales y cognitivos que manifiestan algo fuera de lo normal.

Le explicaremos cuál o cuáles son sus conflictos con relación al diagnóstico médico. Este es un aspecto que viene desarrollando la BNE: la búsqueda del sentido biológico de cada síntoma o enfermedad.

Buscaremos en el árbol genealógico a las personas que guardan relación con nuestro cliente, sobre todo en función de la consulta que nos hace, sin entrar en otros aspectos. Esto es muy importante: atender únicamente la consulta. Recomiendo leer el libro que escribí con Rosa Rubio, *Visión cuántica del transgeneracional,* para mayor comprensión de cómo enfocarse en el estudio del árbol genealógico.

## Veamos ahora la extrapolación del entrelazamiento cuántico

Haciendo una correlación con lo explicado anteriormente, explicaré los diferentes estados, todos ellos manifestados en la persona que nos consulta.

- El estado 1 sería tanto los programas heredados a nivel del árbol como en el útero materno y los traumas en la edad cronológica. Este estado está en el inconsciente y no se manifiesta de forma consciente en la vida de nuestro consultante.

- El estado 2 sería cuando el consultante toma conciencia de que algo no anda bien en su vida, bien porque se repiten patrones o experiencias o porque manifiesta ciertos síntomas o una enfermedad.

- El estado 3 sería el del especialista en BNE. Entra una nueva información, una nueva forma de ver y entender el síntoma gracias al estudio del árbol y de los detalles que nuestro cliente ha expuesto en el contexto disparador del síntoma o del conflicto.

- El estado 4 es el que adquiere nuestro consultante cuando se libera del estado 1 gracias a la información que recibe del estado 2. El estado 4 es un estado nuevo, el contrario del estado 1, que todavía no se ha manifestado. El estado 3 da una nueva conciencia, pero la manifestación puede ser cualquiera, y la llamamos 4 (nadie sabe cuál es este estado hasta que se manifiesta en la vida de la persona que consulta). El trabajo del especialista es llevar la información que el estado 2 ha adquirido del estado 3 al estado 1: acompañar al cliente, al consultante, a ese momento *semilla*. Este acompañamiento puede realizarse mediante una hipnosis, una relajación profunda o un acto pleno de consciencia que hace innecesario añadir nada más.

Ya hemos *desaprendido,* ahora lo que hace falta es *reaprender*. Para ello se recomienda al cliente un período de aislamiento, de *cuarentena,* tal como hemos explicado anteriormente. En este período de reflexión la persona encuentra sus recursos, ve cómo puede enfocar su vida y los pone en práctica en este nuevo ahora. A este período —la puesta en práctica— lo llamo la cincuentena, para que al final se cumplan noventa días, el tiempo necesario para consolidar las nuevas creencias y las nuevas percepciones en todo el sistema neurológico.

Si se ha llegado al meollo de la cuestión en este proceso, se presentarán una serie de cambios tanto a nivel físico como a nivel psicológico. La persona sentirá que ya no es la misma, que su vida ha cambiado. Muchas veces dicen que son los demás los que han cambiado; pero, en realidad, son los consultantes los que ahora ven a las personas y las cosas de otra manera. Observamos que los tratamientos funcionan, que la enfermedad se detiene, se ha ganado tiempo al tiempo. El inconsciente percibe que algo está cambiando, y por ello se le debe decir al cliente que sea coherente, que no baje la guardia, que ponga en práctica sus recursos, que no vuelva a la situación anterior, que persevere, que no escuche los *cantos de sirena*, que son las antiguas creencias, las antiguas relaciones tóxicas, las antiguas situaciones que pueden reactivar el conflicto. Porque muchos programas están muy estructurados y no pueden ser disueltos; hay que minimizarlos con otras conductas, con otras creencias, con otras emociones, con otras percepciones y formas de ver y entender la vida. Si el cambio se realiza profundamente, todo lo expuesto no representa esfuerzo alguno, pues el proceso se manifiesta de forma natural. Entonces ya podemos decir que te has reprogramado, que has vuelto a nacer con unos nuevos aprendizajes.

## De cómo liberarse

En el capítulo «La biología de las emociones» de la presente obra expongo el modo de liberarse y trascender los programas. Aquí haré unas reflexiones a modo de recapitulación y reencuadre para que el lector sintetice en su mente todo lo expuesto.

La idea es que nuestro consultante o cliente (palabra que no utilizo en sentido lucrativo, sino en sentido terapéutico) encuentre esa paz interior tan importante para sanar física y mentalmente.

Le enseñamos a tomar *Conciencia*; el proceso pasa por una *Comprensión* que le permita soltar la identificación con su dolor emocional y, por ende, con su historia. La persona se percata de que sus dolores inconscientes buscan resonar con situaciones que les hagan de eco o de espejo. Que sus circunstancias y síntomas son la expresión física de todos ellos. Se le invita a sentir todas estas emociones y a no identificarse con ellas. A tomar conciencia de que las situaciones que vive sin comprender por qué las vive son expresiones de estos programas inconscientes, adictos a unas emociones que buscan expresarse para así liberarse. Habitualmente, intentamos reprimir los programas, ausentarnos de sentir y experimentar esas emociones –pues nos incomodan en gran manera– mediante adicciones de toda clase; buscamos relaciones adictivas que nos permitan expresarlos y vivirlos como víctimas.

Enseño a tomar conciencia de que hasta el dolor y el sufrimiento tienen un sentido evolutivo que consiste en tomar conciencia de estos programas para poder liberarlos.

Guio al consultante a sentir estas emociones ocultas y reprimidas, a experimentarlas en su biología, en su mente. Que las exprese y que no se identifique con ellas. Le recuerdo que la emoción en sí misma no es infelicidad. Solo es infelicidad la suma de la emoción y una historia desdichada.

Cuando la persona *suelta* este apego emocional a su historia, se da un espacio, un vacío que permite que se manifieste la *Presencia*: un estado que trasciende el tiempo y el espacio, que trasciende todo juicio. La mente entra en un estado de aceptación.

Como diría Jung, ello permite la anhelada transformación. Pienso que una de las razones por la que estamos aquí, en este mundo, es para traer este estado de Conciencia.

Para mayor comprensión de lo que estoy exponiendo voy a hacer referencia a lo que en el Zen se llama *satori*. El *satori* es un momento de Presencia, es salir por un momento de la voz de la cabeza, de los procesos de pensamiento y de su reflejo en el cuerpo en forma de emoción.

En esa quietud, la Presencia te permite sentir tu esencia sin forma y la del otro como una misma cosa. Es imposible hacer un juicio porque, ¿contra quién lo haríamos? Y ¿para qué, si todo es nuestra percepción de la expresión de unos programas inconscientes de dolor?

Quiero dejar muy claro que tus emociones dolorosas apegadas a una historia se expresarán continuamente y de múltiples formas en tu vida. Estas repeticiones deben darte la pista para que entres en otro estado de Conciencia y así puedas cambiar tu vida. Este es el objetivo de toda consulta en BNE.

Cuando ya no te identificas con tu historia, con las emociones que viven en ella, entonces es cuando da comienzo la transmutación tan anhelada. La nueva Comprensión impide que la vieja emoción se te suba a la cabeza y tome el control. La Comprensión, el Conocimiento y la Conciencia tienen que ir seguidos por la Aceptación. Aceptar significa que te permites sentir lo que estás sintiendo en ese momento, y hacerlo sin juicio alguno es lo que te permite liberarte.

## Reflexiones finales

En tu proceso de curación:

- **No permitas intrusión alguna.**
- **Los seres más cercanos son los que tienen que estar más lejos.**

- **Tu quietud y silencio mental serán tus mejores consejeros.**
- **No vayas donde has estado, no escuches lo que ya has oído, no veas lo visto, no hables lo hablado.**
- **¡¡¡Renuévate!!!**
- **¡¡¡Suéltate!!!**
- **¡¡¡Intégrate!!!**

## La metanoia

Es una reconversión total, eres un *converso* a otra realidad, a otra forma de ver la vida. Es un cambio de mentalidad. Es una transformación mental. Las cosas simplemente se ven de otra manera.

El mayor obstáculo para este cambio es el que Morfeo dice al *elegido* en la película *Matrix:* «Tienes que entender que la mayoría de esta gente no está preparada para ser desenchufada. Y muchos está tan habituados, dependen tan absolutamente del sistema, que lucharían para protegerlo».

## Una gran noticia

Nadie ni nada os va a hacer felices.

Tú eres la felicidad.

Deja que La Presencia

ocupe todo el espacio.

Todo el tiempo que tienes es «ahora».

Tu ego se aferra a tu pasado y lo revive en tu presente.

¡Deja de identificarte!

¡¡Acepta!!

Esto es liberación, esto es curación.

Enric Corbera

ෆ ෆ ෆ

***Es un prejuicio casi absurdo suponer que la existencia solo puede ser física. De hecho, la única forma de existencia de la que tenemos conocimiento inmediato es espiritual.***

Carl Gustav Jung

ෆ ෆ ෆ

***Desperté y vi que todos estaban durmiendo.***

Leonardo da Vinci

# EPÍLOGO

Soy plenamente consciente de que soy un neófito en física cuántica, pero también sé que ni los mismos físicos se ponen de acuerdo a la hora de interpretar y explicar los fenómenos que de ella se derivan. Cada día se anuncian experimentos científicos que vienen a demostrar diversas hipótesis hechas en función de las múltiples interpretaciones que se puedan derivar de esta ciencia.

El efecto observador es uno de los factores que más molestan y donde más presente está el factor conciencia.

Lo que si sé es que soy un ente pensante e inteligente, y también siento en lo más profundo de mi ser que la materia no puede crear la vida. Lo inerte no tiene la capacidad de crear movimiento, por eso los que divergen en la forma de interpretar y de comprender la física cuántica toman caminos diferentes en una bifurcación donde se separan dos premisas fundamentales:

- Una dice que la vida y la conciencia surgieron de la nada, de la materia inerte.

- La otra dice que todo lo que vemos es un efecto de una conciencia que se expresa en la vida misma, y que esta es la que creó el observador, porque, ¿qué sentido tiene que se manifieste tanta energía para no ser vivida ni observada?

Quizás, y solo digo quizás, esta misma decisión determinará el mundo que voy a vivir, al igual que el experimento de la doble ranura, donde el observador determina lo que va a ver según se ponga detrás del *controller* que mide el colapso de onda o se ponga detrás del *controller* que mide las interferencias de onda. Por eso, todos tienen razón y sus experiencias les demuestran precisamente sus observaciones, su forma de ver y entender el mundo. Para mí, dilucidar quién tiene razón es una discusión sin sentido; es evidente que todos la tienen: la razón que se deriva de su decisión de cómo observar el mundo.

Renombrados científicos reflexionan sobre las más de doscientas constantes del universo que hacen posible que este exista tal como lo conocemos. ¿Qué sentido tiene semejante explosión de energía sin Conciencia?

Vemos inteligencia por doquier, pero ¿de dónde emana? ¿Qué propósito tiene? ¿Cuál es su direccionalidad? ¿Somos el efecto o la causa de ella? Estas preguntas y muchas más surgen en nuestras mentes.

Un servidor ha tenido sus experiencias, sus revelaciones, como tantas otras personas. Dichas experiencias sirven para comprender la vida. Se pueden explicar, pero la palabra vive en el mundo dual y la experiencia es holística. La primera nunca podrá explicar la segunda; la primera solamente podrá inspirar a las mentes que estén dispuestas a cuestionarse la verdad de su vida.

*El Arte de Desaprender* es un método derivado de la Bioneuroemoción, un método con una visión cuántica de la realidad, una psicología cuántica, se podría decir. Este método ha demostrado ser muy útil para redirigir nuestra vida, para sanar nuestras mentes y, por ende, nuestros cuerpos.

Estos principios cuánticos nos permiten abrir nuestra mente a otra forma de vivir. Múltiples testimonios lo corroboran. Seríamos necios si no hiciéramos caso de su agradecimiento y si no procurásemos enseñarlo a las personas que están cansadas de vivir bajo las premisas dualistas del bien y del mal.

Si somos capaces de pensar de otra manera, puede nacer un nuevo mundo. Estamos donde estamos porque mentes abiertas en su época cuestionaron la verdad ortodoxa. Son las mentes que cuestionaron la órbita terrestre, las que superaron el oscurantismo de la Edad Media, las que creyeron que algo más denso que el aire podía volar, son las mentes que no creyeron que era imposible correr una milla en menos de cuatro minutos. Gracias a estas mentes tenemos internet, se están construyendo ordenadores cuánticos y la información está por doquier al alcance de todos. En el área de la salud, la educación de la mente y los descubrimientos de la epigenética conductual nos llevan a un nuevo paradigma donde nosotros podemos ser los actores principales. Esto nos permite pensar que podemos desprogramar estas herencias ancestrales, que ellas tienen su sentido y que este es hacernos más libres.

Este libro es un canto al libre pensamiento, es un libro fundamentado en experiencias que hoy en día se cuentan por miles, en experiencias que nos dan la fuerza para seguir estudiando y experimentando, sabiendo que quizás no lleguemos al final, aunque tenemos la certeza de que lo que hacemos sirve a muchos, por no decir a todos.

Ciencias como la biología, la psicología y la física nos ofrecen fundamentos teóricos para poder entender cómo funciona nuestra mente y como está conectada con todo, tal como dijo el insigne Max Planck al definir la Matriz: «La fuerza inteligente que lo sustenta Todo».

Cómo diría el doctor Robert Lanza: «La disciplina que lo una Todo, las teorías del mundo físico y las del mundo vivo, debe ser la biología».

Estas son sus palabras textuales: «La biología debería ser realmente el primer y el ultimo estudio de las ciencias».[30]

Para terminar, voy a definir lo que realmente es para mí la Bioneuroemoción: es una forma de ver y entender la vida. Es un paradigma asentado en los últimos descubrimientos de la Ciencia que nos enseña a interpretar los síntomas y las circunstancias de nuestra vida lejos del victimismo, que ayuda a devolvernos el poder a cada uno de nosotros. La Bioneuroemoción y su aplicación en *El Arte de Desaprender* es para todo el mundo, pero no todo el mundo es para la Bioneuroemoción.

¿Estás dispuesto a cuestionarte tu forma de ver el mundo, tus creencias, tus interpretaciones, tus verdades? Si tu respuesta es «sí», entonces estate preparado para recibir las herramientas que te permitirán hacerlo.

Gracias,

Enric Corbera

# REFERENCIAS DEL CAPÍTULO VIII Y DEL EPÍLOGO


1. Verny y Kelly (1981) en LIPTON, Bruce H., *La biología de la creencia*, Palmyra, Barcelona, 2007 p. 212.
2. Íbid., p. 212.
3. Chamberlain (1998), Íbid. p. 213.
4. Íbid., p. 213.
5. Íbid., p. 213.
5. Íbid., p. 221-222.
7. GERHARDT, Sue, «Why Love Matters: How Affection Shapes a Baby´s Brain», p. 32-55, Brunner-Routledge, Londres, 2004, referenciado en LIPTON, Bruce H., *La biología de la transformación*, La Esfera de los Libros, Madrid, 2010.
8. LIPTON, Bruce H., *El efecto luna de miel*, La Esfera de los Libros, Madrid, 2014.
9. «La Contra» de *La Vanguardia,* Barcelona, 7 de agosto de 2013.
10. CORBERA, Enric, *El efecto observador en Bioneuroemoción*, <https://www.naturalenric.com/es/videos/59/el-efecto-observador>.
11. LIPTON, Bruce H., *La biologia de la transformación*, La Esfera de los Libros, Madrid, 2010, p. 283.
12. <http://www.taringa.net/posts/info/3007920/El-universo-es-un-holograma-descubrilo.html>.
13. <http://actualidad.rt.com/ciencias/view/113940-hallan-evidencias-universo-gran-holograma>.
14. CORBERA, Enric, *El observador en Bioneuroemoción*, Indigo, Barcelona, 2013.
15. BOHM, David, *La totalidad y el orden implicado,* Kairós, Barcelona, 1988. Publicado en *Ciencia con Conciencia,* 22 de noviembre de 2008.
16. LYNCH, David, <http://campounificado.org/creatividad_1.html>.
17. Íbid.

18. <http://www.tunuevainformacion.com>.
19. <http: //www.tunuevainformacion.com/>, (fuente: <Sott.net>).
20. McTaggart, Lynne, *El experimento de la intención*, Sirio, Málaga, 2009, p. 46.
21. Penrose, Roger, <http:// www.neuralterapeuticum.org>. Doctor Fernando Rivera Rojas. Medicina de las regulaciones biocibernéticas, <http://amcmh.org/PagAMC/indicesLibros/i_biociber.htm>.
22. Figura tomada de <http://www.madrimasd.org/canales/salud-biomedicina/tendencias/el-gran-desconocido-de-la-division->.
23. <www.neuralpracticum.org>.
24. Braden, Gregg, *La matriz divina*, Sirio, Málaga, 2007.
25. Información obtenida en: <http://djxhemary.wordpress.com/2012/06/02/la-conciencia-afecta-la-materia-el-observador-afecta-lo-observado-experimento-asi-lo-demuestra/>. **Consciousness and the double-slit interference pattern: Six experiments.** Dean Radin, 1, a) Leena Michel, 1 Karla Galdamez, 1 Paul Wendland, 2 Robert Rickenbach, 3 and Arnaud Delorme, 4. 1 Institute of Noetic Sciences, 625 Second St., Petaluma, California 94952, EE. UU. 24558; 2 La Brea St., Oxnard, California 93035, EE. UU.; 3 Micronor Inc., 750 Mitchell Rd., Newbury Park, California 91320, EE. UU.; 4 Swartz Center for Computational Neuroscience, Institute for Neural Computation, University of California, San Diego, 9500 Gilman Dr., La Jolla, California 92093, EE. UU. (Received 9 April 2011; accepted 25 January 2012; published online 16 May 2012).
26. Mac Taggart, Lynne, Íbid., p. 257.
27. Mc Taggart, Lynne, Íbid., p. 253.
28. <http://www.bibliotecapleyades.net/ciencia/ciencia_newenergy.htm>.
29. Mc Taggart, Lynne, ob. cit., p. 254.
30. Lanza, Robert, *Biocentrismo*, epílogo, Sirio, Málaga, 2012.